NEUKIRCHENER

Christoph Schneider-Harpprecht (Hg.)

Zukunftsperspektiven für Seelsorge und Beratung

Neukirchener

Neukirchener Verlag
Verlagsgesellschaft des Erziehungsvereins mbH,
Neukirchen-Vluyn

Satz und Druckvorlage: Helga Bernhard
Umschlaggestaltung: Hartmut Namislow
Gesamtherstellung: Breklumer Druckerei Manfred Siegel KG
Printed in Germany
ISBN 3-7887-1804-8

Die Deutsche Bibliothek – CIP-Einheitsaufnahme

Zukunftsperspektiven für Seelsorge und Beratung:
Christoph Schneider-Harpprecht (Hg.)
Neukirchen-Vluyn: Neukirchener, 2000
ISBN 3-7887-1804-8

In memoriam

Klaus Winkler

Inhalt

Teil II: Seelsorge und Ethik

Teil III: Seelsorge und Beratung in der Krise der Institution Kirche

Teil IV: Methodische Entwicklungen in Seelsorge und Beratung

Teil V: Forum für Spezialseelsorge

Vorwort

Wie werden sich Seelsorge und Beratung im Übergang in ein neues Jahrhundert entwickeln? Welche Aufgaben, Perspektiven und neuen Modelle zeichnen sich ab? Welche Konsequenzen ergeben sich aus der Krise der Institution Kirche? Diesen Fragen stellten sich mehr als hundert Teilnehmende auf einem Symposion des Seelsorgeinstituts an der Kirchlichen Hochschule Bethel mit dem Titel »Seelsorge 2010: Zukunftsperspektiven für Seelsorge und Beratung«, das vom 27.–29.10.1999 in Bielefeld-Bethel stattgefunden hat. Das vorliegende Buch dokumentiert die Texte der Vorträge, Materialien der Workshops und die Statements einer Podiumsdiskussion. Es kann und will keinen erschöpfenden Überblick über die gegenwärtigen Strömungen der Seelsorge geben. Vielmehr möchte es interessierte LeserInnen über anstehende Aufgaben, verschiedene Sichtweisen der Zukunft der Seelsorge und einige wichtige methodische Entwicklungen informieren.
Das Programm des Symposions lud zum Dialog zwischen Seelsorgepraktikern und VertreterInnen von Forschung und Lehre ein. Zum Teil war dies auch ein Gespräch zwischen unterschiedlichen Generationen. Man war sich darin einig, dass der Ansatz einer erfahrungsbezogenen Seelsorge, die mit den Humanwissenschaften im Gespräch ist, inzwischen »zum internationalen Standard« zählt. Das ist bedeutsam, zumal in der jüngeren Generation von TheologInnen die Kritik an der pastoralpsychologisch orientierten Seelsorge nicht zu überhören ist. Gegen die Forderungen einer differenzierten, Erkenntnisse und Methoden der Psychotherapie aufgreifenden Seelsorge und Seelsorgeausbildung wird hier bisweilen der Ruf laut, die Seelsorge solle bei ihrem Leisten bleiben. So tritt etwa Isolde Karle dafür ein, dass Seelsorge als »christliche Lebensbegleitung« und »Kommunikation unter Anwesenden« keiner pastoralpsychologischen Zusatzausbildung »für eine kompetente seelsorgerliche Gesprächsführung« bedürfe, sondern sich mit der Schulung von Höflichkeit, Takt, sensibler Wahrnehmung und sozialer Geschicklichkeit begnügen könne[1]. Es ist mit Händen zu greifen, dass der hier vorgeschlagene

1 I. Karle, Was ist Seelsorge? Eine professionstheoretische Betrachtung, in: U. Pohl-Patalong, F. Muchlinsky, Seelsorge im Plural. Perspektiven für ein neues Jahrhundert, Hamburg 1999, S. 49.

»Abschied vom therapeutischen Leitmodell der Seelsorge«[2] gravierende Konsequenzen für die Seelsorgeausbildung haben kann, welche die erreichte Qualität wieder in Frage stellen.
Auf diesem Hintergrund plädiert *Klaus Winkler* in seinem Beitrag für eine Fortentwicklung der Pastoralpsychologie mit deutlich theologischen, aber auch religionskritischen Akzenten, während der Bonner Praktische Theologe *Eberhard Hauschildt* fordert, die Defizite von verkündigender und therapeutischer Seelsorge aufzuarbeiten. Es sei nötig, das Verhältnis zwischen therapeutisch ausgebildeten Seelsorgespezialisten und Laien zu klären, alltägliche Seelsorgemechanismen zu erfassen, den mangelnden Gesellschafts- und Geschichtsbezug der Seelsorge anzugehen und sich dem Problem der kulturellen Pluralität zu stellen.
In verschiedenen Beiträgen zeichnete sich ein Modell von Seelsorge ab, in der das Zusammenspiel von Individuum und Gesellschaft in den Mittelpunkt rückt und die soziale Seite persönlicher Krisen und Konflikte beleuchtet wird. Es fördert Sensibilität für die Begegnung mit Menschen aus anderen Kulturen und für Minderheiten, sucht das *empowerment* von Individuen und Gruppen, betont den Gemeinschaftsbezug, die ethische und politische Verantwortung der Seelsorge und die Spiritualität, die sich kritisch auf verschiedene Stile gelebter Religion bezieht.
Larry Kent Graham, Dekan der methodistischen Iliff School of Theology in Denver (Colorado) weist darauf hin, wie in den USA die von der Systemtheorie und systemischen Familientherapie geprägte Sicht des Einzelnen als Teil vielfältiger Beziehungssysteme eine neue Orientierung der Seelsorge an der Gemeinschaft gebracht hat, in der Beziehungen geheilt werden können. Er plädiert für eine Integration systemischer und psychoanalytischer Perspektiven, die er auf der Grundlage der Prozesstheologie mit Einsichten der Befreiungsbewegungen verbindet. Pastoralpsychologisch orientierte SeelsorgerInnen besinnen sich in den USA auf die Aufgabe spiritueller Leitung. Diese Tendenz nimmt auch in Deutschland zu.
So setzt sich *Ursula Riedel-Pfäfflin* für eine feministische-interkulturelle Seelsorge ein, in der Frauen die Verletzung ihres körperlichen, psychischen und spirituellen Raumes benennen und »Schutz- und Befreiungsräume« gestalten. Die Befreiung von vorgegebenen sozialen Mustern ist, so *Uta Pohl-Patalong*, als Chance »für die Subjektwerdung von Menschen« zu sehen, sich zugleich aber mit den gesellschaftlichen Ursachen individueller Probleme auseinanderzusetzen. Dies wird auf dem ganz anderen theoretischen Hintergrund einer Seelsorge, die mit der Interpretation der Psychoanalyse durch den Franzosen Jacques Lacan ins Gespräch kommt, bestätigt. *Ulrike Schneider-Harpprecht* zeigt auf, wie der Blick auf Lacan der Seelsorge helfen kann, sich von imaginären Selbstbildern zu befreien, die etwa dazu geführt haben, dass Frauen für ihre Anliegen bei männlichen Seelsorgern kein Gehör und Verständnis fanden. Ins Auge

2 A.a.O., S. 40.

gefasst wird eine »Versöhnung mit der Kontingenz«, dem Unvollkommenen und Fragmentarischen des Lebens, die das Subjekt von imaginären Ansprüchen befreien kann.

Die Anerkennung von Fremdheit und Unverständnis gegenüber Menschen aus anderen Kulturen ist ein Grundelement »interkultureller Seelsorge« und Voraussetzung für teilweises Verstehen. Sie geht vom Grundsatz der Pluralität von Menschen und Kulturen aus. Das versuche ich gemeinsam mit *Jürgen Ziemer* deutlich zu machen. Der Beitrag von *Helmut Weiß* stellt ein eigenständiges Modell interkultureller Seelsorgepraxis vor, in dem er herausstellt, dass eine auf Befreiung zielende Seelsorge die Kultur als befreienden und versklavenden Faktor systematisch in die Wahrnehmung einbeziehen muss.

Eine bisher vernachlässigte Perspektive der Seelsorge ist die Ethik, speziell die Medizinethik und die klinische Ethik, die SeelsorgerInnen zunehmend zu Stellungnahmen herausfordern. Es sei nötig, meint der Wiener systematische Theologe *Ulrich Körtner*, »die ethische Kompetenz der Seelsorge zu entwickeln« und damit die »paränetische Funktion der Seelsorge« neu zu entdecken. Neben einer pastoralpsychologischen bedürfe die Seelsorge auch einer ethischen Theorie der Wahrnehmung.

»Wie müsste eine *Kirche* aussehen, der es gelingt, das Schisma zwischen Institution und Lebenserfahrung zu beenden?« fragt *Michael Klessmann* in seinem Statement für eine Podiumsdiskussion zum Thema »Seelsorge und ihre Bedeutung für eine Zukunft der Kirche«. VertreterInnen von Universitäten, diakonischen Trägern, Beratungsstellen und Kirchenleitung suchten hier eher tastend nach Antworten: Die Kirche der Zukunft ist eine seelsorgliche[3] Kirche, wenn sie der Individualisierung und Pluralisierung in Gesellschaft und Religion Raum lässt, hilft, dass Menschen erzählend ein Stück ihrer Biografie rekonstruieren, sich für diejenigen öffnet, die dem Glauben und der Kirche fern stehen, die soziale und spirituelle Dimension des Leidens und der Hilfe einbezieht und bei allem Bemühen um eine qualifizierte Ausbildung niedrigschwellige Weiterbildungsangebote für die ehrenamtlichen MitarbeiterInnen in Gemeinden und diakonischen Einrichtungen bietet.

Keineswegs tastend ist das von dem Betheler systematischen Theologen *Alfred Jäger* angesichts der Krise der Seelsorge und der Institution Kirchen vorgeschlagene Konzept von »Seelsorge als Funktion diakonischer Unternehmenspolitik«. Es wurde von einem Teil des Publikums als hilfreich empfunden, weil es die Aufgabe von Seelsorge klar beschreibt, und löste eine belebend kontroverse Diskussion aus. Die Seelsorge soll, so Jäger, für das Softmanagement, also die Beziehungspflege und das Betriebs-

3 Der bisher gängige Begriff »seelsorgerlich« wird wegen seiner einseitig männlichen Form von vielen durch die inklusive Form »seelsorglich« abgelöst. Die Autoren dieses Buches benutzen beide Formen und dokumentieren damit, dass der sprachliche Anpassungsprozess noch nicht abgeschlossen ist.

klima durch spirituelle Leitung in diakonischen Unternehmen zuständig sein. *Heinz Streib* setzt sich mit der Frage der neureligiös-fundamentalistischen Bewegungen auseinander, die sich am Rande der Großkirchen entwickelt haben. Er greift die Ergebnisse der Enquête-Kommission des Deutschen Bundestages »Sogenannte Sekten und Psychogruppen« von 1997/98 auf. Er zeigt, dass Seelsorge und Beratung das für die neureligiös-fundamentalistischen Biografieverläufe typische *Revival* früherer kognitiver und religiöser Stile und die psychische Regression bearbeiten können.
In den Workshops des Symposions wurden neben theoretischen Themenschwerpunkten neuere methodische Ansätze für die Praxis von Seelsorge und Seelsorgeausbildung vorgestellt. Der Beitrag von *Gábor Hézser* erläutert den praktischen Einsatz von Instrumenten der Familientherapie im Seelsorgealltag. *Julia Strecker* und *Ursula Riedel-Pfäfflin* stellen in einem Workshopbericht, der als Anhang zu dem Vortrag über feministische Seelsorgelehre abgedruckt ist, die Arbeit mit reflektierenden Teams aus der systemischen Therapie als methodische Möglichkeit für die Praxis und Ausbildung vor. *Maria Dietzfelbinger* informiert über grundlegende Aspekte der Qualitätssicherung in der Beratungsarbeit kirchlicher Träger. Die Diskussion darüber steht auch im Bereich der Seelsorge an. Sie kann von der Arbeit, die in Beratungsstellen und anderen Arbeitsfeldern der Diakonie geleistet wurde, profitieren.
Im letzten Teil wendet sich dieses Buch konkreten Konzeptvorschlägen für die Praxis der Krankenhaus- und Gefängnisseelsorge zu. Sie wurden in »Foren für Spezialseelsorge« – oder in kirchenamtlichem Deutsch »Sonderseelsorge« – diskutiert. Betont wurde in allen Foren, dass Seelsorge sich den Einzelnen, ihren Familien und dem System der jeweiligen Institution zuwendet. Die Entwicklung von Seelsorgekonzepten werde jedoch fragwürdig, wenn sie weitestgehend von ökonomischen Zwängen diktiert und nicht von theologischen Erkenntnissen geleitet werden. Es wurde deutlich, dass institutionalisierte Spezialseelsorge eine eigenständige Erscheinungsform von Kirche ist. Die unterschwellige Konkurrenz von Kirche und Spezialseelsorge ist unzeitgemäß und kirchenschädigend. Die Spezialseelsorge erreiche Massen von der Kirche fernstehenden Menschen. Sie ist die »Aussenministerin« der Kirche und ein Qualitätsmerkmal, kein Luxus. Eine verstärkte Rückkopplung mit der Kirche und den Institutionen, in denen Spezialseelsorge arbeitet, wurde gewünscht.
Gewidmet ist dieses Buch dem Andenken an Professor *Dr. theol. Klaus Winkler*, der am 7. Januar 2000 unerwartet und sehr früh gestorben ist. Winkler war eine der prägenden Gestalten der Seelsorge und Pastoralpsychologie in Deutschland. Durch seine Doppelqualifikation als evangelischer Theologie und Psychoanalytiker hat er das Gespräch zwischen Theologie und Humanwissenschaften in besonderer Weise gefördert. Er war Lehrer für mehrere Generationen von TheologInnen und PsychotherapeutInnen. Als Direktor des im Auftrag der EKD tätigen Seelsorgeinstituts an der Kirchlichen Hochschule Bethel in den Jahren von 1980 bis

1997 hat er wichtige Akzente für die pastoralpsychologisch orientierte Seelsorgeausbildung der evangelischen Landeskirchen gesetzt. Sein hier abgedruckter Vortrag »Seelsorge zwischen Globalisierung und Regionalisierung« unterstreicht, welche Bedeutung er der produktiven Konkurrenz und wechselseitigen kritischen Ergänzung von Seelsorge und Psychotherapie beigemessen hat. Seine dem Denken der Seelsorgebewegung entspringende Forderung nach einer »empirischen Theologie« und »empirienahen Seelsorge« ist ein Wegweiser in die Zukunft der Seelsorge.

Bielefeld-Bethel, im April 2000 Christoph Schneider-Harpprecht

Teil I

Seelsorgetheologie im internationalen Vergleich

Klaus Winkler

Die Seelsorge zwischen Spezialisierung und Globalisierung

1. Seelsorge mit »deutscher Gründlichkeit«

These 1: *Wer die Zukunft plant, muss die vergangenen Strukturen erinnern und analysieren! Überkommene Seelsorge bzw. Poimenik hat sich in unserem Lande noch immer mit »deutscher Gründlichkeit« verbunden. Dass es dabei durch die Zeiten hindurch höchst verschiedene Wahrnehmungseinstellungen gab, ändert nichts an dieser Tatsache. Gab es im Hinblick auf die immer wieder strittige Verhältnissetzung von Theologie und Anthropologie einen Paradigmenwechsel, so wurde jenseits aller Kontroversen sofort diese »Gründlichkeit« zum Maßstab gemacht. Am Paradebeispiel »dialektisch-theologische Poimenik« der dreißiger und vierziger Jahre versus »Seelsorgebewegung« der siebziger und achtziger Jahre lässt sich das verdeutlichen.*

Als Beispiel für die dialektisch-theologische Phase sei zunächst – diesmal nicht auf den immer wieder strapazierten Thurneysen, sondern – auf den Seelsorgeansatz eines Theologen in den 30er Jahren mit breitester Wirkungsgeschiche bis zum heutigen Tag »erinnernd« hingewiesen.
Danach ist Seelsorge ein Spezialfall von Verkündigung. Buße und Beichte führen zu Sündenerkenntnis und machen so den Weg frei für die Seelsorge Gottes, die allein den tröstlichen Glauben vermittelt. Genau diese seelsorgliche Position entlässt aber nicht aus einer gediegen-gründlichen theologischen Reflexion, die gleichzeitig den Charakter einer schroffen Abgrenzung erhält. »Herz« aller Seelsorge ist und bleibt die Beichte. Gehe ich zur Beichte, so gehe ich zu Gott. Das christusferne Durchdrungensein von der Sünde steht hinter jeder Art von Not. Deshalb bedarf es im Rahmen der Seelsorge auch nicht der von der Psychotherapie geübten »unkeuschen Art des Ausforschens«.
Vielmehr ist das biblische Wort direkt und konfrontativ auf die Lage des Einzelnen in dessen verschiedener Lebens- und Leidenslage auszurichten. Der beste Seelsorger ist derjenige, der Christus liebt, denn diese Liebe macht klug. Gründlich einübend wird er zu seinem Tun befähigt, wenn sein Leben im klassischen Sinne von »lectio – meditatio – oratio – tentatio« getragen ist. Der Auftrag der Seelsorge lässt sich so fassen:
»In der Seelsorge will Gott selber handeln. In aller Angst und Traurigkeit

soll an Gott geglaubt werden. Gott allein kann Hilfe und Trost sein. Veränderung seelischer Zustände darf niemals das Ziel der Arbeit sein. Nicht das Ziel, sondern der Auftrag ist ausschlaggebend. Jede falsche Hilfe und jeder falsche Trost muss weggeräumt werden. Ich helfe niemandem *entscheidend*, wenn ich aus einem traurigen einen fröhlichen, aus einem ängstlichen einen mutigen Menschen mache. Das wäre eine säkulare und d.h. nie wirkliche Hilfe. Über und in allen Zuständen soll Gott geglaubt werden, dass er unsere Hilfe und unser Trost ist«.[1] Soweit Dietrich Bonhoeffer.

Die Seelsorgebewegung ist im Hinblick auf in dieser Art und Weise steil theologisierende Positionen zunächst einmal eine Gegenbewegung. Von vornherein fühlt man sich hier vom Duft der großen weiten Welt getragen. Amerika leistete Geburtshilfe, Holland stand Pate. Was allerdings einer ganz anderen, einer lockereren Mentalität zwischenmenschlich frommen Umgangs zu entsprechen schien, wurde recht bald wiederum mit deutscher Gründlichkeit überzogen. Das lässt sich unter dem Stichwort »Lehrbarkeit der Seelsorge« belegen: Bekanntlich hat der Leipziger Praktologe Alfred Dedo Müller 1961 die Frage gestellt: Ist Seelsorge lehrbar? Er hat diese damals völlig offene Frage mit lutherischer Gründlichkeit bearbeitet und unter Hinweis auf die Inkarnationslehre bejaht[2]. In der Seelsorgebewegung hat sich diese Freigabe zur selbstverständlichen poimenischen Vorgehensweise entwickelt und mit der fortgeschrieben differenzierenden Verhältnissetzung von Seelsorge und Humanwissenschaften verbunden. Aus den distanziert in Gebrauch genommenen (vorwiegend psychologischen) Hilfswissenschaften wurden mit unterschwelliger Bewunderung geliebte Partnerwissenschaften. Gleichzeitig vermittelten diese Partnerschaften eine Atmosphäre globaler Weltläufigkeit: Amerikaner und Holländer kamen und mischten die deutsche Szene dynamisch auf. Sehr schnell setzte sich ein deutsch-gründliches Verhalten wieder durch: Für einen seelsorgebewegten Poimeniker gab es nicht nur ein reflektiertes Verhältnis zur Psychologie allgemein, es gab jeweilige Kooperationen mit einer bestimmten Psychologie. Wer poimenische Lehre sorgfältig begründen und kompetent vertreten wollte, musste sich gleichzeitig auf Psychoanalyse, auf Gesprächspsychotherapie, auf Lern-und Verhaltenspsychologie oder eine andere der vielen Richtungen spezialisieren.

Die Struktur der im Jahre 1972 installierten »Deutschen Gesellschaft für Pastoralpsychologie« spiegelt diese Grundeinstellung deutlich wider. Der

1 Vgl. D. Bonhoeffer, Seelsorge (Aus Nachschriften der Halbjahrs-Seminarvorlesungen im Predigerseminar Finkenwalde und in den Sammelvikariaten zwischen 1935 und 1939), in: ders., Gesammelte Schriften (hg. von Eberhard Bethge) Bd. 5, München 1972, S. 363ff, Zitat S. 364; dazu S. Bobert-Stützel, Dietrich Bonhoeffers Pastoraltheologie, Gütersloh 1995, bes. S. 250ff.

2 Vgl. A. D. Müller, Ist Seelsorge lehrbar?, in: Forschung und Erfahrung im Dienst der Seelsorge. Festgabe für O. Haendler zum 70. Geburtstag, hg. von E.-R. Kiesow und J. Scharfenberg, Berlin 1961, S. 71ff.

Zusammenschluss zu einer Gesamtgruppe war aus kirchenpolitischen Gründen notwendig. Ging es doch um eine gewerkschaftsähnliche Funktion der DGFP, um ihre Anliegen im kirchlichen Handlungsfeld besser durchsetzen zu können. Aber diese Gesellschaft war von vornherein in Sektionen aufgeteilt. Jede dieser Sektionen hat ein gesondertes Aus-, Fort- und Weiterbildungsprogramm. Die deutsche Gründlichkeit manifestierte sich im klaren Bezug auf eine »erwählte« Humanwissenschaft. Ein wissenschaftlicher Austausch zwischen den höchst verschiedenen humanwissenschaftlichen Einstellungen innerhalb der allumfassenden Pastoralpsychologie kam kaum oder nur sehr zögerlich zustande.
Es könnte sein, dass dieses Phänomen von den theologischen respektive poimenischen Gegnern der Seelsorgebewegung als Diffusität, Unordnung und Unklarheit ausgelegt wurde. Dass diese Bewegung dennoch mit dem Anspruch unbedingten Gebrauchtseins und mit kirchenreformierendem Eifer aufgetreten ist, hat einerseits im kirchlichen Bereich angstbesetzte Abwehr ausgelöst. Andererseits wurde der alte Ruf nach einem theologisch begründeten Proprium seelsorglichen Handelns neu und immer drängender gestellt. War nicht gerade die Frage nach diesem anscheinend unverzichtbaren Proprium von der neuen Linie wie ein alter Zopf behandelt? Nahm man sie dort höchstens aus einem gewissen überkommenen »Pflichtgefühl« heraus überhaupt noch ernst?
Einerseits sind diese Anfragen und Infragestellungen nicht einfach ungehört verhallt. Sie sind »seelsorglich bewegt« reflektiert worden. Andererseits sind auch die besonderen Postulate der Seelsorgebewegung nicht ohne Wirkung geblieben. Möglicherweise verlangt es gerade die deutsche Gründlichkeit, dass die Ablösung einer Seelsorge unter dem Vorzeichen der »Wort-Gottes-Theologie« durch eine Seelsorge unter dem Vorzeichen der Erschließung menschlicher Erlebensformen im Glaubensbereich als notwendige Phase innerhalb der Entwicklung der zeitgenössischen Poimenik gesehen wird. Aber ist die letztgenannte Phase heute nun wiederum reif zur Ablösung? Sind ihre Tage tatsächlich gezählt? An der Seelsorgebewegung selbst liegt es, ihre Position energisch fortzuschreiben und in modifizierter Form bleibend Einfluss zu nehmen.
Das bedeutet zusammengefasst: Die Seelsorgebewegung hat ihre Wurzeln in den USA und in Holland. Von da her hat sie in den 60er und 70er Jahren der typisch deutschen Seelsorge ein Stück globaler Weite vermittelt. Ihr Programm eines lehr- und lernbaren seelsorglichen Handelns verknüpft sich mit einem veränderten Bezug auf humanwissenschaftliche »Partner« im psychologischen Bereich. Deren dem modernen Wissenschaftsbetrieb entsprechende Vielfalt und Gebietsaufteilung führt theoretisch und praktisch zu einer neuen Spezialisierung der Seelsorger und Seelsorgerinnen. Bei alldem erscheint die Seelsorgebewegung als eine notwendige Phase innerhalb poimenischen Denkens und Handelns, die keineswegs zu Ende ist, allerdings unter den gegenwärtig veränderten Umständen gründlich fortentwickelt werden sollte.

2. Empirische Theologie – empirienahe Seelsorge

Wissenschaftstheoretisch gesehen befindet sich die Seelsorge in einer Zwitterstellung. Sie basiert auch heutzutage auf einem zwiespältigen Wirklichkeitsverständnis. Wir definieren Seelsorge für heute und für morgen als die Freisetzung eines christlichen Verhaltens zur Realitätsbewältigung. Mit der Bestimmung dessen, was wir als Realität verstehen, beginnen aber sofort die Schwierigkeiten.

Bei Einstieg des Christentums in die Geschichte, d.h. in der Zeit Jesu und nachfolgend in der Zeit der Entstehung des Neuen Testaments war das Realitätsbewusstsein geprägt vom Eindruck des baldigen Untergangs dieser sichtbaren Welt mit ihren spezifischen Lebensumständen. Rettung gab es für Christenmenschen nur durch die Identifikation mit dem auferstandenen Christus, der die Welt überwunden hatte. »Die junge Christenheit arbeitete an dem Problem einer radikalen Zerfallenheit mit der Welt, an der gemessen das Problem des Individuums oberflächlich ist«, schreibt Thomas Bonhoeffer[3]. Realitätsbewältigung war also voll und ganz auf einen überweltlichen, transzendenten Wirklichkeitsbegriff ausgerichtet. Ihm eignete im Erleben des christlichen Einzelnen und der christlichen Gruppe eine ungebrochene Plausibilitätsstruktur. Sich mit der Empirie abzugeben bzw. sich im Konfliktfall in diese besser einzupassen, lohnte sich nicht. Denn bald kam ja im Zuge der sog. »Naherwartung« das alles verändernde Gottesreich mit seiner ganz anderen Wirklichkeit. Nur eben: Da die sichtbare Welt wider alle damalige Erwartung nicht unterging, konnte dieses Seelsorgeverständnis auch nicht »zeitlos« durchgehalten werden. Thomas Bonhoeffer schreibt weiter: »Aus der jungen Kirche wurde eine geschichtserfahrene Kirche. Das Realitätsproblem wurde dadurch vernünftig relativiert ... »[4].

In der Folge ist christliche respektive kirchliche Seelsorge durchgehend von einer charakteristischen Ambivalenzspannung getragen: Einerseits will sie ihren ursprünglichen transzendenten Bezug nicht aufgeben; andererseits möchte sie hier und jetzt zur besseren Lebensbewältigung innerhalb einer stabilen – wenn auch durch menschliche Unvernunft gefährdeten – Umwelt verhelfen. Umfasst diese empirische Umwelt doch aller menschlichen Erfahrung nach den Lebensweg eines Individuums von der Wiege bis zum Grabe.

Vor allem aber: In der Klientel der Seelsorger, den konfliktbehafteten Ratsuchenden, schlägt auch bei bewusster Frömmigkeit hinsichtlich der erfahrenen Wirklichkeit latent eine veränderte Plausibilitätsstruktur durch. Die »ganz andere«, die nach wie vor tapfer geglaubte Wirklichkeit Gottes gerät mehr oder weniger zu einem in der Tat »unfassbaren« Abstraktum:

3 Vgl. Th. Bonhoeffer, Ursprung und Wesen der christlichen Seelsorge, München 1985, S. 29.
4 A.a.O.

Diese Wirklichkeit ist möglich, aber uninteressant. Ein verändertes Verhalten zur besseren Lebensbewältigung wird durchgehend durch die Vermittlung von Regulativen vermittelt, deren Wirksamkeit sich rein empirisch begründen lässt.
Dem korrespondiert im Theoriebereich der Versuch einer sogenannten »Empirischen Theologie«. In deren Rahmen hat nach Johannes A. van der Veen eine zeitgemäße Praktische Theologie nicht nur als bloße Anwendungswissenschaft der biblischen, historischen, dogmatischen, ethischen Theologie zu fungieren. Sie muss die religiöse Praxis in Kirche und Gesellschaft – also die Empirie – erfassen, um gezielt darauf reagieren zu können: »Dazu macht sie vom innerhalb der empirischen Wissenschaften entwickelten Instrumentarium Gebrauch, das subjektive Willkür und Wunschdenken in der Wahrnehmung heutiger Wirklichkeit verhindert und Glaubwürdigkeit (Reliabilität), Gültigkeit (Validität) und intersubjektive Kontrolle garantiert«[5].
Und Norbert Ammermann vertritt das Postulat: »Im seelsorgerlichen Diskurs wäre es die Verantwortung, empirisch zu validieren, wie in der seelsorglichen Begegnung Individuen sich gegenseitig wahrzunehmen suchen und wie Hilfe, Heilung, Heil konstruiert werden. Pastoralpsychologisch hieße das, empirisch zu erfassen und zu überprüfen, ob der Gesprächsteilnehmer irreale Übertragungen gegenüber der Person des Beraters, des Pfarrers u.a. Mitarbeiter entwickelt, und ob und wie religiöse Symbole tatsächlich helfen[6].« Immer wieder betont Ammermann, wie sehr ihm bei alldem daran liegt, dass die Theologie nicht in Anthropologie aufgelöst wird. Aber kann das bei seinem Vorgehen praktisch und faktisch überhaupt verhindert werden? Entspricht sein Postulat nicht selbst einem frommen Wunschdenken? Die Spannung zwischen zwei von einander abgehobenen Wirklichkeitsbegriffen ist jedenfalls nicht nur durch appellatives Vorgehen aufzuheben!
Dieses erkenntnistheoretische und damit verbunden epistemische Dilemma betrifft die (Praktische) Theologie zwar besonders, aber nicht allein. Zum Beispiel tauchen in der Medizin – jener mit der Theologie durch die Doppelfrage nach Heil und Heilung seit eh und je höchst ambivalent verbundenen Humanwissenschaft – sehr ähnliche Problemstellungen auf. Der Heidelberger Medizinhistoriker Axel W. Bauer stellt »Axiome des systematischen Erkenntnisgewinns in der Medizin« zusammen[7], die sich gegenseitig zunächst historisch abzulösen scheinen. Zur Erklärung des Geschehens in der erfahrbaren Welt dienen danach die folgenden Grund-

5 Vgl. J. A. van der Veen, Art. »Empirische Theologie«, in: V. Drehsen, H. Häring, K.-J. Kuschel, H. Siemers (Hg.), Wörterbuch des Christentums, Gütersloh, Zürich 1988, S. 284ff, Zitat S. 285.
6 Vgl. N. Ammermann, Subjekt, Logik, Empirie. Grundlegung und Möglichkeit empirischer Theologie als Erforschung subjektiver Theorien, Frankfurt a. M. 1997, S. 14.
7 Vgl. A. W. Bauer, Axiome des systematischen Erkenntnisgewinns in der Medizin, in: Internist 38, 1997, S. 299–306

annahmen: Da ist das Axiom der Existenz von übernatürlichen Personen oder Kräften, die direkt auf die Natur und das menschliche Schicksal einwirken; es folgt das Axiom der Korrespondenz von Phänomenen (Analogieprinzip), nachdem sich Phänomene auf allen Ebenen des Kosmos ähneln und der Mikrokosmos von denselben Gesetzmäßigkeiten beherrscht wird wie der Makrokosmos; weiter kommt das Axiom des kausalgesetzlichen, mechanisch-deterministischen Ablaufs von Prozessen in der Natur zur Geltung, wie er einen großen Teil des gegenwärtigen Wissenschaftsbetriebs beherrscht; schließlich tritt das Axiom der Möglichkeit des intersubjektiven Verstehens von menschlichen Lebensäußerungen durch hermeneutische Interpretation verbaler und nonverbaler Zeichen hinzu. Jetzt bekommt die Hermeneutik einen besonderen Stellenwert und legt (mit Dilthey) eine Gegenüberstellung von Natur- und Geisteswissenschaft nahe.
Das Interessante ist nun, dass diese ausdifferenzierte Axiomatik in direkter Weise etwas mit unserem Thema zu tun hat! Wie kann das zugehen? Mit dem heute deutlich dominant vertretenen dritten Axiom, das kausalgesetzliche Prozessabläufe als Konstitutivum der Wirklichkeit voraussetzt, verbinden sich die meisten Modelle einer hilfreichen Korrektur bei körperlichen oder seelischen Krankheiten, aber auch Fehlverhaltensweisen und Defiziten. Gleichzeitig erscheint der dementsprechende Wissenschafts- und Wirklichkeitsbegriff mit einer optimistisch-aufklärerischen Attitüde ausgestattet: Die zwei erstgenannten Axiome gelten dann als historisch überwunden, das vierte Axiom mit seiner Betonung des hermeneutischen Verstehens bei der Wirklichkeitserfassung werde sicher sehr bald von einer biologischen Erklärung des Bewusstseins abgelöst. In diesem Kontext herrscht ein weitverbreitetes und wissenschaftlich verbrämtes Missverständnis vor: Die vier genannten Axiome werden dann einfach gesellschaftlich zugeordnet und in historischer Abfolge betrachtet. So gesehen »überwindet« das folgende Axiom das jeweils vorhergehende im Sinne einer sich immer weitergehend durchsetzenden Aufklärung.
Bei näherer psychologischer Einsichtnahme aber werden die einzelnen Axiome bzw. die mit ihnen (verbundenen, Ch. S.-H.) Wirklichkeitsauffassungen vom einzelnen Individuum periskopartig ineinanderliegend erlebt. Sie werden situativ mit Plausibilität ausgestattet. Sie wirken sich dementsprechend in verschiedenen Lebenslagen auch jeweils dementsprechend axiomatisch und damit verhaltenssteuernd aus.
Praktisch heißt das: Der überzeugt empirisch eingestellte Naturforscher tritt »seiner Frau zuliebe« nicht aus der Kirche aus, sondern findet sich dort zum Weihnachtsgottesdienst »ergriffen« ein. Die eine göttliche Wunderkraft predigende Pastorin vertraut sich im gesundheitlichen Bedarfsfall ganz selbstverständlich der Apparatemedizin an und glaubt an deren heilende Wirkung usw.
Das alles bedeutet: Sehr unterschiedliche Verständnisse von Wirklichkeit greifen erlebensmäßig ineinander. Das sowohl typisch Menschliche als

auch typisch Zeitgenössische ist ein spannungsreiches Wechselspiel »zwischen« den einzelnen Axiomen der kognitiven Wirklichkeitserkenntnis und psychischen Wirklichkeitserfahrung. Dieses Phänomen wird sich in Zukunft in zugespitzter Form zeigen. Das hat Folgen: Theologie lässt sich eben nicht als lediglich um Modernität bemühte Ausdifferenzierung des elementar-naiven Axioms der Existenz von übernatürlichen Personen oder Kräften bestimmen, wie das verbissene Empiristen so gern hätten. Sie erfasst und reflektiert vielmehr systematisch-theologisch die Spannung zwischen den verschiedensten Plausibilitätsstrukturen im persönlichen Umgang mit der Wirklichkeit.
Auf dieser Basis »realisiert« die Poimenik als praktisch-theologische Handlungswissenschaft das, was diese Erkenntnis intendiert: Es geht darum, individuell ausgeprägte Lebensbewältigung mit der Weltkritik und dem Trost des Evangeliums zu verbinden und sich in, mit und unter einer dementsprechenden Wirklichkeitsbegegnung eines »persönlichkeitsspezifischen Credos« bewusst zu werden.
Wir folgern weiter: Dieser Handlungsvollzug zur gezielten Freisetzung eines christlichen Verhaltens des Einzelnen (und in der Folge desjenigen einer Gemeinschaft!) ist ohne eine gediegene Pastoralpsychologie nicht denkbar. Deren Gediegenheit wiederum wird nach wie vor am ehesten von der Seelsorgebewegung vertreten. Würde diese nicht fortgeführt oder fiele sogar aus, so droht eine (Er-)Lebensstrukturierung durch gesellschaftlich erzeugte Klischees.

These 2: *Das bedeutet zusammengefaßt: Die Seelsorge hat sich nach wie vor mit der Relationalität verschiedener Wirklichkeitskonstrukte sowie deren Axiomatik auseinanderzusetzen. Dabei ist die sogenannte »Empirische Theologie« der Versuch, Theologie respektive Praktische Theologie möglichst empirienahe zu betreiben und sie so davor zu bewahren, sich lediglich im Bereich der »Geisteswissenschaften« anzusiedeln. Allerdings gerät sie bei diesem Bestreben ständig in Gefahr, mit Religionspsychologie in eins zu fallen und damit kaschiert Anthropologie zu vertreten. Demgegenüber gilt es wahrzunehmen, wie die Realitätsbewältigung des einzelnen Individuums von einem ständigen Wechsel zwischen den axiomatisch begründeten Konstrukten von Wirklichkeit getragen wird. Dieser Wechsel ist als individuelles Erleben zu erfassen. Die Seelsorgebewegung und die in sie eingebundene Pastoralpsychologie wird dieser Aufgabe nach wie vor am besten gerecht. Sie wird sich in Zukunft allerdings besonders engagieren müssen, die Seelsorge nicht an die Religionspsychologie auszuliefern.*

3. Seelsorgliche Religionskritik

These 3: *Kriterium einer zeitgerechten Seelsorge ist unter den gegebenen gesellschaftlichen Umständen eine theologisch fundierte Religionskritik. Nicht gemeint ist in diesem Kontext eine philosophisch oder z.B. auch psychoanalytisch fundierte kritische Einstellung zur Religion als solcher! Sehr wohl gemeint ist aber ein seelsorglich kritischer Umgang mit einer Religiosität, die die angestrebte Lebensbewältigung eher hemmt als fördert.*

Vorgeschlagen wird in diesem Zusammenhang eine Unterscheidung von benigner (also den Lebens- und Glaubensprozess gutartig fördernder) und maligner (also den Lebens- und Glaubensprozess »bösartig« hemmender) Religiosität. Diese Qualifikation religiösen Verhaltens erscheint in der Zeit wild wuchernder Esoterik einerseits und eines mehr oder weniger aggressiven Fundamentalismus andererseits unabdingbar.
Bei näherem Hinsehen verbindet sich eine zukünftige Seelsorge bei solcher Ausrichtung nicht so sehr mit einer »missionarischen« Aufgabe. Es geht nicht so sehr darum, auf Lücken in der Gotteserfahrung hinzuweisen oder (mit Dietrich Bonhoeffer) leidkompensatorisch zu verkündigen, dass über und in allen Zuständen Gott geglaubt werden soll, dass er unsere Hilfe und unser Trost ist.
Es geht vielmehr darum, unter spezifischen Voraussetzungen Konflikte zu bearbeiten und (unter konstruktiv kritischer Auseinandersetzung mit Dietrich Stollbergs Konzeption) mit der Seelsorge eine »therapeutische« Funktion wahrzunehmen. Seelsorgliche Religionskritik setzt ein gutes Gespür für ein zumutbares Vorgehen im Einzelfall voraus. Deshalb kommt ein Seelsorger / eine Seelsorgerin mit Sicherheit nicht ohne Bezug auf die jeweiligen gesellschaftlichen Bedingungen zwischenmenschlichen Verhaltens und dessen (zeit-) typische Konfliktstruktur aus.
Für jede gute Seelsorge gilt das Postulat, die Fähigkeit zum situativen Perspektivenwechsel zwischen möglichen verschiedenen Wahrnehmungseinstellungen freizusetzen und einzuüben. Nur sollte im partnerschaftlichen Diskurs mit den Humanwissenschaften die Psychologie stets vor den Sozialwissenschaften, die Individualpsychologie stets vor der Sozialpsychologie rangieren. Sonst gerät Seelsorge unter der Hand in Abhängigkeit von allgemeinen Erwartungen, was Religion zu leisten habe. Dass die Seelsorge im Rahmen der Seelsorgebewegung vom Einzelnen und seiner persönlichen Erlebensstruktur her auf die Gemeinschaft zudenkt, macht ihre Eigenart, aber auch besondere Evidenz aus. Nichts legt gegenwärtig nahe, auf diese Evidenz zu verzichten.
Die dementsprechende Wahrnehmungseinstellung schließt eine enge Bezogenheit auf die (kirchliche) Gemeinschaft und Gemeindebildung gerade nicht aus: Seelsorge in der Gruppe gehört zu den besonderen Anliegen einer pastoralpsychologisch ausgerichteten Vorgehensweise. Nur eben

wird auch die »Gemeinschaft der Heiligen« zunächst von Erwartungen, Hoffnungen, Charaktereigenschaften der einzelnen Glieder geprägt und strukturiert, ehe sie in dialektischer Manier auf diese zurückwirkt und Rollenzuweisungen vornimmt.
Zusammengefasst heißt das: Es wird je länger desto mehr darauf ankommen, dass Seelsorge im Dienste der Sache eine konstruktive Religionskritik als wichtige Aufgabe empfindet. Seelsorgliches Handeln hat dabei differentialdiagnostisch unterscheidend vorzugehen, malignes religiöses Erleben und Verhalten so weitgehend wie möglich aufzuarbeiten und benignes religiöses Erleben und Verhalten freizusetzen. Die Seelsorgebewegung hat auf diesem diffizilen Gebiet eine Pionierarbeit geleistet, die es fortzuschreiben gilt. Ein förderlicher Gemeinschafts(Gemeinde-)Bezug gerät in diesem Kontext zur Zielvorstellung.

4. Abschließende Bemerkung

Zum einen gilt, dass bei flexiblem wissenschaftlich-theoretischen und dabei praktisch handelndem Vorgehen die eine Einstellungsphase von der nächsten abgelöst wird. Sonst würden sich am Ende lediglich Wiederholungsmechanismen durchsetzen. Zum anderen gilt der Satz, dass Totgesagte länger leben. Wer die Seelsorgebewegung am Ende wähnt und ihre Tage gezählt sieht, wird sich auf eine gründliche Auseinandersetzung einstellen müssen: Diese Bewegung wird auch in Zukunft in modifizierter Form im poimenischen und im praktisch-seelsorglichen Bereich eine innovative Konkurrenz darstellen, eine Konkurrenz, die das Geschäft belebt.

Eberhard Hauschildt[1]

Zur Seelsorge zwischen Spezialisierung und Globalisierung

10 Thesen mit Erläuterungen

I. Wo steht die Seelsorge heute?

1. Globalisierung in der Seelsorge hat stattgefunden. Die Seelsorgebewegung wurde zum internationalen Standard, weil sich die individuellen Lagen durch Säkularisierung und Individualisierung international angeglichen haben.

Seelsorge ist innerhalb der Praktischen Theologie und kirchlichen Praxis derjenige Bereich, bei dem die Globalisierung zuerst und am stärksten auftrat. Subjekte, die sich im Konflikt mit Normen der Tradition befinden, suchen in der Seelsorge nach einer individuellen Lösung. Individuelle Religiosität verändert sich schneller entsprechend globalen Trends als religiöse und gesellschaftliche Institutionen[2].

2. Eine Spezialisierung der Seelsorge durch psychotherapeutische Professionalisierung der Gesprächsführung hat stattgefunden.

Nachdem zu Beginn des 20. Jahrhunderts die Seelsorge Konkurrenz bekam durch die Entdeckung des Gesprächs als Therapeutikum durch Sigmund Freud, musste auch sie ihre Gesprächsführung professionalisieren, sei es durch Ausbildung einer Theorie der ganz anderen, spezifisch kirchlich-seelsorglichen Gesprächsführung (so die Dialektische Theologie), sei es durch Orientierung an den therapeutischen Standards (so die Seelsorgebewegung). In beiden Fällen, stärker noch bei der Seelsorgebewegung, wurde damit das Seelsorgegespräch spezialisiert in dem Sinne, dass es stärker von anderen Formen kirchlichen Handelns unterschieden wurde, sowie spezialisiert in dem Sinne, dass eine immer größere Ausdifferenzierung in Seelsorge an jeweils bestimmten Zielgruppen und bei bestimmten Sorten von Konflikten vorgenommen wurde.

1 Prof. Dr. Eberhard Hauschildt lehrt Praktische Theologie an der Universität Bonn.
2 Vgl. Eberhard Hauschildt, Die Globalisierung und Regionalisierung der Praktischen Theologie, in: Praktische Theologie 29, 1994, S. 175–193.

3. Vergangen ist die innerkirchliche Auseinandersetzung der 70er Jahre um die Seelsorge.
a) Vorbei ist das Bedürfnis nach Befreiung von einer übermächtigen verkündigenden Seelsorge mit ihrem Übervater Eduard Thurneysen.

1972 bescheinigte Scharfenberg Thurneysen einen »Missbrauch des Gesprächs«[3], und Stollberg führte 1978 gegen ihn das lutherische Verständnis von Gesetz und Evangelium ins Feld[4]. 1988 hingegen äußert man sich in einem Themaheft der »Pastoraltheologie« zu Thurneysens 100. Geburtstag ungleich differenzierter und moderater[5]; 1997 liest W. Gräb schließlich Thurneysen in neuprotestantischer Perspektive, die religiöse Begriffe funktional interpretiert. Demnach betreibt Thurneysen »theologische Interpretation und Reformulierung psychoanalytischer Grundeinsichten« »im kategorialen Rahmen der Rechtfertigungslehre« und vertritt insoweit selbst eine »therapeutische Seelsorge«[6].

b) Vorbei ist der Neuigkeitswert von Psychologie in Gesellschaft und Theologie; die Psychologisierung von Alltag und Gesellschaft als Umfeld von Kirche hat selbst die Evangelikalen erfasst, die nun – methodisch eklektisch – »therapeutische Seelsorge« propagieren.

Die Begegnung mit der Psychologie erfolgt nicht mehr – wie bei den Gründervätern der Seelsorgebewegung – als das Befreiungserlebnis während Studium und Ausbildung, das die Herrschaft des dialektischen-theologischen Antipsychologismus durchbricht. In meiner Generation begegnete man der Psychologie bereits in der Kinder- und Jugendzeit – in der populären medial vermittelten Gestalt psychologischer Expertisen zu jeder Art Problem von Beziehungen im Alltag und in der innerfamiliären Gesprächskultur- und Konfliktbearbeitung des bürgerlich gebildeten Haushalts. (Tiefen-)psychologie ist heute also längst eine alte Bekannte, bevor es zum ersten Kontakt mit der Ausbildung zu professioneller Seelsorge kommt. Inzwischen hat sogar die Evangelikale Seelsorge den Kampfruf »Psychonautik Stop«[7] aufgegeben und will nun am allgemeinen Ansehen von Psychologie in der Gegenwart der Gesellschaft partizipieren[8].

3 Joachim Scharfenberg, Seelsorge als Gespräch, Göttingen 1972, S. 14ff.

4 Dietrich Stollberg, Wahrnehmen und Annehmen. Seelsorge in Theorie und Praxis, Gütersloh 1978.

5 PTh 79, 1988, S. 425ff.

6 Wilhelm Gräb, Deutungsarbeit. Überlegungen zu einer Theologie therapeutischer Seelsorge, in: PTh 86 (1997), S. 325–340; hier: 332 und 339.

7 Horst Klaus Hofmann, Psychonautik Stop, Wuppertal 1977.

8 Man vgl. etwa die »Biblisch-therapeutische Seelsorge«, die Michael Dieterich vertritt. Neuerdings reklamiert Reinhold Ruthe sogar den Begriff der »therapeutischen Seelsorge« (Seelsorge-Praxis, Wuppertal 1998, S. 7ff). Der Wandel ist dargestellt bei

c) Vorbei ist die Gründerzeit von Institutionen der Seelsorgeausbildung und Fortbildung aus dem Nichts; aber es drohen Kürzungen beim Erreichten.

Die Seelsorgebewegung ist inzwischen fest etabliert in der kirchlichen Landschaft; aber: Wer mehr hat, hat auch mehr zu verlieren. In Zeiten von Sparzwängen richten sich die Blicke der Kirchenleitungen und Synoden verstärkt auf Seelsorgepersonal (Reduktion etwa bei Krankenhausseelsorge und Gefängnisseelsorge) und auf Seelsorgeeinrichtungen (Rückzug aus Beratungsstellen; Veränderungen nicht zuletzt auch im Seelsorgeinstitut in Bethel).

II. Was kommt auf die Seelsorge zu?

4. Mit dem sich vergrößernden Abstand zu den 70er Jahren geraten Defizite in den Blick, die verkündigender und therapeutischer Seelsorge gemeinsam sind[9]*; sie sind aufzuarbeiten. Die nötige Regionalisierung und Entspezialisierung der Seelsorge hebt Globalisierung und Spezialisierung nicht auf, sondern bildet die dazugehörige Kehrseite.*

Erst durch globale Begegnungen wird deutlich, in welch starkem Ausmaß die jeweilige Seelsorgepraxis regional geprägt ist. Auf internationalen Tagungen entdeckte die Seelsorgebewegung, wie stark sie europäisch-westlich geprägt ist[10]. Im globalen Vergleich geraten neu die in anderen Regionen stärker präsenten Momente von Ritual und sozialer Einbindung in den Blick.

5. Das Gleichheitsdefizit in der Seelsorge zwischen professionellem Therapeuten bzw. Verkündiger und den Laien ist aufzuarbeiten. Nötig ist die Erforschung faktischer, interaktiver, alltäglicher Seelsorgemechanismen.

M. Nicol resümiert als »überraschende Konvergenz«, dass weder bei Scharfenberg noch bei Tacke »der Grundsatz partnerschaftlicher Gegenseitigkeit« durchgehalten«[11] ist. R. Schieder spricht von einem »Machtgefälle« auch in der therapeutischen Seelsorge[12]. Meine eigenen For-

Martina Plieth, Die Seele wahrnehmen. Zur Geistesgeschichte des Verhältnisses von Seelsorge und Psychologie, Göttingen 1994, S. 165ff.

9 Vgl. zum Folgenden auch: Eberhard Hauschildt, Art. Seelsorglehre, in: TRE 31 1./2. Lieferung, Berlin / NewYork 2000, Sp. 54–74; hier: 66ff

10 Vgl. Liesel-Lotte Herkenrath-Püschel, Seelsorge – transkulturell, in: PTh 71 (1982), S. 288–295.

11 Martin Nicol,. Gespräch als Seelsorge. Theologische Fragmente zu einer Kultur des Gesprächs, Göttingen 1990, S. 156.

12 Rolf Schieder, Seelsorge in der Postmoderne, in: WzM 46, 1994, S. 26–43, hier: 28.

schungen zur Alltagsseelsorge haben als Analysegegenstand darum nicht mehr aus der Perspektive der professionellen Person erstellte »*Verbatims*«, sondern arbeiten mit wörtlichen Transkripts von Tonbandaufnahmen. Sie zeigen, in welch starkem Maße in der Seelsorge Inhalt, Gesprächsweise und Gesprächsverlauf von den Beteiligten erst gemeinsam ausgehandelt werden[13].

6. Das Soziologiedefizit in psychologischer wie theologischer Seelsorge ist aufzuarbeiten. Hier wird die feministische exemplarisch die Verknüpfung von strukturellen und individuellen Konflikten erhellen.

Verschiedene Dimensionen der Soziologie sind bislang geltend gemacht worden. Isolde Karle[14] greift auf N. Luhmanns Systemtheorie zurück, Uta Pohl-Patalong[15] auf die Vertreter der Postmoderne, vor allem U. Beck und W. Welsch, Thomas Henke[16] auf J. Habermas, ich selber[17] habe mit wissenssoziologischen und soziolinguistischen Theorien gearbeitet. Gerade in feministischer Perspektive ist es besonders plausibel, dass eine individualisierende psychotherapeutische Deutung von Konflikten, mit denen Frauen es zu tun haben, die sozialen Strukturen ausblendet, die diese ›Frauenkonflikte‹ produzieren[18].

7. Das im Vergleich mit der Seelsorgeliteratur des 19. Jahrhunderts eklatante Geschichtsdefizit[19] *in der Seelsorgetheoriebildung des ganzen 20. Jahrhunderts ist aufzuarbeiten, aber nicht durch Rückfall in Präsentation von Erbauungsbildern*[20]*, sondern durch Erforschung des mentalitätsgeschichtlichen Wandels und der jeweils entsprechenden Seelsorgestrukturen.*

Der von Christian Möller herausgegebene »Geschichte der Seelsorge in Einzelporträts«[21] kommt das Verdienst zu, eine Reihe von Personen in Erinnerung gebracht und manche Quellentexte in Ausschnitten greifbar ge-

13 Eberhard Hauschildt, Alltagsseelsorge, Göttingen 1996.

14 Isolde Karle, Seelsorge in der Moderne. Eine Kritik der psychoanalytisch orientierten Seelsorgelehre, Neukirchen-Vluyn 1996.

15 Uta Pohl-Patalong, Seelsorge zwischen Individuum und Gesellschaft, Stuttgart 1996.

16 Thomas Henke, Seelsorge und Lebenswelt, Würzburg 1994.

17 E. Hauschildt, Alltagsseelsorge, a.a.O.

18 Vgl. dazu I. Karle, a.a.O., S. 26–49, 166–205, 231–235; U. Pohl-Patalong, a.a.O., passim; Ursula Riedel-Pfäfflin, Julia Strecker, Flügel trotz allem. Feministische Seelsorge und Beratung, Gütersloh 1998.

19 Übertrieben in: Johann Anselm Steiger, Die Geschichts- und Theologie-Vergessenheit der heutigen Seelsorgelehre: KuD 39, 1993, S. 64–87.

20 Steiger, a.a.O., propagiert einen unhistorischen Anschluss ans 16.–18. Jahrhundert.

21 Christian Möller, Geschichte der Seelsorge in Einzelporträts, Bde. I–III, Göttingen 1994–1996.

macht zu haben; sie bleibt aber mit ihrem Zugang noch bei dem Typus der (poimenischen) Heldengeschichtsschreibung stehen und leistet damit unhistorischer Identifizierung mit Vorbildern der Vergangenheit Vorschub. Das Ausfallen einer Gesamtdarstellung der Geschichte der Seelsorge in der Seelsorgebewegung ist beendet worden durch Klaus Winkler. Er gibt vor allem plausible Gründe dafür an, warum die Kenntnis der Seelsorgegeschichte für die professionell zu verantwortende Identität der Seelsorge Treibenden von großer Bedeutung ist[22]. Winkler macht auf »sehr unterschiedliche« Modalitäten des Erlebens in verschiedenen historischen Epochen«[23] aufmerksam. Das ist ein erster Ansatz für eine – bislang noch nicht geschriebene – sozial- und mentalitätsgeschichtliche Erforschung des Wandels in der Seelsorgepraxis über die Jahrhunderte hin.

8. Das Pluralitätsdefizit des einen festgelegten theologischen oder therapeutischen Deutungsrahmens ist aufzuarbeiten. Die internationalen Kontakte der Seelsorgebewegung und die Entwicklung zu multikulturellen Gesellschaften lassen auf die faktische Regionalität kultureller Hilfepraktiken stoßen. Auszuarbeiten ist eine interkulturelle Seelsorge.

Inzwischen liegen erste Seelsorgetheorieansätze aus anderen Kulturen (Afrika[24], Lateinamerika und Befreiungstheologie[25], Erfahrungsberichte zu asiatischen Kulturen[26], zu Indien[27]; Seelsorge in Kirchen orthodoxer Konfession[28], jüdische Seelsorge[29], muslimische Seelsorge[30]) sowie zur

22 Klaus Winkler, Seelsorge, Berlin / New York 1997, S. 76f u. 170f.
23 Ebd., S. 86.
24 Masamba ma Mpolo, Spiritualität und Seelsorge im Dienst der Befreiung. Kontext und Praxis afrikanischer Seelsorge, in: WzM 42, 1990, S. 144–158; Emmanuel E. Lartey, Afrikanische Perspektiven von Seelsorge, in: WzM 44, 1992, S. 343–351; ders., In Living Colour. An Intercultural Approach to Pastoral Care and Counseling, London 1997; Abraham A. Berinyuu, Pastoral Care to the Sick in Africa, Frankfurt a. M. 1988; ders., Towards Theory and Practice of Pastoral Counseling in Africa, Frankfurt a. M. 1989.
25 Lothar Carlos Hoch, Seelsorge u. Befreiung. Problemanzeige aus lateinamerikanischer Sicht, in: WzM 42, 1990, S. 132–144; ders., Seelsorge in Lateinamerika, in: Uta Pohl-Patalong, Frank Muchlinsky (Hg.), Seelsorge im Plural. Perspektiven für ein neues Jahrhundert, Hamburg 1999, S. 222–232; Stephen Pattison, Pastoral Care and Liberation Theology, Cambridge 1994.
26 Robert Solomon, Pastorale Beratung im asiatischen Kontext, in: Interkulturelle Seelsorge und Beratung 1, 1996, S. 23–27; Nalini Arles, Westliche Beratung im indischen Kontext; in: ebd., S. 27–29; Sung-Soo Lee, In-Sook You, Seelsorge, Heilung und Verkündigung des Evangeliums. Bericht aus einer koreanischen Gemeinde, in: ebd., S. 30f; Helmut Weiß, Vielfalt und Anpassung. Beobachtungen zum religiösen Leben in Singapur, in: Interkulturelle Seelsorge u. Beratung 3 (1998), S. 1–51.
27 Uwe Hein, Indische christliche Seelsorge, Erlangen 1991.
28 Joseph J. Allen, The Ministry of the Church. The Image of Pastoral Care, Crestwood / New York 1986; Alexander M. Stavropoulos, Beratende Seelsorge in der orthodoxen Kirche, in: WzM 35, 1983, S. 157–163.

interkulturellen Seelsorge überhaupt vor[31]. Die Zeitschrift »Interkulturelle Seelsorge und Beratung«[32] hat sich dem Thema gewidmet. Weitere Veröffentlichungen sind in Vorbereitung[33].

9. Ein Pluralitätsdefizit besteht auch innerhalb des therapeutischen Instrumentariums. Die Abwehr gegenüber verhaltenstherapeutischen Schulen ist aufzugeben und die systemische Therapie zu entdecken.

Die Seelsorgebewegung hat sich sehr deutlich von der Verhaltenstherapie distanziert[34], zumal auch das abschreckende Vorbild der evangelikalen Rezeption der Verhaltenstherapie durch Jay Adams ihr vor Augen stand. Bei Klaus Winkler ist interessanterweise in der Definition von Seelsorge der Verhaltensbegriff fundamental: »Freisetzung eines christlichen Verhaltens«[35], doch wird daraus nicht die Konsequenz eines intensiveren Austauschs mit den Konzepten der Verhaltenstherapie gezogen. Freilich befindet sich auch außerhalb der Theologie der ernsthafte Diskurs zwischen verhaltenstherapeutischen und tiefenpsychologischen Schulen noch ganz in den Anfängen[36]. Vielversprechend finde ich in diesem Zusammenhang die gegenüber der Berücksichtigung verhaltenstherapeutischer Momente aufgeschlossene systemische Therapie. Inzwischen liegt nun auch eine detaillierte Darstellung zu Therapie und Praxis systemischer Seelsorge vor[37].

29 Robert L. Katz, Pastoral Care in the Jewish Tradition, Philadelphia/Pa. 1985.
30 Halima Krausen, Seelsorge im Islam, in: Pohl-Patalong, Muchlinsky, a.a.O., 233–242.
31 David W. Augsburger, Pastoral Counseling across Cultures, Philadelphia/Pa. 1986; E. Lartey, In Living Colour, a.a.A.; Keith Parker, Seelsorge als inkulturelles Problem, in: WzM 44, 1992, S. 307–321; Christina Kayales, Interkulturelle Seelsorge und Beratung, in: Pohl-Patalong, Muchlinsky, a.a.O., S. 63–73.
32 Interkulturelle Seelsorge und Beratung / Intercultural Pastoral Care. Schriftenreihe der Gesellschaft für Interkulturelle Seelsorge u. Beratung e.V. / Society for Intercultural Pastoral Care and Counseling, Düsseldorf 1996ff.
33 Mir bekannt sind die zur Veröffentlichung anstehende Habilitationsschrift von Christoph Schneider-Harpprecht (Seelsorge und Beratung im interkulturellen Dialog) sowie das von dem Kreis der Gesellschaft für Interkulturelle Seelsorge und Beratung in Zusammenarbeit mit Schneider-Harpprecht in Vorbereitung befindliche Handbuch zur interkulturellen Seelsorge.
34 Scharfenberg, a.a.O., S. 112–114; ganz kurz bei Stollberg, a.a.O., S. 48f.
35 Winkler, a.a.O., S. 4.
36 Vgl. dazu z. B. Peter Potthoff, Der aktuelle Stand der Psychotherapie – eine Einführung, in: Klaus D. Hildemann / Peter Potthoff (Hg.), Psychotherapie – quo vadis?, Göttingen u.a. 1997, S. 9–16; Gottfried Fischer / Brigitte Klein, Psychotherapieforschung. Forschungsepochen, Zukunftsperspektiven und Umrisse eines dynamisch-behavioralen Verfahrens, in: ebd., S. 17–35.
37 Christoph Morgenthaler, Systemische Seelsorge, Stuttgart 1999.

10. Die Vertreter der Seelsorgebewegung sollten zwei Immunisierungsstrategien aufgeben: a) Die Theoriekritiker mögen doch bitte erst einmal eine bessere alternative Gesprächspraxis vorweisen, bevor man sich ernsthaft mit der Kritik zu beschäftigen braucht. b) Wer die Seelsorgebewegung kritisiert, erweist sich damit als jemand, der statt dem Fortschritt der Seelsorgebewegung den Rückschritt auf Traditionsanbindung fordert.

Klaus Winklers »Übersichtskarte«[38] der poimenischen Landschaft der letzten Jahrzehnte verzeichnet die Verhältnisse und verkennt die Entwicklungen der 90er Jahre, wenn sie lediglich auf der einen Seite »Die fortgeführte Seelsorgebewegung«[39] und auf der anderen »die auf Restitution und Kontinuität ausgerichteten Bestrebungen« unterscheidet[40]. Auf uns kommt nicht das Ende der Seelsorgebewegung zu, wohl aber das Ende der Dominanz einer Theorie und Praxis von Seelsorge allein unter der (tiefen)psychologischen Perspektive[41].

38 Winkler, a.a.O., S. 172.
39 Ebd., S. 175–204.
40 Ebd., S. 204–247.
41 Das ist auch der Sinn meines Aufsatzes »Ist die Seelsorgebewegung am Ende?«, in: WzM 46, 1994, S. 260–273.

Ursula Riedel-Pfäfflin[1]

»Dass sie flöge an ihren Ort«

Feministische Seelsorgelehre als Kunst der Begegnung in transformativen Zeit/Räumen: interdisziplinär, *intergender*, interkulturell, interreligiös

(Lesung: Apk 12, 1–3;4b;13–14a;15–16)

Und ein großes Zeichen erschien im Himmel, ein Weib, angetan mit der Sonne, und der Mond unter ihren Füssen, und auf ihrem Haupt ein Kranz von zwölf Sternen. Und sie ist schwanger und schreit in Wehen und Schmerzen der Geburt. Und es erschien ein anderes Zeichen im Himmel, und siehe da, ein feuerroter großer Drache, der sieben Köpfe und zehn Hörner und auf seinen Köpfen sieben Kronen hatte. ... Und der Drache stand vor dem Weibe, das gebären sollte, um, wenn sie geboren hätte, ihr Kind zu verschlingen. ... Und als der Drache sah, dass er auf die Erde herabgeworfen war, verfolgte er das Weib, das den Knaben geboren hatte. Und dem Weib wurden die zwei Flügel des großen Adlers gegeben, damit sie in die Wüste flöge, an ihren Ort, wo sie ernährt wird ... Und die Schlange spie aus ihrem Maul dem Weibe Wasser nach wie einen Strom, damit sie von dem Strom fortgerissen werden würde. Und die Erde half dem Weibe, und die Erde tat ihren Mund auf, und verschlang den Strom, den der Drache aus seinem Maul ausgespiien hatte.

(Tanz zum ersten Teil des Textes durch die Künstlerin Freia Leonhardt)

1. Einleitung

In der Einladung zu diesem Symposion Seelsorge 2010 heißt es: Wichtige Impulse kommen derzeit aus den USA und den Ländern der südlichen Halbkugel. Sie stammen aus der interkulturellen Seelsorge, der feministischen Theologie, der systemischen Therapie, der Seelsorge an Minderheiten, der Diskussion über die Qualitätssicherung. In vielen dieser Bereiche fühle ich mich seit Jahren zuhause und bin deshalb froh, dass dieser interdisziplinäre Austausch stattfindet. Im Englischen heißt stattfinden: *Taking place*. Schon vor Jahren habe ich an einem Buch dieses Titels gearbeitet.

1 Prof. Dr. Ursula Riedel-Pfäfflin lehrt Feminismus und Theologie an der Ev. Hochschule für Sozialarbeit Dresden.

Taking Place bedeutet für mich: Veränderungen finden in der Seelsorge und in der Lehre von Seelsorge und Beratung durch Frauen auf der ganzen Welt einfach statt, ob sie gesehen und beachtet werden oder nicht. In diesem nun zu Ende gehenden Jahrhundert geschah und geschieht eine der größten sozialen und theologischen Bewegungen, machen sich Frauen und auch Männer auf die Reise, brechen sie aus ihren gewohnten Domänen in unbekannte Territorien auf. Viele von uns verlassen vertraute Wege. In der Zeitschrift für systemische Therapie meint Corinna Ahlers:

»Der Diskurs der Transformation der Geschlechter erstreckt sich über das gesamte zwanzigste Jahrhundert und wird es überdauern. Obwohl es Therapeutinnen nicht gestattet ist, gegenüber den KlientInnen gesellschaftspolitische Positionen zu beziehen, agieren sie indirekt dennoch gesellschaftsverändernd«[2].

Einige von uns trauen sich in die Einöde, in der das bisherige Leben fraglich wird, wir aber auch eine tiefe Erleichterung und Abenteuerlust erfahren können. Mit dem Laufen, mit dem Fahren finden wir selbst statt. Wir finden Stätten, an denen wir Neues kennenlernen und Verlorenes wiederfinden. Wir entdecken Orte, an denen wir uns ganz anders miteinander bewegen.

Taking place heißt jedoch nicht nur einfach stattfinden, so, wie unser Atem durch uns fließt, ob wir uns dessen bewusst sind oder nicht. Wörtlich gelesen bedeutet *taking place*, dass wir uns unseren Platz wählen, dass wir uns Raum schaffen. Frauen aus unterschiedlichen Traditionen und Kulturen sind vielerorts da, präsent, hörbar, sichtbar, spürbar, unübergehbar, Platzhalterinnen. Die Veränderung der Geschlechterbeziehungen hat zentral mit dem Thema *Raum* zu tun, nämlich damit, dass Frauen in allen Kontinenten Raumveränderungen vornehmen, während sie selbst schon immer neuem Leben Raum geben und Raum leben. Diese Raumnahme und dieses Gestalten von Räumen geschieht in vielen Bereichen und umfasst viele Dimensionen, nämlich psychische, soziale, geografische und physische, politische, ökonomische Dimensionen des Raumes und auch geistigen, spirituellen Raum.

Im Folgenden möchte ich einige der Tendenzen feministischer interkultureller Theologie und Seelsorge darstellen, die ich selbst erlebt und entwickelt habe. Dabei nehme ich Diskussionen feministischer Philosophie und Ethik auf und verbinde sie mit einer metaphorischen, durchaus aktuellen Auslegung eines Bibeltextes, der den Raum der Frau zwischen Himmel und Erde als kosmische Transformation thematisiert: In der Offenbarung des Joh. 12 heißt es von der Frau, die den Raum zwischen Sonne, Mond und Sternen einnimmt, dass sie schwanger ist und kurz vor der Geburt ihres Kindes von der Vernichtung bedroht wird. Jedoch gebiert sie, und ihr werden zwei Flügel gegeben, die zwei Flügel der großen Adler, damit sie flöge an ihren Ort.

2 C. Ahlers, Geschlechterdiskurse in therapeutischen Beziehungen, in: Zeitschrift für Systemische Therapie 17, Heft 4, Oktober 1999, S. 208–222.

Dieser Text fasziniert mich schon seit der ersten Begegnung einiger Pfarrerinnen in einer feministisch-theologischen Werkstatt mit Constance Parvey und Elisabeth Moltmann-Wendel[3], als wir das erste Mal programmatisch alle wissenschaftlichen Kommentare weglegten und beschlossen, die Texte mit unseren eigenen Augen zu lesen. In den Anfängen feministischer Theologie haben Frauen unterschiedlicher Herkunft oft die Erfahrung gemacht, dass ihre Perspektiven, ihre Forschungsansätze und ihre Praxis in Gemeinde und Seelsorge bedroht wurden. Unsere Gedanken und Erlebnisweisen wurden entweder nicht beachtet, nicht gehört, nicht gesehen, oder sie wurden, wenn wir eine Geburt zustande brachten, gleich anschließend zerpflückt, als irrelevant betrachtet, für unwissenschaftlich erklärt, oder als lächerlich, einseitig und zerstörerisch bewertet. Auch heute noch erhalten Feministinnen vernichtende Urteile. Selbst das Wort Feminismus wird zunehmend für eine überholte Modeerscheinung gehalten, welche vernünftige, moderne und junge Frauen nicht mehr nötig haben. Die geistigen und sozialen Geburten der Frauenbewegung stehen damit immer wieder vor dem aufgesperrten Rachen der Vereinnahmung, sie werden unsichtbar gemacht oder aus dem Bewusstsein vertrieben. Trotzdem gibt es auch für die vielen Formen und Gestalten der feministischen Forschung und Praxis immer wieder Orte des Gebärens neuer Ideen und Projekte. Es gibt weltweit immer mehr Orte der Unterstützung und Räume der Einflussnahme. *Taking place* gilt auch für feministische Theologie und Seelsorge. Nicht von ungefähr haben Julia Strecker und ich unser feministisches Seelsorgebuch *Flügel trotz Allem* genannt. Auch hier geht es um Bewegungen, Transformationen in vielen verschiedenen Räumen, um die Suche nach Heimat. »Es geht uns um die Flügel, die als Grundkonstitution jedem Menschen mit auf den Weg gegeben sind. Solche Flügel sind nicht nur ein Traum, sondern können Realität für jede Frau und jedes Mädchen werden. Diese Flügel sind elementar mit den Potentialen und Ressourcen, die jede Frau in sich trägt, erfahrbar. Sie symbolisieren Kraft und Dynamik, aber auch Schutz und Verantwortung. Sie bezeichnen die Flexibilität und Mobilität, aber auch die Sensibilität, Zartheit und Geborgenheit, nach der sich Beraterinnen und Klientinnen gleichermaßen sehnen«[4]. Es geht uns auch um das Fliegen, das andere Perspektiven ermöglicht, um unsere Landkarten, um unseren Platz in den vielfältigen Landschaften unserer Arbeit und unseres Lebens.

Im Folgenden möchte ich zunächst feministische Perspektiven der Entwicklung von Wissenschaft im 20. Jahrhundert aufzeigen, ausgewählte

3 Vgl. auch E. Moltmann-Wendel, Wenn Gott und Körper sich begegnen. Feministische Perspektiven zur Leiblichkeit, Gütersloh 1991.

4 U. Riedel-Pfäfflin, Julia Strecker, Flügel trotz Allem. Feministische Seelsorge und Beratung. Konzeption. Methoden. Biographien, Gütersloh [2]1999, S. 9; vgl. auch meinen Beitrag in Uta Pohl-Patalong, Frank Muchlinsky (Hg.), Seelsorge im Plural. Perspektiven für ein neues Jahrhundert, Hamburg 1999.

Fragen heutiger feministischer Diskussionen nennen und dann Aspekte feministischer Seelsorge beschreiben.

2. Wissenschaft als Begegnung

In Erkenntnis- und Wissenschaftstheorie haben sich im 20. Jahrhundert Prozesse vollzogen, die in unterschiedlichen Beschreibungen zum Ausdruck gebracht werden, jedoch eine grundlegende Veränderungsrichtung anzeigen, nämlich eine Ablösung der Suche nach universal gültiger Wahrheit außerhalb der Wahrnehmung und das Ringen darum, wie mit zunehmender Erkenntnis der Komplexität der Welt und der Vielfalt des Existierens in der Welt zu leben sei. Eine Logik, die auf Ausschließlichkeitsmodellen beruht und dualistische Spaltungen in Subjekt und Objekt durchführt (Kultur/Natur, Geist/Materie, Mensch/Tier, entwickeltere Rassen / primitive Kulturen), wurde in den vergangenen Jahrzehnten des 20. Jahrhunderts durch systemisches, ›postmodernes‹ Denken verändert und durch Öffnung für außereuropäische Wissenschafts- und Lehrtraditionen erweitert. Damit wurden auch zunehmend die Orts- und Kontextgebundenheit jeder Weltdeutung sichtbarer. Wissenschaft versteht sich heute eher als Unternehmung auf der Suche nach als im Besitz von Wahrheit.

2.1 Die Entstehung feministischer Theologie und feministischer Therapie in den USA

Die Kontextgebundenheit der Wissenschaft wurde wegweisend schon 1973 von der katholischen Theologin Rosemary Radford-Ruether aufgezeigt, als sie zusammen mit anderen Theologinnen und Theologen in ihrem Buch *Religion and Sexism. Images of Woman in the Jewish and Christian Traditions* betonte, wie erfahrungsbezogen die europäische christliche Theologie ist, auch wenn sie den Allgemeingültigkeitsanspruch der Lehre von Gott, von dem Menschen und von der Kirche vertritt.

»Dieses Buch, also, handelt in erster Linie nicht davon, was Frauen wirklich sind. Vielmehr geht es darum, was Frauen aus der androzentrischen Perspektive eines männer-dominierten Universums zu sein schienen und wozu sie in diesem Kontext gemacht wurden. Dies ist die Geschichte eines zerstörten Bildes, denn Frauen wurden zu Repräsentantinnen von Projektionen dessen, was Männer nicht sein wollten, von ihren Ängsten und Aspirationen. Und damit wurden sie ein Spiegelbild ohne eigenes Selbst aus sich, ein Amalgam der Widersprüche von Männern. Gleichzeitig des »Teufels Einfallstor« und die Jungfrau Mutter, die Gehasste und Angebetete, wird die Frau in der westlichen Mythologie eine Chimäre ohne Substanz. Aber, indem Frauen auf diese Bilder zurückblicken und eine autonome Subjektivität und einen Standpunkt einnehmen, von welchem aus sie diese Bilder studieren, auswerten und beurteilen, zerwerfen Frauen diesen Spiegel und, mit ihm, zerwerfen sie auch ihre eigene falsche Spiegelrolle. Sie etablieren die Basis für eine neue Humanität, die jenseits des Patriarchats liegt, welche auf dem Dialog und der gegenseitigen Bewusstheit begründet sein muss«[5].

Hier sind schon vor 25 Jahren die wichtigsten Themen der feministischen politischen Bewegung und Forschung angesprochen: eine umfassende Kritik der traditionalen europäischen Wissenschaft und Praxis als von männlicher Erfahrung dominiert; eine Verreinahmung der Frauen in männliche Entwürfe und Projektionen und ihre Befreiung durch Subjektwerdung; die Verwirklichung eines Lebens von Frauen und Männern, die auf Dialog und Gegenseitigkeit beruht.

Von Therapeutinnen und Seelsorgerinnen wurden ähnliche Beobachtungen und Forderungen aufgegriffen. So beschlossen die Forscherinnen des Stone Centers am Wellesley College in den USA nach jahrelanger Arbeit in traditionellen klinischen *settings* und in der Supervision, ihre eigenen Ansätze der Therapie und der psychologischen Theorie zu veröffentlichen. Sie kritisieren ein Modell der »menschlichen Entwicklung«, das von männlicher Kultur inspiriert ist und die Fähigkeit zur Trennung, zur Autonomie, zur Meisterschaft, zu Unabhängigkeit und Selbstgenügsamkeit als Anzeichen für Gesundheit und Reife definiert, während Frauen als defizient erscheinen, weil sie zu emotional, zu abhängig und unklar erscheinen. Demgegenüber entwickeln Jean Baker Miller, Judith Jordan, Alexandra Kaplan und andere Frauen Konzepte wie das »Selbst in Beziehung«, Empathie, die Bedeutung der Gegenseitigkeit, die Bedeutung der Abhängigkeit in Frau-Mann-Beziehungen, *Empowerment* und fragen nach der Bedeutung des Sich-Sorgens für Behandlungsmodelle, nach Macht im Sinn von Frauen und ihre Bedeutung für therapeutische Veränderung[6].

2.2 Ihr Raum? Feministische Forschung und Theologie in Deutschland

Nach einem Eröffnungsgottesdienst der evangelischen Hochschule für Sozialarbeit in Dresden trafen sich einige KollegInnen, StudentInnen und GottesdienstbesucherInnen mit der Predigerin, der feministischen Befreiungstheologin und Neutestamentlerin Luise Schottroff. Frau Schottroff hatte ihr neues Verständnis der paulinischen Briefe mitgeteilt, und es fand eine lebhafte Diskussion zum Thema Sünde, Erbsünde, strukturelle Sünde und kirchliche Wirklichkeit unserer Tage statt. Am Ende diesen Gespräches wies Frau Schottroff darauf hin, wie schwierig sie selbst nach den langen Jahren feministischen Engagements immer noch die Situation der Frauen in den Kirchen fände. Nach wie vor seien die Frauen erwünscht, so

5 R. Radford-Ruether, Religion and Sexism. Images of Woman in the Jewish and Christian Traditions 1974, S. 13 (Übersetzung durch die Autorin); vgl. dies., Women Healing Earth. Third World Women on Ecology, Feminism, and Religion, New York [2]1996.

6 Judith V. Jordan, Alexandra G. Kaplan, Jean Baker Miller, Irene P. Stiver, Janet L. Surrey, Women´s Growth in Connection. Writings from the Stone Center, New York, London 1991, Vorwort.

lange sie die Gottesdienste und Gemeindeabende füllten und den Kaffee zubereiteten. »Aber sobald sie den Mund aufmachen und wirklich das sagen und tun, was ihnen wichtig ist, sind sie nach wie vor indiskutabel«. Luise Schottroff hat einen Verein gegründet, um Frauen und Projektgruppen die Möglichkeit zu geben, zu handeln, zu forschen und sich zu vernetzen. In der Runde stimmen andere Frauen ihr zu, die in Kirche und Hochschulen ähnliche Erfahrungen machen. Frauen auf der Suche nach ihrem Ort, ihrem Raum, bedroht schon vor, während und nach der Geburt ihrer geistigen und sozialen Projekte.
Die Bedeutung des sozialen, psychischen, politischen, geistigen und spirituellen Raumes und damit die Würde des Ortes, der Frauen, des lokalen Wissens wird erst allmählich in den meisten Disziplinen der Wissenschaft und auch in der Theologie wieder wahrgenommen. Vor allem durch feministische Arbeit wurde das Thema *Raum* in Zusammenhang mit Natur, Körper, Identität, Macht und Geschlecht untersucht und seine Bedeutung erkannt. Mit dem Slogan »mein Bauch gehört mir« und dem Anspruch, ein Recht auf Selbstbestimmung über den ureigensten Raum der Frau, ihren »*rechem*«, den Sitz von *rachamim* (Erbarmen) zurückzufordern, begann die zweite Frauenbewegung in der BRD. Frauen wehrten sich gegen die Kontrolle über die Würde ihrer Körper, die oft schon längst vor einer Schwangerschaft und nicht zuletzt durch eine erzwungene Schwängerung verletzt wurde. Dieser Ausgangspunkt der feministischen Bewegung macht Sinn, denn als Frauen nehmen wir uns nicht nur mehr Raum und engagieren uns für den Raum, die Umgebung, in der wir und unsere Kinder leben (*taking place*). Wir lassen uns nicht mehr auf den zugeschriebenen Raum der Beziehungen, der Kinderzimmer, der Küchen, Krankenstuben und Privaträume beschränken. Wir gehen an Katheder und Kanzeln, gestalten öffentlichen Raum, sind als Mütter an zentralen Plätzen der Weltstädte präsent und intervenieren als Frauen in Schwarz auf Kriegsschauplätzen. Wir entwickeln nicht nur öffentlichen Raum für Frauenbildungszentren, Schutzhäuser, Mädchentreffs, runde Tische, Akademien und Netzwerke. Als Frauen sind wir selbst Raum und Ort neuen Lebens. Wir geben Raum in uns selbst, wie die Frau in der Apokalypse, Raum für neues Leben, neue Lebendigkeit, neue Modelle des Kooperierens, der Leitung, der Ökonomie, der geteilten Macht, des Denkens und der Spiritualität. Diese schöpferische Fähigkeit verdankt sich der Einsicht, dass auch wir immer wieder auf Räume des Neu-Geborenwerdens angewiesen sind, in denen wir Kraft und Kreativität schöpfen. Die erneuernden, schöpferischen Räume der Natur, des Leibes, der sozialen, psychischen und geistigen Beziehungen sind so elementar für unser Leben, dass sie in ihrer Würde in allen Kontinenten neu entdeckt werden. So meint die indische Ökofeministin Vandana Shiva:

»Im gleichen Zuge, in dem unser Konzept des Heiligen aufgelöst worden ist, wurde die Verschmutzung der Umwelt schlimmer ... Leute müssen weiterhin widerstehen. Wir müssen uns weigern, das Verschwinden des Heiligen zu erlauben; wir müssen uns weigern, das Verschwinden der Vielfältigkeit zu erlauben«[7].

3. Heutige Fragestellungen

Während in den ersten Jahren der Frauenbewegung noch von der Frau und der feministischen Theologie oder Therapie gesprochen wurde, hat sich die Frauenbewegung und Frauenforschung in den letzten beiden Jahrzehnten des 20. Jahrhunderts sehr differenziert. Als europäische und nordamerikanische Feministinnen haben wir gelernt, die Bedeutung der eigenen Erfahrungen der Frauen und Männer zu achten und beachten, die aus unterschiedlichen kulturellen, ethnischen und religiösen Traditionen kommen. Daraus entstehen ganz neue Fragen für das Selbstverständnis feministischer Wissenschaft und auch feministischer Seelsorge. Einige dieser Fragen nennt Gudrun-Axeli Knapp in einer Diskussion, die unter dem Titel »Kurskorrekturen. Feminismus zwischen kritischer Theorie und Postmoderne«[8] 1998 veröffentlicht wurde:

»In welchem Verhältnis stehen Ungleichheitsstrukturen, die in der gesellschaftlichen Organisation des Geschlechterverhältnisses verankert sind, zu anderen Formen sozialer Ungleichheit und kultureller Differenz – etwa zu Unterschieden der Hautfarbe, der ethnischen Herkunft oder der sexuellen Orientierung?

In welchen Hinsichten und mit Bezug auf welche Erfahrungs- und Konfliktkonstellationen sind Verallgemeinerungen über Frauen und Männer möglich? Welche Beziehung besteht zwischen Analysen, die sich auf Aspekte der kulturellen Konstruktion und Symbolisierung solcher Unterschiede beziehen, und theoretischen Zugangsweisen, die gesellschaftliche Strukturzusammenhänge von Klassenverhältnissen, von Rassismus und Sexismus beleuchten?«[9]
Diese Fragen werden nicht nur innerhalb feministischer Debatten diskutiert, sondern von Frauen und Männern in verschiedenen Disziplinen. In Bezug auf die Entwicklung in der technisierten Kommunikationsgesellschaft fragen sie, ob und wie eine politische Veränderung angesichts heimlicher Machtverschiebung zur globalen Ökonomisierung überhaupt noch möglich sei. Immer mehr werden Probleme diskutiert, die schon zu Beginn der Frauenbewegung in den Sechzigern beim Namen genannt wurden. Die Belastungen durch die Strukturen der Arbeits- und Lebenswelt nehmen für Frauen und Männer aller Kontinente zu. Das ökologische Gleichgewicht wird weltweit gefährdet. Asymetrische Machtverhältnisse,

7 Zit. nach C. Galland, The Bond between Women. A Journey to Fierce Compassion, New York 1998, S. 142.
8 G.-A. Knapp (Hg.), Kurskorrekturen. Feminismus zwischen Kritischer Theorie und Postmoderne, Frankfurt, New York 1998.
9 A.a.O., S. 7f.

Gewalt, Krieg, Hunger, sexuelle Ausbeutung, die Armut besonders von Frauen und Kinder werden nicht geringer – im Gegenteil.
Angesichts dieser Fragen bewegt sich die heutige Diskussion unterschiedlicher Theologinnen, Feministinnen, *Womanist, Mujerista*, asiatischer und afrikanischer Frauen in einem Zwischenraum. Philosophisch könnte dieser Ort z.B. als ein Wandern zwischen der kritischen Theorie und dem Postmodernismus bezeichnet werden.
»Feministische Theoretikerinnen finden sich einerseits vereint in der Kritik an androzentrischen Konstruktionen von Geschlechterdifferenz sowohl in Varianten der kritischen als auch in postmoderner Theorie. Andererseits unterscheiden sie sich voneinander durch divergierende Formen der Anknüpfung an eben jene Ansätze«[10]. Feministische Forschung ist deshalb nicht ungefähr durch ihre Freiheit der Grenzüberschreitungen auffällig. Diese Grenzüberschreitung und das Wandern zwischen den Welten ergibt sich aus ihren komplexen und querliegenden Themen und dem politischen Anspruch des Feminismus. Dies spiegelt sich in vielen Buchtiteln feministischer Forschung und Literatur, auch feministischer Psychotherapie und feministischer Theologie: *Aufbruch in neue Räume; Vagabundinnen; Gender at the Crossroads of Knowledge; Frauen zwischen Aufbruch und Reaktion; Sisters in the Wilderness. The Challenge of Womanist Talk; Rebellion auf der Grenze; Wer die Erde nicht berührt, kann den Himmel nicht erreichen ...*[11]

4. Der Raum der Frauen: Feministische Seelsorge, Lehre und Ausbildung

Feministische Seelsorge und Theologie wird an vielen Orten durch Frauen und einige Männer[12] durchgeführt, die sich mit der Geschichte der Geschlechterbeziehungen und den derzeitigen Herausforderungen an Frauen und Männer in West und Ost, in Nord und Süd auseinandersetzen. Ähnlich wie feministische Theologie hat jedoch feministische Seelsorge keinen institutionellen Raum in deutschen Hochschulen. Weder haben sich in den vergangenen Jahrzehnten deutsche theologische Fakultäten dazu durchringen können, feministische Wissenschaftlerinnen in ernstzunehmender Zahl auf Lehrstühle zu berufen, noch werden die Seelsorgeinstitute und Ausbildungskurse vermehrt von Frauen geleitet, die ein politisches Be-

10 A.a.O., S. 12.

11 Vgl. auch H. Hofmann, Die feministischen Diskurse über Reproduktionstechnologien. Positionen und Kontroversen in der BRD und den USA, Frankfurt, New York, 1999.

12 So z.B. der nordamerikanische kath. Theologe Leonard Swidler, der mit anderen zusammen ein Modell für »*Deep Dialogue*« entwickelt hat, um Konflikte zwischen den Geschlechtern, unterschiedlichen Religionen und politischen Gruppierungen zu verändern.

wusstsein ihrer Arbeit im Sinne differenzierter feministischer Bewusstheit öffentlich deutlich machen. Im Gegenteil: Meines Wissens nach gibt es in der gesamten Bundesrepublik keine Ordinaria für Seelsorge oder Pastoralpsychologie. Immer noch gibt es Aufsätze und Bücher der Seelsorge, in denen weder inklusive Sprache noch andere grundlegende Themen der Geschlechterbeziehungen wahrgenommen und diskutiert werden.

Dies ist in anderen europäischen Ländern und vor allem in den USA anders, wo es an jeder ernstzunehmenden theologischen Fakultät oder Hochschule einen oder mehrere Lehrstühle mit feministischer Ausrichtung gibt und die Studierenden selbstverständlich die Literatur der Feministinnen aller Kontinente, der *Womanists*, der *Mujerista* lesen und bearbeiten müssen.

Auf der anderen Seite sind feministische Theologie und Seelsorge eher so etwas wie ein geheimer Renner, eine Querläuferin auch hier: Viele Theologinnenkonvente wollen wissen, was feministische Seelsorge sei; Aufsätze und Bücher werden verschlungen und weitergereicht; überall entstehen Lesekreise, Seminare, auch eigene Forschungs- und Ausbildungsinstitute, welche die Sehnsucht nach einem anderen Leben und Arbeiten quer zu den alten Institutionen und den neuen Trends der Marktwirtschaft zum Ausdruck bringen. Sommeruniversitäten sind in Kassel und Dresden entstanden, Stiftungen für feministische Theologie werden gegründet, in der Schweiz gibt es einen Studiengang für feministische Theologie und *gender studies*. Hier werden auch die künstlichen Grenzen zwischen Hochschulen und Frauenprojekten, zwischen Wissenschaftlerinnen und Hausfrauen hin- und herreisend überschritten, denn viele Frauen müssen sowieso täglich diese Reisen in verschiedene Welten bewältigen, da sie zugleich Mütter, Pflegerinnen, Lehrerinnen, Haushaltende und Forscherinnen sind.

Feministische Seelsorge definiere ich als Theorie und Praxis, in welcher in Anlehnung an feministische Therapeutinnen und Soziologinnen folgende Fragen beachtet werden:

- Welche Bilder und sozialen Konstruktionen treten uns in der Begegnung mit Einzelnen, Familien und Organisationen entgegen, die das Denken, Fühlen und Verhalten prägen, vor allem in Bezug auf die Geschlechtsrollen und die Befindlichkeit von Frauen und Männern, Mädchen und Jungen? Welche Qualität der Geschlechterbeziehungen vermitteln diese Botschaften?
- Welche biblischen, theologischen und kirchlichen Botschaften begegnen uns, die in Sprache, Gottesbildern, Anthropologie, Rede von Christus, Geist und Kirche eine Rolle für das Verhältnis von Frauen und Männern spielen[13]?
- Wie entwickeln wir ein Bewusstsein für das sexistische Denken, das die Möglichkeiten der Mädchen und Frauen (und auch der Jungen und Männer) einschränkt, ihr Leben ihren Bedürfnissen und ihren Vorstellungen gemäß, in Verbindung zum Wohl aller Kreaturen zu leben?

13 Siehe U. Pfäfflin, Frau und Mann. Ein symbolkritischer Vergleich anthropologischer Konzepte in Seelsorge und Beratung, Gütersloh 1992.

- Wie werden Verantwortlichkeiten für Familie, Kinder, Kranke, alte Menschen und Beruf, Karriere, öffentliche Wirksamkeit, Bildung und ökonomischen Einfluss in Bezug auf die Geschlechter in den Kontexten verteilt und gestaltet, in denen wir seelsorglich wirksam werden?
- Welche Dilemmata und Konflikte, aber auch welche Chancen und Ressourcen gibt es für Frauen, die Kinder bekommen und sie aufziehen? Welche für diejenigen Männer, die sich dafür gleichberechtigt verantwortlich zeigen?
- Welche realen Begrenzungen im Zugang zu sozialen und ökonomischen Ressourcen sind Mädchen und Frauen weltweit ausgesetzt, und wie können sie darin bestärkt werden, durch *empowerment* Veränderungen herbeizuführen?
- Inwiefern können sie darin durch neue Interpretationen biblischer und anderer spiritueller Quellen gestärkt werden?
- Wie können Frauen in einer Erinnerungsarbeit und Rekonstruktion der Geschichte unterstützt werden, in der ihre eigenen Ressourcen gefördert und entfaltet werden?
- Wie können Werte und Verhaltensweisen, die aufgrund ihrer Tätigkeiten und Erfahrungen für Frauen wichtig sind, bestärkt und auch für Männer als konstruktiv erlebbar werden, z.B. Fürsorglichkeit, verbundenes Wissen und Lehren, Beziehungsqualität, Verantwortlichkeit für sich und das Wohl anderer, Gegenseitigkeit.
- Wie stellen wir Raum her, in welchem die bisher von Theologie und Kirche verleugneten Fähigkeiten und Verhaltensweisen von Mädchen und Frauen, wie Zorn, Ärger, Engagement für eigene Interessen und Macht, zur Geltung kommen?
- Wie erkennen wir in der Seelsorge und Seelsorgeausbildung unsere eigenen Begrenzungen durch unsere eigenen Erfahrungen mit Geschlechterbeziehungen, unsere eigene ökonomische Situation, Bildung und kulturelle Prägung?[14]

Angesichts der komplexen Herausforderungen heute verstehe ich die Seelsorge als Kunst der Begegnung von Mädchen und Frauen mit Frauen und Männern; als Begegnung kleiner Systeme innerhalb größerer Systeme, eine Kunst, die gerade durch die Unterschiedlichkeit der Sinnzuschreibungen und Wirklichkeitskonstruktionen einer Vielfalt von Kunstfertigkeiten bedarf und daher auch nur kontextuell orientiert glücken kann.

»Feministische Seelsorge ist in unseren Augen ein Prozess, in welchem aus der Perspektive von Frauen und Mädchen Lebensgeschichten und gesellschaftliche Geschichte neu geschrieben werden. Diese Veränderung findet statt im Raum kirchlicher, spiritueller und theologischer Arbeit von Frauen«[15].

Ich nenne Seelsorge bewusst eine *Kunst der Begegnung*, um deutlich zu machen, dass es nicht um das Lernen von ExpertInnenwissen und Methodik geht, die dann für andere und an anderen ausgeübt wird, um deren Defizite, Pathologien und Fehlverhalten verändern zu helfen. Begegnung

14 Dazu gibt es in London eine interkulturelle Arbeitsgruppe von TherapeutInnen und SozialarbeiterInnen, die einen Fragebogen für die Steigerung des Bewusstseins in interkultureller Beratung erarbeitet haben.

15 U. Riedel-Pfäfflin, J. Strecker, Flügel trotz Allem, a.a.O. (Anm. 3), S. 9.

ist eine Kunst, da sie die gegenseitige Wahrnehmung, das gegenseitige Aneinandertasten und Ankoppeln ganz unterschiedlicher Erfahrungen und Lebensweisen bedeutet, wenn alle Beteiligten in ihrer eigenen Geschichte ernstgenommen werden. Eine Begegnung zwischen einander Fremden herbeizuführen, ohne dass einer den anderen oder die anderen in wesentlichen Aspekten beschneidet, verkürzt wahrnimmt, für sich vereinnahmt, mit Projektionen belegt oder manipuliert, setzt eine hellwache Offenheit aller Sinne voraus, die ich hier als Kunst der Begegnung bezeichnen möchte. Feministische Seelsorge ist eine Kunst der Begegnung, weil sie die Gegenseitigkeit der Wahrnehmung und Respektierung zur Grundlage und zum Ziel ihrer Arbeit mit Individuen, Familien, Gruppen und unterschiedlichen Kulturen macht[16].

5. Zukunftsaspekte feministischer Seelsorge: interdisziplinär, interkulturell, intergender, interreligiös

5.1 Die Kunst der Begegnung mit Ressourcen unterschiedlicher Disziplinen

Feministische Seelsorge arbeitet interdisziplinär, weil sich Begegnung und Verstehen mit allen Sinneswahrnehmungen ereignen und alle Aspekte der Lebendigkeit und des Zusammenlebens betreffen. Ohne die ökonomischen, sozialen und politischen Umstände einer Lebenssituation zu verstehen, können auch die psychischen und physischen oder spirituellen Probleme und Ressourcen nicht für gewünschte Veränderungen mobilisiert werden.

Ein für mich sehr eindrücklicher Fall wird von einer amerikanischen Familientherapeutin geschildert, bei der ein Ehepaar mit dem Konflikt erschien, dass der gut verdienende Ehemann sich über die Geldausgaben seiner Frau beschwerte, die als Künstlerin weniger verdiente als er und das gemeinsame Kind betreute. Mit der Frage: Wessen Geld, wessen Macht? in ihrem Bewusstsein, gab sie dem Ehepaar folgende Aufgabe, bevor sie es zur Therapie annahm: Sie sollten ihre Geldverhältnisse mit Hilfe von Mediation so regeln, als seien sie schon geschieden, und danach wieder zu ihr kommen. Diese Bedingung war effektiv genug, um die wichtigsten Probleme dieses Paares zu lösen. Der Ehemann lernte, den ökonomischen und sozialen Wert der Arbeit seiner Frau wahrzunehmen; sie bekam eine Grundlage, ihre eigene Arbeit einzuschätzen und verantwortlich zu wirtschaften. Vier Monate später berichteten sie der Therapeutin über ihre Erfahrungen, eine Therapie erübrigte sich. Was aber wäre geschehen, wenn die Therapeutin oder eine Seelsorgerin monatelang über Kommunikation mit den beiden gearbeitet hätte[17]?

16 Siehe auch die schöne Arbeit von A. Grözinger: »Praktische Theologie als Kunst der Wahrnehmung«.
17 Siehe B. Carter, »The Person Who Has the Gold Makes the Rules«, in: Walters, Carter, Papp, Silverstein (Hg.), The Invisible Web, S. 237–41.

5.2 Die Kunst der Begegnung mit Ressourcen unterschiedlicher Kulturen und *Gender*

Karin ist 52 Jahre alt. Ich begegne ihr zum ersten Mal bei einem Wochenendseminar, in dem feministische Seelsorge als Arbeit an der eigenen Lebensgeschichte angeboten wird. Neun Frauen sind gekommen. Barbara Feichtinger, eine katholische Gestaltseelsorgerin aus Dresden, und ich leiten den Kurs in einem der ersten und größten Frauenprojekte des Bundeslandes Sachsen. Als wir die erste Kennenlernrunde beginnen, sitzt Karin mit gesenktem Kopf da und bewegt sich unruhig. Sie hat mir vorher gesagt, sie sei sehr scheu in Gruppen und traue sich kaum, etwas zu sagen. Das Wochenende ist so strukturiert, dass jede Frau Zeit bekommt, von ihrem Leben zu erzählen, was ihr wichtig ist. Wenn sie den Eindruck hat, es sei erst einmal genug, setzen die anderen sich zu einem reflektierenden Team[18] zusammen und tauschen sich darüber aus, was sie beeindruckt hat, was ihnen aufgefallen ist und wo sie weitergehende Fragen haben. Dann kann die Erzählende reagieren, sagen, was sie gehört hat und für sich behalten will, und danach wird die Arbeit abgerundet. Bei manchen Frauen schließen wir noch eine Gestaltarbeit oder eine Vertiefung an, je nachdem, was sie einbringen. Diese Form, einen Raum des Erzählens und Begleitens zu öffnen, hat sich schon in verschiedenen *settings* bewährt, auch in der Arbeit mit KollegInnen. Als Karin an der Reihe ist, fängt sie zunächst sehr zögernd an, redet dann aber immer fließender von ihrem Studium der Architektur, ihren ersten Berufserfahrungen, wie sie dann in mehreren DDR-Betrieben so gemobbt wurde, dass sie schließlich ihre Arbeit aufgab und heute Frührentnerin ist. Sie hat auch Photos mitgebracht, von ihren Eltern, und erzählt von den vielen Verwandten, die im Laufe der Jahre in den Westen gegangen sind. Sie fühlt sich vereinsamt und isoliert, genau wie ihre Eltern, da kaum noch Freunde in der Nähe wohnen und ihr Weggehen nicht offen betrauert werden konnte.

Das wertschätzende Reflektieren der anderen Frauen tut Karin sehr gut, und sie möchte anschließend zu mir zur seelsorgerlichen Beratung kommen. Im Lauf der Arbeit mit Karin wird immer deutlicher, wie wichtig die politischen Ereignisse und die sozialen Umstände der DDR für ihr Leben sind. Eine Familienrekonstruktion zusammen mit einer Familientherapeutin bringt den entscheidenden Durchbruch. Karin wird zunehmend weniger depressiv und nimmt ihr Leben immer mehr in ihre Hand, sie besucht viele Kurse und ist heute dabei, selbst Begleiterin für andere Frauen zu werden. Wichtig war in dieser Entwicklung meiner Ansicht nach, dass die kulturellen und sozialen Bedingungen des Lebens in der DDR als wichtiger Teil der Arbeit thematisiert und in einer Familienskulptur bis in konkrete Details sichtbar, erlebbar und verstehbar wurden. Ohne das Bewusstsein, dass kulturelle Unterschiede eine entscheidende Rolle in jeder Beratung und Seelsorge spielen, wäre Karin, wie in ihren vielen Psychiatrieaufenthalten, eher darin bestärkt worden, die Probleme in sich zu suchen und sich selbst lahm zu setzen.

18 Zur Arbeit mit reflektierenden Teams vgl. J. Harens, A. v. Schlippe (Hg.), Das Spiel der Ideen. Reflektierendes Team und systemische Praxis, Dortmund 1998.

Den Kulturbegriff definiere ich dabei im systemischen Sinn sehr weit; so hat jeder Ort, jeder Lebensraum, jede Familie, jede Berufsgruppe, jede Organisation eine unterschiedliche »Kultur«. In diesem Sinn können auch die Geschlechterunterschiede und ihre Ressourcen als Erfahrungen und Lebensweisen unterschiedlicher Kulturen verstanden werden, die es in jeder Kunst der Begegnung zu beachten gilt, in innerdeutschen Kulturen wie in der Arbeit mit anderen ethnischen Gruppierungen.

5.3 Die Kunst der Begegnung mit Ressourcen unterschiedlicher religiöser und spiritueller Traditionen

Frauen haben immer eine privilegierte Beziehung zum Göttlichen gehabt, sagt die französiche Psychoanalytikerin Luce Irigaray, Vermittlerinnen zwischen Erde und Himmel seit altersher. »Das Patriarchat hat ihnen oftmals ihren Atem, ihre ›Seele‹ geraubt, indem es ihnen eine rituellere Religion auferlegt hat, spekulativer als die der Frauen, die mehr mystisch, inkarniert, treu den Orten ist.« An vielen Orten der Welt haben Frauen in den letzten Jahrzehnten begonnen, ihre eigenen Lebenserfahrungen mit den religiösen, theologischen oder atheistischen Traditionen, in denen sie aufwuchsen, ins Gespräch zu bringen. Die spannendsten Entwicklungen der Seelsorgetheorie und -praxis erlebe ich in der Begegnung mit Frauen und Männern unterschiedlicher Kulturen, die es wagen, die biblischen Geschichten und theologischen Systeme neu zu interpretieren und dabei auch verschüttetes Wissen um das Heilige, Heilende wieder lebendig werden zu lassen.
Wir kommen als TheologInnen, als SeelsorgerInnen des 20. Jahrhunderts nicht aus dem »Nichts« und sind auch nicht nur von jüdischer, griechischer und christlicher Geschichte geprägt. So beginnen immer mehr Frauen aus allen Kulturen, die Gärten ihrer Mütter und Vorfahrinnen umzugraben und entdecken Erstaunliches. Im Dezember 1998 nahm ich an einer faszinierenden Tagung von Künstlerinnen und Wissenschaftlerinnen teil, die zu Ehren der »Madonna von Guadelupe« gestaltet wurde. Ich lernte Frauen aus der Apache- und Cherokee-Tradition kennen, die von den matriarchalen Bräuchen ihrer Geschichte erzählten. Wir wurden Zeuginnen der schöpferischen Kraft von Malerinnen und Bildhauerinnen vor allem mexikanischer Herkunft kennen, die uns die Madonna in ihren Ursprüngen aufzeigen und in zeitgenössische Intepretationen einladen. Die Madonna von Guadelupe ist schwarz. Sie erschien einem armen mexikanischen Bauern dreimal auf der Höhe eines Berges, um den Bau eines heiligen Raumes von der reichen Kolonialkirche zu erreichen. Sie ließ mitten in der Dürre Rosen als Zeichen ihrer Präsenz wachsen. Hinter ihrer Gestalt wird die alte aztekische Göttin Tonantsin erkennbar.
Eine der *Chicana*-Künstlerinnen hat die Madonna als heutige Frauen gestaltet. Eine Rentnerin, eine Arbeiterin an einer Nähmaschine und eine junge Frau, die mit Adidas-Schuhen und kurzem roten Kleid und Schlange in der Hand der Zukunft entgegeneilt. Umgeben ist sie von einem

strahlenden Kranz der Sonne, und sie trägt einen dunkelblauen Umhang, mit goldenen Sternen bestickt[19]. Die Madonna von Guadelupe ist nur eine von vielen schwarzen Madonnen, die weltweit als religiöses und politisches Symbol der Veränderung und der Heilung aufgesucht werden. Wie die gebärende kosmische Frau in der Apokalypse steht die Madonna von Guadelupe für Transformation und Schutz gleichzeitig, ein Zeichen für die globale Sehnsucht nach einem anderen Zusammenleben, das stattfinden soll und stattfindet. Noch heute ist die schwarze Mutter ein Symbol nicht nur persönlicher Überlebenskraft. Sie wird von Mexico bis Polen, von Afrika bis Nepal als dunkle, machtvolle Verwandlerin des Lebens in den Tod und wieder in neues Leben verehrt. Heilung und Schutz werden von ihr ersucht. Immer mehr Menschen fragen sich, welche Bedeutung es hat, dass die Orte dieser Frauenkraft als die begehrtesten und heiligsten Orte der Welt aufgesucht und zum Ausgangspunkt effektiver politischer Aktionen werden, so wie die Aktion der Mütter der Verschwundenen in Argentinien oder der Mütter in Schwarz im Kosovo, in Russland und bei uns.

Ich habe in diesem Vortrag einige Linien feministischer Seelsorge aufgezeigt, die ich als Kunst der Begegnung verstehe. Diese Kunst der Begegnung sehe ich zwischen den Ressourcen der unterschiedlichen Disziplinen, der Kulturen, der Geschlechter und der religiösen Traditionen stattfinden. Für mich bedeutet seelsorgliche und theologische Arbeit eine Kunst, Begegnungen mit sich, mit anderen, mit dem Ganzen des Lebens so zu ermöglichen, dass neue Lebendigkeit an geschützten Orten inmitten aller Bedrohungen geboren werden kann.

(Abschluss: Tanz des zweiten Teiles des Textes durch Freia Leonhardt)

Anhang

Neue Ansätze der Seelsorge und Beratung in Ausbildung und Hochschullehre – Ein *Workshop* (gemeinsam mit Julia Strecker[20])

»Und da wurde ich in ein Zimmer im Krankenhaus gerufen, in dem vier Frauen lagen. Eine Katholikin meinte, am Tag zuvor sei eine Mormonin im Raum gewesen und habe alle unruhig gemacht. Sie wollten gerne über die Unterschiede im Glauben reden. Ich sprach mit ihr, und dann bat mich Fatima S., eine Muslimin im gleichen Zimmer, um ein Gespräch. Sie sei im Krankenhaus und solle operiert werden, aber ihre ganze Familie sei dagegen, dass durch eine Operation in Allahs Plan eingegriffen würde. Schließlich habe sie schon ihr ganzes Leben mit dieser Krankheit gelebt und sei so krank geschaffen worden ...« erzählt eine Seelsorgerin. Sie ist in einer der vier Gruppen, die wir nach einer Einführung in

19 Yolanda Lopez, »Portrait of the Artist as the Virgin of Guadelupe«, 1978, Öl Pastell auf Papier.
20 Julia Strecker ist Pfarrerin der ESG Köln und Sozialtherapeutin.

feministische Seelsorge im ersten Teil unseres *workshops* bilden. Zu Beginn des *workshops* weisen wir daraufhin, dass feministische Seelsorge keine Methodik ist, sondern Praxis und Theorie, die aus den Erfahrungen von Frauen erwächst und mit unterschiedlichen Ansätzen und Methoden arbeitet. Mit der Gruppenbildung vollen wir uns zunächst auf die Erfahrungen der Teilnehmerinnen und Teilnehmer einlassen. Danach sollen anhand der Arbeit mit reflektierenden Teams einige Prinzipien feministischer Seelsorge und neuerer Ansätze der Lehre verdeutlicht werden;

- das Achten auf die konkrete Situation, den jeweiligen Kontext und die Prozesse der Beteiligten mit allen Sinnen;
- das respektvolle Hören auf das bisher nicht Gehörte;
- die Wertschätzung des Wissens, der Erinnerungen, der Wahrnehmungen und der Ressourcen der Betroffenen;
- das Schaffen eines Raumes, in dem schöpferische Kräfte und Macht zu gewünschten Veränderungen geweckt und in einer Ethik der Fürsorge gestärkt werden.

Die Gruppenbildung, die uns zugleich als Arbeitsbasis für die reflektierenden Teams dienen soll, erfolgt unter fünf Gesichtspunkten, zu denen die Teilnehmenden des *workshops* sich zusammenfinden. Übergeordnete Frage ist: Wo ist mein Raum? Wo gibt es Heimat für mich in der Seelsorge?

1. Heimat in geschätzten überlieferten Traditionen der Theologie und Kirche;
2. Heimat vor allem in der Seelsorge;
3. Heimat – auf der Suche nach neuen Räumen der Spiritualität;
4. Heimat in feministischer Theologie und Liturgie oder im Bereich der Männerforschung und neuen Ansätzen männlicher Theologie;
5. Heimat in neuen Fragestellungen, die von der Kirche und Seelsorge mehr entwickelt werden sollten: Kirche und Ökonomie, Bereiche wirtschaftlicher Selbständigkeit.

Es stellen sich vier relativ gleich große Gruppen im Raum zusammen, die fünfte kommt interessanterweise nicht zustande. Jede Gruppe spricht zunächst über das Gemeinsame/Verbindende. Anschließend wählen sie einen Fall aus ihrer Seelsorgepraxis, um diese Situation exemplarisch im Plenum vorzustellen. In der Gesamtgruppe beschränken wir uns dann auf die Darstellung der Fälle und beleuchten diese unter der Perspektive: Inwieweit spielt die Kategorie »Geschlecht« im seelsorglichen Kontakt ein Rolle? Inwieweit ist dieser Fall exemplarisch für die heutige Situation der Seelsorgepraxis?

Die zweite Einheit des *workshops* beginnen wir mit einer Einführung in neue Ansätze der Ausbildung/Lehre der Seelsorge. Ein Beispiel dafür ist die Arbeit mit reflektierenden Teams, die zunächst im Supervisionsbereich in Norwegen entwickelt wurde, heute aber in verschiedenen *settings* erprobt wird. Dieser Ansatz entspricht unserer Auffassung nach auch den Anliegen feministischer Arbeit, da es hier um das kooperative Miteinander von Frauen und Männern, von Klienten, Klientinnen und BeraterInnen geht, in welchem Prozesse der Kommunikation und Macht transparent gemacht werden. Im Sinne neuer Erkenntnistheorien geht es darum, dass es kein Richtig oder Falsch gibt, sondern dass verschiedene Perspektiven im Raum sichtbar und hörbar werden, die zu einer Erweiterung und zur Verflüssigung festgefahrener Situationen führen können.

Da die Teams in Gegenwart Betroffener sprechen und ihre Ressourcen, nicht Fehler oder Pathologie, in den Mittelpunkt stellen, sind sie eingeladen, keine *statements* und Wertungen zu gebrauchen, sondern respektvoll, fragend und erprobend zu reflektieren.
Wir laden die TeilnehmerInnen ein, ihrer Neugier zu folgen und in Teams unter je einem Fokus eine Rollenspielinszenierung zu beobachten:

- Welche Rolle spielt das Geschlecht in dieser Situation?
- Wie kommt hier die interkulturelle Begegnung zum Tragen?
- Welche Gottesbilder kommen zum Ausdruck?

Die Kollegin, die als Krankenhausseelsorgerin ihre Begegnung mit der Muslimin hatte, erklärt sich bereit, ihre Fallgeschichte anhand einer Skulptur und eines Rollenspieles ins Plenum einzubringen. Wir laden sie ein, konkret die Situation im Zimmer aufzubauen, die vier Betten zu stellen und sich Personen zu suchen, die die Rollen der beteiligten vier Frauen und des muslimischen Ehemannes übernehmen, der auch in dem Raum anwesend war. Sie erzählt die Geschichte noch einmal für alle und lässt ihre Begegnung durch Kontakt mit den RollenspielerInnen lebendig werden. »Frau S. sagt, sie habe doch schon immer mit der Krankheit gelebt, und ihre Familie sei dagegen, dass sie operiert werde. Allah habe sie doch so geschaffen, und sie könne doch nichts gegen den Willen Allahs tun.« Ich bin überrascht und weiß zunächst nicht, was ich sagen soll. Ich bin doch keine Muslimin. Aber als ich sie so nah erlebe, fällt mir doch etwas ein. Ich sage zu ihr: Liebe Frau S., wir sind doch aber auch ohne Fell geschaffen und brauchen in der Kälte ein Feuer, eine Heizung, die uns wärmt und warme Sachen, die wir uns nähen. Ist es nicht auch in Allahs Sinn, dass wir uns vor Kälte und Krankheit schützen? Heißt nicht Allah auch der Allerbarmer? Frau S. lächelt mich an. Also ist es auch in seinem Sinn, dass ich mich von der Krankheit befreie, meint sie. Ich bemerke, dass ihr Mann, der mit im Zimmer sitzt, weint und für kurze Zeit das Zimmer verlässt. Wir reden noch eine Weile, und sie ist wie gelöst. Sie sagt, ich möchte etwas über die Bibel wissen. Da erschrecke ich. Ich will nicht, dass sie denkt, ich wolle sie missionieren.
In den reflektierenden Teams werden verschiedene Stimmen laut. Die einen sind beeindruckt von der Intuition ihrer Kollegin. Wie sie es geschafft hat, in der schwierigen Situation eines Viererzimmers so gut Kontakt zu einer Frau aus einer anderen Kultur aufzunehmen. Dass sie ihr so nahekommen konnte und aus ihrem eigenen Glauben eine Umdeutung und Veränderung der blockierten Situation gelang. Andere wiederum sprechen die Unsicherheit der Seelsorgerin an, als es um die Bibel geht – sie wundern sich, warum die Kollegin hier so zögerlich reagiert. Diese Warum-Frage ist für uns der Anlass, in der Auswertung noch einmal auf die nicht-bewertende Arbeit der neuen Ansätze hinzuweisen. Dies ergibt eine spannende Kontroverse um den Sinn konfrontierender Arbeit in der Seelsorge. Ist es möglich, Lernen und Veränderung durch Fokussierung der Potentiale zu erreichen? Wie werden wir in Zukunft mit den Ressourcen anderer Kulturen und Religionen umgehen? Wir können wir lernen, unsere Grenzen anzuerkennen und Raum für *empowerment* zu eröffnen? Wie sieht eine Seelsorgeausbildung und -lehre aus, in der solche Lernprozesse ernst genommen werden? Wir schließen den *workshop* mit einer Auswertung und Dank an alle Beteiligten, besonders die Rollenspielerinnen und die mutige Kollegin.

Larry Kent Graham[1]

Neue Perspektiven von Theorie und Praxis der Seelsorge in Nordamerika

1. Einleitung

Das Thema, über das ich sprechen soll, ist »Neue Perspektiven von Theorie und Praxis der Seelsorge in Nordamerika«. Ich will die Gelegenheit wahrnehmen, um einige gegenwärtige Strömungen und Zukunftsprojektionen zu diskutieren. Bitte verstehen Sie dies eher als Einführung denn als umfassende Stellungnahme. Ich hoffe, dass informelle Gespräche einige der Punkte, die ich einführe, tiefer durchdringen können.
Ich gehe nicht davon aus, dass das, was an Seelsorge und Beratung in den Vereinigten Staaten entsteht, irgendwelche besondere Bedeutung für die Herausforderungen und Bemühungen hat, denen Sie sich als Europäer und Deutsche stellen. Ich präsentiere meine Überlegungen zu Ihrer Information und für den Dialog. Ich brenne darauf, mehr von den aktuellen Strömungen auf dem Gebiet in Deutschland zu hören.
Trotz spezifischer Herausforderungen in unseren jeweiligen Gesellschaften teilen wir sicherlich einige gemeinsame Wirklichkeiten. Wir leben gemeinsam in einer »Periode des Danach«. Westliche Überlieferungen in Europa und den Vereinigten Staaten versuchen ausfindig zu machen, was religiöse Authentizität in einer post-christlichen Ära meint. Wir ringen darum zu definieren, was Autorität, Individualität und Erkenntnistheorie auf post-moderne Art bedeuten. Wir alle versuchen, unser gemeinsames Leben in post-kolonialen und nach dem Kalten Krieg situierten Diskursen neu zu denken. Und wir teilen die gemeinsame Herausforderung, einer post-heterosexistischen, nicht patriarchalischen Struktur der Existenz entgegenzugehen. Alles, was wir über Seelsorge und Beratung sagen, muss diese kulturellen Wirklichkeiten berücksichtigen. Es bleibt festzustellen, ob Seelsorge und Beratung selbst durch ihre Definition und Praxis zu stark an diese Realitäten gebunden sind, über die wir hinausgehen wollen. Oder es mag sein, dass Seelsorge und Beratung bedeutsame Ressourcen für diese Veränderungen anbieten.
Mein Eindruck ist, dass Europa Amerika voraus ist, wenn es darum geht, die kulturellen und intellektuellen Herausforderungen am Ende des 20. Jahrhunderts zu definieren und zu beantworten. In einigen Fällen müssen

1 Der Verfasser ist Professor für Pastoraltheologie, Dean der Iliff School of Theology in Denver, Colorado, und Familientherapeut.

wir Nordamerikaner die Aufgaben, vor die wir gestellt sind, noch klar definieren. Aber das ist nicht das Feld, auf dem ich Experte bin, und es ist auch nicht das mir aufgegebene Thema.
Ich spreche zu Ihnen als Pastoraltheologe. Das wird einen besonderen Blickwinkel auf das, was ich vortrage, festlegen und einige der Schlussfolgerungen beeinflussen, die ich ziehe. Pastoraltheologie ist in Nordamerika eine akademische Disziplin. Sie ist Teil der theologischen Ausbildung, und in jüngster Zeit ist ihr die Verantwortung dafür übertragen worden, Theorie und Praxis zur Orientierung der Aktivitäten von Seelsorge und Beratung zu entwickeln. Sie ist eine theologische Disziplin, die neue theologische Verstehensweisen schafft, die beides tun: Anweisungen für die Praxis zu geben und das theologische Unternehmen als Ganzes zu bereichern. Darüber hinaus hat sich Pastoraltheologie in die Richtung von Kulturkritik und prophetischem Engagement für die soziale Ordnung bewegt.
Die Leitidee dieses Vortrags ist, dass Seelsorge und Beratung in Nordamerika einen großen Paradigmenwechsel durchmachen. Dieser Wechsel wird am besten charakterisiert als Bewegung vom Individualismus zur Gemeinschaftsorientierung, von der Privatisierung zur Bürokratisierung, von religiösem Professionalismus zu »geistlicher Leitung«. Zusätzlich gibt es spezielle Themen in und neben diesen Bewegungen: Globalisierung und interkulturelle Verpflichtungen, Ökotherapie, Machtgebrauch und -missbrauch in helfenden Beziehungen, das Aufkommen des Internets und der Technik als Ressourcen und Herausforderungen.
Lassen Sie mich nun einige dieser Themen ansprechen.

2. Von der Individualisierung zur Gemeinschaftsorientierung

Eines der Geschenke von Seelsorge und Beratung an Kirche und Gesellschaft ist die Aufmerksamkeit für die Besonderheit. Spezifisches ist von Bedeutung, insbesondere die spezifischen Dynamiken, die in der Seele und im Geist von Personen verborgen sind. Aus dem Engagement für das, was Boisen »lebende menschliche Dokumente« nannte, wurden Pastoraltheologie und Seelsorge als akademische und praktische Disziplinen im nordamerikanischen Kontext geboren. Leitfiguren wie Seward Hiltner, James Lapsley, Liston Mills, Peggy Way und John Patton gaben signifikante Beiträge zur theologischen Anthropologie und zum Dienst der Seelsorge an leidenden Menschen, angefangen bei der Überprüfung spezifischer Akte der Sorge füreinander im therapeutischen und pastoralen Kontext.
In den letzten zehn bis fünfzehn Jahren wurden Ressourcen erschlossen, mit denen wir die menschliche Besonderheit auf umfassendere Weise untersuchen können, als dies die Psychodynamik des persönlichen und spirituellen Wachstums von Individuen und deren Primärbeziehungen leisten

kann. Wie haben menschliche Personen als von Natur aus sozial und gemeinschaftsbezogen sehen gelernt, die in einer Vielfalt von Umwelten leben, welche auf die Qualität und den Charakter ihrer Individualität einwirken. In der Sprache der systemischen Familientherapie: Es ist deutlich, dass »Individuen in Familien krank werden und dass sie in Familien gesund werden«. Familienökologie, wie jeder pastorale Familientherapeut weiß, verbessert oder verschlechtert das persönliche und individuelle Leben unwiderruflich.

Doch die Umwelten, mit denen es Pastoraltheologie und Seelsorge zu tun haben, sind größer als Familien. Die Befreiungstheologien, die aus den Quellen des Feminismus, von Gays und Lesben und aus Quellen der dritten Welt geschöpft haben, haben uns geholfen zu realisieren, dass wir unsere soziale und kulturelle Besonderheit geltend machen müssen, einschließlich der Geschlechterfrage, der sexuellen Orientierung, der Rasse und Klasse, wenn wir dahin kommen wollen, vollständiger zu erfassen, was es heißt, Seelsorge zu geben und zu bekommen. Wir haben allmählich erkannt, dass Individualität nicht letztlich von der Gruppenidentifikation zu unterscheiden ist, obwohl jedes Individuum sich selbst konstruiert in Arten und Weisen, die sowohl kulturelle Sichtweisen und Praktiken verkörpern und weitertragen, als auch an kritischen Punkten im Gegensatz zu diesem Erbe stehen. Diese Prozesse, sich mit dem Vorgegebenen zu identifizieren und es neu zu gestalten, sind oft konflikthaft und schwierig. Sie sind nicht leicht, weil die meisten von uns durch multiple Milieus geformt sind, auch wenn wir primär mit dem einen oder anderen Kontext identifiziert sind. Pastoraltheologie und Seelsorge haben von einigen dieser Dynamiken Kenntnis genommen und ihre Leitsymbole und -metaphern ebenso wie ihre eher formalen Theorien und Praktiken entsprechend geändert.

Eine konkrete Veränderung in Pastoraltheologie und Seelsorge, die aus der Entdeckung resultierte, dass menschliches Personsein eingebettet ist und hervorgeht aus partikulären Kontexten, war eine Betonung der Beziehungsgerechtigkeit vor der Selbstverwirklichung als Ziel unserer Arbeit. Unter dem Einfluss der oben erwähnten Befreiungsbewegungen begann man Gerechtigkeit als integralen Bestandteil von Seelsorge statt als sekundär oder ein zusätzliches Thema anzusehen. Viele Menschen sind zu SeelsorgerInnen gekommen, weil sie Opfer von Missbrauch, Unterdrükkung und anderer Formen von Ungerechtigkeit waren. (In einigen Fällen ist die Organisation der Hilfe selbst aus der ungerechten sozialen Dynamik hervorgegangen oder perpetuiert sie.) Da ihre Symptome im Netz von gemeinschaftlichen Praktiken und kulturellen Bedeutungssystemen aufgekommen sind, muss es Wege geben, auch ihre Heilung von einem gemeinschaftsbezogenen und kontextuellen Standpunkt aus anzugehen.

James Poling, ein Pastoraltheologe, der am Evangelischen Seminar nahe Chicago, Illinois lehrt, ist eine Leitfigur im Bereich von Pastoraltheologie und Seelsorge in Nordamerika. Seine Analyse, am deutlichsten in seinem

Buch *The Abuse of Power: A Theological Problem*[2], demaskiert die Symbole und Mechanismen des Missbrauchs im Patriarchat und stellt ererbte Begriffe von Gottes Güte und Macht ebenso in Frage wie die Sichtweisen von Buße im Licht ihrer Implikation für die Bewertung von sexuellem und häuslichem Missbrauch und Gewalt. Es gibt keinen Weg, auf dem sich Pastoraltheologie und Seelsorge einer Untersuchung der größeren sozialen und gemeinschaftlichen Praktiken enthalten kann, wenn sie mit Individuen und Familien umgeht. Die Kultur ist im Beratungsraum in der besonderen Form, wie die leidende Person sie mitbringt. Es ist schlichtweg inadäquat, so zu denken, wie wir es in der Vergangenheit versucht haben: dass die Selbstverwirklichung von Individuen ohne Beachtung der Dynamik der Macht geschehen könne.

Wenn Beziehungsgerechtigkeit die Selbstverwirklichung als Norm für pastorales Selbstverständnis und pastorale Praxis ersetzt, dann wird »Wechselseitigkeit« zur zentralen Norm relationaler Gerechtigkeit. Wenn Theorien der Macht herangezogen werden, um pastorale Theorie und Praxis zu untersuchen, besteht eine der Schlüsselerkenntnisse, die aus den Perspektiven der Befreiung resultiert, darin, dass die Macht ungleichgewichtig ist oder ungerecht verteilt. Durch unterdrückende Machtdynamiken sind einige benachteiligt, während andere im Vorteil sind. Die Machtverteilung als eine Aufgabe von Fürsorge gerecht zu rearrangieren heißt, Wechselseitigkeit als ethische Norm und soziale Praxis zu befördern. Joretta Marshall, meine Kollegin in Illif[3], hat ein Buch mit dem Titel *Counseling Lesbian Partners*[4] geschrieben, das Wechselseitigkeit als eine Dimension des Bündnisses ansieht. Sie argumentiert, »wechselseitig« zu leben meine, dass jeder Person in einer Beziehung (und Gemeinschaft) die »besten Interessen und Belange« des anderen am Herzen liegen und dass sie die »wechselseitige Verantwortlichkeit« für die gesamte Beziehung und Gemeinschaft teilt[5].

Zusätzlich meint es, die Machtverteilung in solch einer Weise zu arrangieren, dass jeder in der Lage ist, mehr zu einer »ganzen, vollständigen Person« zu werden[6]. Don S. Browning und seine Co-Autoren behaupten in einer monumentalen Studie über die Familie in Nordamerika[7], dass die Wechselseitigkeit die Norm sei, welche die sich hingebende Liebe in der Ehe reguliert, so dass die Gleichheit der Geschlechter ein vorherrschender Wert in einer christlichen Sicht der Ehe werde. Diese Autoren treten auch

2 J. Newton Poling, The Abuse of Power. A Theological Problem, Nashville 1991.

3 Iliff School of Theology, Denver-Colorado.

4 J. Marshall, Counseling Lesbian Partners, Louisville 1997.

5 A.a.O. (Anm. 3), S. 60.

6 A.a.O.

7 D. S. Browning u.a., From Culture Wars to Common Ground. Religion and the American Family Debate, Louisville 1997; J.A. Patton, A Pastoral Theological Response to Some Recent Books on the Family, in: Journal of Pastoral Theology 8 (June 1998), S. 53–62.

ein für eine öffentliche Politik und Veränderungen der ökonomischen Ordnung, welche die Entwicklung wirklicher Gleichheit und Wechselseitigkeit in verschiedenen Familienstrukturen unterstützen.
Verschiedene Autoren in den Vereinigten Staaten haben die Tendenz zur *fortgeschrittenen* Gemeinschaftsorientierung und Kontextualität genutzt, um überall im Land Pastoraltheologie zu unterrichten. In seinem Buch *Pastoral Care in Context* richtet John Patton[8] seine Theorie der Seelsorge aus am Konzept von Gottes Erinnern. Ein relationaler Gott, der unsere Wirklichkeiten in seiner Erinnerung hält, macht Gemeinschaft und Sorge füreinander möglich. Füreinander zu sorgen ist Sache der Gemeinschaft. Es ist nicht exklusiv oder grundsätzlich die Verantwortlichkeit des Klerus.
Margaret Kornfeld, die designierte Präsidentin der American Association of Pastoral Counselors, hat ein Buch geschrieben mit dem Titel *Cultivating Wholeness*[9], in dem sie die Metapher des Gärtnerns nutzt, um das Sorgen füreinander zu beschreiben. Den Garten zu bearbeiten und zu kultivieren dient dazu, individuelle und gemeinschaftliche Ganzheit zu schaffen und aufrecht zu erhalten. Der oder die Sorgetragende als Gärtner ist dafür da, die Bedingungen für das Gemeinschaftsleben zu schaffen, die charakterisiert sind durch eine gemeinsame Vision, ein Gefühl der Zugehörigkeit und wirkliche Diversität. Auch für Kornfeld wird die Sorge füreinander von allen Mitgliedern der Gemeinschaft ausgeübt, nicht nur von einigen wenigen. Sie erkennt ebenfalls, dass die Gemeinschaft für die meisten von uns vielfältig ist und dass Ganzheit aus der Fähigkeit entsteht, aus vielen Verbindungen zu schöpfen und zu ihnen beizutragen.
Ich selbst habe ein Buch mit dem Titel *Care of Persons, Care of Worlds: A Psychosystems Approach to Pastoral Care and Counseling*[10] geschrieben, das manchmal als grundlegendes Textbuch benutzt wird, öfter jedoch als Lehrbuch für fortgeschrittene Studien auf dem Feld der Seelsorge. Ich habe die Prozess- und Befreiungstheologien, die systemische Familientherapie und die Ich-Psychologie aufgegriffen und ein Modell der Pastoraltheologie formuliert, in dem es darum geht, festzustellen, wie Symptome und ihre Besserung in der systemischen Matrix der Familie, der Gesellschaft, der kulturellen und natürlichen Ordnung zustande kommen. Die Ziele und Methoden von Seelsorge und Beratung nehmen die individuelle Selbstverwirklichung in sich auf, gehen jedoch darüber hinaus, um die Liebe zu Gott und dem Nächsten, Beziehungsgerechtigkeit und ökologische Harmonie einzuschließen. Howard Clinebell, einer der bedeutendsten Autoren auf dem Gebiet der Seelsorge in den Vereinigten Staaten, hat jüngst ein ökologisches Modell von Seelsorge und Beratung

8 J. Patton, Pastoral Care in Context. An Introduction to Pastoral Care, Louisville 1993.

9 M. Kornfeld, Cultivating Wholeness. A Guide to Care and Counseling in Faith Communities, New York 1998.

10 L. Kent Graham, Care of Persons, Care of Worlds. A Psychosystems Approach to Pastoral Care and Counseling, Nashville 1992.

entwickelt[11]. Er bezieht sich auf eine Vielfalt von ökofeministischen Denkerinnen und legt dar, dass für sich selbst und andere angemessen zu sorgen bedeutet, für die natürliche Ordnung zu sorgen, indem man ihre Integrität und Lebensfähigkeit sichert. Seine Einsichten können in einem Buch mit dem Namen *Ecotherapy: Healing Ourselves, Healing the Earth* gefunden werden.

Eine Anzahl bedeutender Texte ist entstanden, die menschliche Sexualität – speziell die Geschlechteridentität (*gender*) und die sexuelle Orientierung – in kulturellen, gemeinschaftsbezogenen ebenso wie in psychologischen und Entwicklungsbegriffen interpretieren. In der Tat ist die »sexuelle Theologie« ein Hauptgebiet der Theologie in Nordamerika gewesen. Sozialethiker wie James Nelson, Beverly Wildung Harrison und Christine Gudorf, Theologen wie Carter Heyward[12] und Sally McFague[13], BibelwissenschaftlerInnen wie Elisabeth Schüssler Fiorenza[14] haben verschiedene Sichtweisen der menschlichen Sexualität zum zentralen Kriterium ihrer Arbeit gemacht und nennenswerten Einfluss darauf gehabt, dass Theologie und Ethik sich über heterosexistische und partiarchalische Normen hinaus bewegt haben.

Einige Leitfiguren im Feld von Pastoraltheologie und Seelsorge haben diese und andere Schriften der »sexuellen Theologie und Ethik« aufgegriffen, um die Aufgabe der Seelsorge neu zu interpretieren. Valerie deMarinis[15] hat die erste vollständig durchgestaltete feministische Theorie der Seelsorge in den Vereinigten Staaten geschrieben, die den Titel *Critical Caring: A Feminist Model for Pastoral Psychology* trägt. Sie baut ihr pastoraltherapeutisches Modell um eine »Hermeneutik des Verdachts« herum, die kritische Auswertung der historischen Unterdrückungserfahrung von Frauen und die Praxis von Körperarbeit, Tanz und Ritual. Jeanne Stevenson Moessner[16], Maxine Glaz und Christie Neuger[17] haben Schriften und Bücher veröffentlicht, die Seelsorge auf die spezifischen Bedürfnisse von Frauen zentrieren. Sie nutzen die kulturelle und politische Analyse, um die kontextuelle Wirklichkeit, aus der Frauen kommen, und die Art der erforderlichen Seelsorge besser zu verstehen. James Poling und

11 H. Clinebell Jr., Ecotherapy. Healing Ourselves, Healing the Earth, Minneapolis 1996; ders., ›Ökotherapie‹ – Ein Paradigma für eine ökologisch-soziale Identität, in: WzM 50, 1998, S. 160–174.

12 C. Heyward, Touching our Strength. The Erotic as Power and the Love of God, San Francisco 1989.

13 S. McFague, The Body of God. An Ecological Theology, Minneapolis 1993.

14 E. Schüssler-Fiorenza, Brot statt Steine. Die Herausforderung einer feministischen Interpretation der Bibel, Fribourg 1988.

15 V. deMarinis, Critical Caring. A Feminist Model for Pastoral Psychology, Louisville 1993.

16 J. Stevenson Moessner (Hg.), Through the Eyes of Women. Insights for Pastoral Care, Minneapolis 1996.

17 C. Cozad Neuger (Hg.), The Arts of Ministry. Feminist-Womanist Approaches, Louisville 1996.

Christie Neuger[18] haben eine wichtige Aufsatzsammlung zusammengestellt, die eine Annäherung an die Seelsorge von Männern auf der Grundlage feministischer Interpretationen von Geschlechteridentität und Geschlechtsrollen entwickeln. In meiner Forschung über Seelsorge mit Lesben und Gays habe ich entdeckt, dass es möglich ist, das Konzept der *imago Dei* in Begriffen zu rekonstruieren, die erotische Bindung, Solidarität in der Gemeinschaft und spirituelle Transformation miteinander verbinden[19]. Aus der »sexuellen Theologie« haben sich für die pastoraltheologische Reflexion interessante Konsequenzen ergeben, die insbesondere durch den gewalttätigen Mord in Laramie, Wyoming, an Matthew Shepherd, einem Gay, im Oktober 1998 angestoßen wurde. Joretta Marshall fragt, wie gemeinschaftliche Vergebung aussieht, wenn ganze Gemeinden von Menschen das Ziel ungerechter Gewalt und Benachteiligung geworden sind, die auf Vorurteilen und der größeren sozialen Macht einer dominanten Gruppe beruhen[20]. Das ist ein verlockender Fortschritt in der Theologie der Vergebung. Marshall untersucht gegenwärtig die gemeinschaftlichen Dimensionen der Vergebung und schließt dabei die Analyse der Möglichkeiten der Vergebung auf seiten der Maya-Indianer in Guatemala, von armen Menschen in Appalachia und ökonomisch bedrohten Farmerfamilien im oberen mittleren Westen der Vereinigten Staaten ein.

Das gemeinschaftsbezogene und kontextuelle Paradigma, das in den Vereinigten Staaten aufkommt, geht über die Themen von Geschlecht und sexueller Orientierung hinaus. Es erstreckt sich auch auf die Themen von Rasse und Klasse. In den letzten dreißig Jahren war es undenkbar, Seelsorgetheorien zu entwickeln und Seelsorgepraxis anzuleiten, ohne sich mit der durchdringenden rassischen und ethnischen Ungerechtigkeit in der historischen und gegenwärtigen Situation der Vereinigten Staaten zu befassen. Bemühungen um relationale Gerechtigkeit, die oben umrissen wurden, stammen auch aus und zielen auf Themen von Rasse und Klasse. James Poling, ein weißer, männlicher Pastoraltheologe, hat eine Vielfalt von Beiträgen zu diesem Themenbereich gemacht. Sein Buch *Deliver us from Evil*[21] hat erhebliche Beachtung gefunden. Archie Smith Jr.[22], Judith Orr und Pamela Couture[23] haben bedeutende Beiträge zur Frage der sozia-

18 C. Cozad Neuger, James Newton Poling (Hg.), The Care of Men, Nashville 1997.

19 L. Kent Graham, Discovering Images of God. Narratives of Care among Lesbians and Gays, Louisville 1997.

20 J. Marshall, Communal Dimensions of Forgiveness: Learning from the Live and Death of Matthew Shepard, in: Journal of Pastoral Theology 1999, S. 49–61.

21 J. Newton Poling, Deliver us from Evil. Resisting Racial and Gender Oppression, Minneapolis 1996.

22 A. Smith Jr., Navigating the Deep River: Spirituality in African American Families, Cleveland, OH 1997.

23 P.D. Couture, Blessed are the Poor? Womens's Poverty, Family Policy and Practical Theology, Nashville 1991; dies., R. Hunter (Hg.), Pastoral Care and Social Conflict, Nashville 1995.

len Klassen, speziell der Armut, und ihrem Bezug zur Pastoraltheologie und Seelsorge verfasst.
Edward Wimberley ist der bekannteste Afro-Amerikaner, der auf dem Feld von Pastoraltheologie und Seelsorge schreibt. Er hat verschiedene Bücher verfasst, in denen er zeitgenössische säkulare Psychotherapiemodelle und Theologien aufgreift und sie an den afro-amerikanischen Kontext anpasst[24]. Sein eigener kultureller Kontext und seine Erfahrung fungieren als kritische Instanz gegenüber den führenden Lehrmeinungen und Praktiken der überwiegend von Weißen beherrschten Literatur. Einer seiner Beiträge besteht in der Erkenntnis, dass es keine endgültige Heilung und Versöhnung geben kann, bis die Bedingungen, die das Rassenunrecht aufrechterhalten, aus der Welt geschafft sind.
Carroll Watkins-Ali[25], eine afro-amerikanische protestantische Pastoraltheologin, fordert die individualistische Ausrichtung der Pastoraltheologie heraus. Sie kommt von einer Analyse der Erfahrung von armen schwarzen Frauen her und behauptet, dass die Ziele von Heilung, Beistand und Führung, die das dominante Modell von Pastoraltheologie und Seelsorge bestimmen, zu eng und individualistisch für den afro-amerikanischen Kontext sind. Sie vertritt die Auffassung, dass alle Afro-Amerikaner Ressourcen benötigen, mit denen sie als erstes die Tendenzen des Genozids der weißen Sklavenherrschaft überleben und als zweites von diesen Bedingungen befreit werden. Für Watkins-Ali sind diese Ressourcen die afro-amerikanische religiöse Tradition, die afro-amerikanische Gemeinde als Ganzes und Befreiungstheologien, die von afro-amerikanischen Denkerinnen beinflusst sind. Die Metaphern, welche die Ziele und Absichten der Seelsorge für die spezielle Situation von Afro-Amerikanern leiten, sind Nähren, *empowerment* und Befreiung.
Bevor ich diese Diskussion über die Bewegung vom Individualismus zur Gemeinschaftsorientierung in Pastoraltheologie und Seelsorge abschließe, würde ich gerne eine künstlerische Illustration benutzen, um den Unterschied, der sich ergibt, zu illustrieren. Eine ausführlichere Beschreibung kann in meinem Buch *Care of Persons, Care of Worlds*[26] gefunden werden.
Das Individualistische ist dargestellt in Albrecht Dürers berühmtem Bild *Ritter, Tod und Teufel.* Die zentrale menschliche Figur ist der mittelalterliche Ritter, der sein Pferd durch einen bedrohlichen Wald reitet, in voller Rüstung und begleitet von seinem Hund. In der Ferne ist ein Schloss oder die himmlische Stadt. Der Ritter ist alleine, mit Ausnahme seines Pferdes und seines Hundes – und die Umgebung ist gefährlich. Sein Ziel ist es, an

24 E.P. Wimberley, African American Pastoral Care, Nashville 1991; ders., Pastoral Counseling & Spiritual Values. A Black Point of View, Nashville 1982; ders., Using Scripture in Pastoral Counseling, Nashville 1994.
25 C. Watkins Ali, Survival and Liberation. Pastoral Theology in African American Context, St. Louis 1999.
26 A.a.O. (Anm.9), S. 14–16.

einen anderen Ort zu gelangen. Er leistet keinen wirklichen Beitrag zur sozialen oder zur natürlichen Ordnung. Sie sind der Hintergrund der erfolgreichen Vollendung seiner Reise. Das Bild reflektiert das Paradigma von individuellem Wachstum und Erfüllung, in dem letztlich die Gemeinschaft und die Umwelt wenig gebraucht und ihnen wenig gegeben wird. Nehmen wir im Unterschied dazu Picassos Gemälde *Drei Musiker.* Im Zentrum sind drei Musiker zusammen in einem Raum. Auch ein Hund ist dort. Das Bild ist derart gemalt, dass das Haus und die Stadt, die es darstellt, sich gegenseitig enthalten. Die physische und soziale Umwelt konstruiert auch die Musiker. Weiter sind die Musiker klar Individuen, aber die Zeichnung, durch die sie ihre Einzigkeit bekommen, ist durch Materialien und Formen konstruiert, die auch die anderen Figuren und die weitere Umgebung konstituieren. Die Darstellungen vermischen sich und unterscheiden sich, in einer zugleich trennenden und harmonischen Weise. In dem Bild findet sich Fragmentierung und Gebrochenheit, aber es ist unmöglich, alles klar zu unterscheiden. Die Umgebung ist beides: verwehrend und einladend. Statt von ihr getrennt zu sein, sind die Musiker aus ihr gemacht und tragen zu ihr bei. Und in dieser Harmonie, Fragmentierung und Gebrochenheit machen die drei Musik. Und sie tun dies eher zusammen als für sich alleine. Sie reflektieren das Paradigma der menschlichen Gebrochenheit und Ganzheit in der Gemeinschaft.

3. Von der Privatheit zur institutionalisierten kapitalistischen Bürokratie

Pastoraltheologie und Seelsorge in Nordamerika waren nicht nur individualistisch, sie waren privat. Als Folge der Modernität, des Aufkommens der Professionalisierung und der Trennung von Kirche und Staat in der Verfassung der Vereinigten Staaten vollzog die religiöse Seelsorge eine grundlegende Wendung in den inneren Raum. Der öffentliche Raum ist in den Vereinigten Staaten »nackt« geworden. Er hat den Einfluss religiöser Individuen und Gemeinschaften verloren, es sei denn, sie finden einen Weg, die öffentliche Politik durch Lobbyarbeit und andere Bemühungen zu beeinflussen. Religiöse Glaubensüberzeugungen und Praktiken sind in unseren öffentlichen Debatten ebenso wenig normal wie in der Legislative und in der juristischen Entscheidungsfindung. Ich bin sicher, dass für jemanden von außen solch eine Stellungnahme verblüffend ist.
Wegen der Marginalisierung von religiösem Glauben und religiöser Praxis haben SeelsorgerInnen spezielle »liminale« *settings* entwickelt, in denen Menschen in Schwierigkeiten »geheilt, unterstützt und geleitet« werden dürfen. Diese Settings und Praktiken, die unter ihnen aufgekommen sind, haben sie selbst auf der Basis tiefer, persönlicher Selbstmitteilung als TherapeutInnen, AnwältInnen oder ÄrztInnen geformt. Die professionelle Beziehung wird weithin eher als Beziehung zwischen einem Klien-

ten und einem Berufsvertreter denn als zwischen einem religiösen Führer und der glaubenden Gemeinde interpretiert. Oft werden diese Dienste in einer privaten Praxis geleistet oder in einer spezialisierten non-Profit Agentur wie einem Hospital, einer Heimeinrichtung oder einer pastoralen Beratungsstelle. Aber auch wenn dies in einem institutionellen non-Profit Setting getan wird, unternimmt man große Anstrengungen, um die Privatheit derjenigen zu schützen, die diese Dienstleistungen suchen. Versicherungspolicen, Regierungsprogramme oder das dem eigenen Ermessen überlassene Einkommen derjenigen, die von diesen Dienstleistungen profitieren, kommen größtenteils für die Kosten dieser Dienstleistungen auf. Um spezielle klinische Dienstleistungen zur Verfügung zu stellen und dafür Vergütung zu erhalten, brauchte der überwiegende Teil der hauptamtlichen kirchlichen MitarbeiterInnen keine staatliche Lizenz oder eine sonstige öffentliche Zulassung. Um sicher zu gehen, suchten viele kirchliche MitarbeiterInnen psychotherapeutische Zusatztitel, aber diese dienten eher dazu, Kompetenz, Status und dadurch KlientInnen und Einkommen zu gewinnen, als das Recht zu praktizieren oder die notwendigen Zertifikate, um für ihre Dienstleistungen bezahlt zu werden.
Schnell hat sich jedoch ein anderes Bild ergeben. Gesundheitsfürsorge unter Einschluss des Bereichs der psychischen Gesundheit, mit dem Seelsorge und Beratung eng verbunden sind, ist nicht alleine oder vorwiegend eine private Angelegenheit. Vielmehr wandelt sich der Kontext, in dem diese Dienstleistungen zur Verfügung gestellt werden, vom non-Profit zu einem Profit-Zustand. Das hat enorme Konsequenzen – für diejenigen, die Seelsorge und Beratung anbieten ebenso wie für diejenigen, die sie in Anspruch nehmen wollen.

Lassen Sie mich kurz skizzieren, was in dieser neuen Szenerie mit Beratern und Einrichtungen, die mit der Beratung verknüpft sind, geschieht. Diejenigen, die eine private Praxis haben, haben einen Rückgang an Fällen zu verzeichnen, weil Klienten ihre Versicherungsgesellschaften nicht länger für Leistungsanbieter in Anspruch nehmen können, die außerhalb des von der Versicherungsgesellschaft zugelassenen Netzwerks von Leistungsanbietern stehen. Um ein Mitglied dieses Netzwerks zu werden, müssen pastorale BeraterInnen die Zertifizierung für eine staatliche Zulassung haben. Wegen der verfassungsmäßigen Trennung von Kirche und Staat in den USA jedoch weigern sich viele Staaten, pastorale BeraterInnen zuzulassen aus Furcht davor, vor Gericht angefochten zu werden, weil sie Religion damit als staatlich erklären. Und viele religiöse Gemeinschaften haben sich der staatlichen Zulassung von religiösen Praktiken widersetzt, weil sie nicht wollen, dass säkulare Regierungsbehörden religiösen Glauben und Praxis regulieren. Dies bedeutet, dass pastorale BeraterInnen, um eine Lizenz zu bekommen 1) entweder Staaten durch eine Lobby beeinflußt haben, eine Lizenzprüfung für pastorale Beratung zu entwickeln (derzeit hat dies ungefähr ein halbes Dutzend Staaten getan), 2) sich bemühen, Ausbildung in einer verwandten Disziplin wie Psychologie oder Sozialarbeit zu bekommen, 3) oder als unlizensierter Therapeut zu praktizierten und ein geringeres Einkommen zu haben.

Die Konsequenzen der Forderung der Lizensierung, die von der Marktmacht der großen Versicherungsgesellschaften und der profitorientierten medizinischen Programme vorangetrieben wird, sind mehr als nur eine Erschwernis für das Praktizieren von Seelsorge und Beratung durch religiös ausgebildete Individuen. Dies bedeutet auch, dass es einen sehr kleinen Markt für fortgeschrittene akademische Programme und Ausbildungsgänge in Seelsorge und Beratung gibt. Einige unserer in der Vergangenheit stärksten Programme haben schlicht mit der Beraterausbildung aufgehört. Entweder sie verändern ihre Programme hin zu einer allgemeineren Vorbereitung, oder sie ändern die Titel und bilden de facto eher PsychologInnen oder Ehe- und FamilienberaterInnen aus als SeelsorgerInnen. Darüber hinaus wurden klinische Ausbildungsprogramme in pastoralen Beratungszentren hart unter Druck gesetzt, wenn sie pastorale BeraterInnen ausbilden, weil die Versicherungsgesellschaften oft nicht für klinische Dienstleistungen bezahlen, die von nicht lizensierten oder nicht lizensierbaren Personen gewährt werden. Für viele erscheint dieser Stand der Dinge die Totenglocke für die pastorale Beratung zu sein, wie wir sie gekannt haben. Es gibt wenige, die eine zweifache Zulassung in pastoraler Beratung und in einer anderen zugelassenen Profession suchen, aber es ist unrealistisch anzunehmen, dass sehr viele Leute die Zeit und das Geld zur Verfügung haben, die für zwei Abschlüsse nötig sind.

Die American Association of Pastoral Counselors hat eine unabhängige Prüfungskommission für pastorale BeraterInnen gebildet, um diese Themen anzugehen. Diese Kommission hat eine Prüfung entwickelt, die von den Staaten als Grundlage für die Lizensierung von pastoralen BeraterInnen übernommen werden kann. Einige Jahre hindurch war ich Mitglied dieser Kommission und des Teams von pastoralen BeraterInnen und Pastoraltheologen, welche die erste Prüfung entwickelt haben. Zwei wichtige Dinge gehen von diesen Bemühungen aus. Erstens, die *Pastoral Counselor Examination* (PCEx) basiert auf einem Fundus von Kenntnissen und Literatur, die als »ursprünglich« für die pastorale Beratung/Seelsorge« angesehen werden. Zum ersten Mal haben wir in Nordamerika eine konkrete Gruppe von Informationen und Kenntnissen, die das Feld definieren. Im Prinzip wird dieses Wissen uns helfen, unsere Ausbildungs- und akademischen Programme zu vereinheitlichen und einen gemeinsamen Standard für die Lizensierung und sonstige professionelle Zertifizierung zur Verfügung stellen[27].

Zweitens hat die PCEx die Basis gelegt, um in den Vereinigten Staaten die öffentliche Anerkennung für pastorale Beratung zu erlangen. Dies stellt

27 Es sollte hier erwähnt werden, dass diese Wissensbasis vieles von dem reflektiert, was im ersten Teil angeführt wurde: Zusätzlich zu spezifisch klinischen Fertigkeiten und Philosophien müssen pastorale BeraterInnen gebildet sein in Theologie, Religion, religiösem Pluralismus, Religionspsychologie und Pastoraltheologie. Darüber hinaus muss der oder die pastorale BeraterIn auf all diesen Gebieten in Geschlecht (*gender*), Rasse, Klasse und sexueller Orientierung geprüft werden.

die soziale und kulturelle Marginalisierung von pastoralen BeraterInnen in Frage und macht pastorale Beratung prinzipiell zu einer wesentlich anerkennenswerteren Profession neben anderen. Es gibt pastoralen BeraterInnen und religiösen Gemeinschaften die Grundlage, um die Gesundheits- und Sozialpolitik der Regierungen zu beeinflussen und sich dabei ausdrücklich auf religiöse Kriterien und Praktiken zu beziehen. Das ist in den Vereinigten Staaten ziemlich radikal, und die Implikationen solch einer Bewegung sind noch nicht vollständig erfasst worden. Ungefähr ein halbes Dutzend Staaten haben entweder Lizensierungsprogramme mit dieser Prüfung als Grundlage des Lizensierungsprozesses übernommen oder anerkannt, die pastorale BeraterInnen einschließen. Es bleibt jedoch zweifelhaft, ob eine Lizenz für pastorale Beratung in jedem Staat zur Verfügung stehen wird.

Die Bewegung hin zu profitorientierten Institutionen und Bürokratien ist auch für andere Formen von Seelsorge bedeutsam. Krankenhäuser mit religiösen Hintergrund haben es beispielsweise zu teuer gefunden, mit großen, profitorientierten Gesundheitskomplexen zu konkurrieren. Sie haben sich selbst für große Geldsummen verkauft und dafür gesorgt, dass die neuen Besitzer eine gewisse Kontinuität mit der historischen Mission des Hospitals bewahren. Manchmal bedeutet das wenig mehr als die Bewahrung des ursprünglichen Namens und irgendeiner Art von Krankenhausseelsorge-Programm. Aber wenn profitorientierte Krankenhäuser an Profit verlieren – und viele haben in diesem hoch kompetitiven Markt Schwierigkeiten, den Profit zu halten – tendieren sie dazu, in denjenigen Abteilungen zu kürzen, die kein Einkommen bringen. Krankenhausseelsorge-Programme fallen eindeutig in die Kategorie der Abteilung, die für das Hospital kein Einkommen bringt, wenn sie mit der Chirurgie, dem Notfallraum und verschiedenen anderen Therapien verglichen werden.

Die Krankenhäuser sind jetzt hart damit konfrontiert zu klären, was sie mit den Seelsorgespezialisten tun sollen. Einerseits stehen sie der Notwendigkeit zur Profitmaximierung für ihre Aktionäre und zur Erhaltung eines Platzes in dem hoch kompetitiven Markt gegenüber. Deshalb kürzen sie Dienstleistungen wie Krankenhausseelsorge-Programme. Andererseits müssen sie das Wohlwollen der Gemeinde bewahren, die diese Krankenhäuser lange Zeit mit religiöser Hilfe und Dienst in Verbindung gebracht hat, und sie müssen die Normen der übergeordneteten Krankenhausakkreditierungsbehörde erfüllen, die fordert, irgendeine Form von religiösem Dienst bereit zu halten, damit das Krankenhaus seine Zulassung behalten kann.

Bevor ich eine pastoraltheologische Antwort auf diese Kapitalisierung und Bürokratisierung der Gesundheitsfürsorge und des pastoralen Dienstes gebe, lassen Sie mich zwei kurze Anmerkungen machen.

Erstens: Religiöse Gemeinschaften investieren das Geld, das sie beim Verkauf ihrer Krankenhäuser gewonnen haben, in Stiftungen, deren Mission es ist, die Gesundheit und Wohlfahrt der Gemeinschaft zu unterstützen. Zum Beispiel hat

der Colorado Trust, der nach dem Verkauf eines großen presbyteriansichen Hospitals auftrat, Millionen Dollar in lokale Bemühungen um die physischen und spirituellen Bedürfnisse von Frauen und Kindern investiert und in die Schaffung von Vermögenswerten, durch die die Gemeinden aufblühen können. Dieses Geld fließt jedoch eher in Programme als in die Kostendeckung für Dienstleistungen, die den Klienten von hauptamtlichen MitarbeiterInnen zur Verfügung gestellt werden.
Zweitens: Das Klima der Kapitalisierung und Bürokratisierung hat zu einer Situation geführt, in der Leistungen der Gesundheitsfürsorge an den Arbeitsplatz gebunden sind und eher als ein Kostenfaktor im Geschäft angesehen werden als eine Investition in die öffentliche Wohlfahrt unserer Gesellschaft als Ganzer. Das führt zu großen Ungleichheiten. 1999 hat mindestens einer unter sieben Amerikanern keine Krankenversicherung, und die Zahl ist seit 1993, als sie als das schlimmste Problem der Nation angesehen wurde, gestiegen. Es wird erwartet, dass darüber eine breite politische Debatte bei den nächsten Wahlen in unserem Land geführt werden wird.

Eine weitere Konsequenz für Pastoraltheologie und Seelsorge in dieser Situation besteht darin, dass wir die Gelegenheit haben, stärker an die Öffentlichkeit zu gehen. Was bedeutet Beziehungsgerechtigkeit, wenn so viele Bürgerinnen und Bürger von den Ressourcen der Gesundheitsfürsorge ausgeschlossen sind und diejenigen, welche die Kompetenz haben, auf ihre spirituellen Bedürfnisse zu antworten, in Zeiten von Krise und Verlust aus der Kostenübernahme der Versicherungen ausgeschlossen sind? Sind der Zugang zur Gesundheitsfürsorge, die Verschreibung von Medikamenten und die psycho-spirituelle Heilung etwas, das von profitorientierten Bürokratien und Korporationen kontrolliert werden sollte, oder ist es eine nationale Ressource, die universell verfügbar sein sollte durch eine Politik, die von den Bürgerinnen und Bürgern der Nation entwickelt und reguliert wird? Gewiss können Pastoraltheologie und Seelsorge Metaphern und Modelle bereit stellen, durch welche unsere Gesellschaft mehr Verständnis für das Netzwerk von Beziehungen aufbringen kann, das unsere Nation und Welt ausmacht. Pastoraltheologie und Seelsorge können auch Konzepte von Gerechtigkeit und Gegenseitigkeit zugänglich machen, die es uns ermöglichen, die Risiken und Leistungen unserer Gesundheitsfürsorge besser zu teilen.
Zum Schluss dieses Abschnitts können einige kontrastierende Metaphern helfen, die Themen zu konkretisieren. Gegenwärtig erscheint es so, als sei das profitorientierte kapitalistische System der Gesundheitsfürsorge wie eine Leiter gebaut, mit einer breiten Basis und einer schmalen Spitze. Die wenigen, die an der Spitze stehen, haben den größten finanziellen Nutzen und die meiste soziale Macht. An der Basis ist die größte Gruppe, die das Meiste bezahlt und den geringsten Nutzen davon hat. Andere sind entweder irgendwo dazwischen oder völlig weg von der Leiter. Die oben stehen, übernehmen wenig Verantwortung für die, die unter ihnen stehen. Die Situation ist instabil und grundlegend ungerecht.

Als Alternative malen Sie sich ein Netz aus wie das einer Spinne. Ein Netz ist durch und durch in sich verbunden. Dort gibt es Platz für jeden. Jedes Element wird durch jedes andere gehalten und gestützt. Wenn das Netz zerrissen ist, sind alle dafür verantwortlich, es zu reparieren. Wenn es ganz ist, haben alle Anteil an den Vorteilen seiner Kapazität, Halt zu geben und das Leben wiederherzustellen. In diesem Modell ist Platz für große Gesundheitsbürokratien sowie für Regierungsmaßnahmen und -programme, die einen großen Teil unseres Gesundheitssystems ausmachen, aber dort ist auch Raum für kleine lokale und private Unternehmungen. Religiöse und spirituelle Perspektiven und Praktiken würden als Teil in das Netz eingeschlossen. Alle Bürger haben Zugang zu multiplen Optionen, und Systeme von Verantwortlichkeit und geteilten Risiken und Erträgen würden sichtbarer und angemessener.

4. Von religösem Professionalismus zu spiritueller Leitung (*Spiritual Leadership*)

Das vorherrschende Paradigma, welches das Selbstverständnis von SeelsorgerInnen in den Vereinigten Staaten seit den späten fünfziger Jahren organisierte, war das des *professional*. Ein *professional* ist grundsätzlich ein Individuum, das spezifischen Sachverstand und die soziale Genehmigung hat, eine Reihe von Dienstleistungen gegen Bezahlung für KlientInnen bereitzustellen, mit denen er oder sie einen Kontrakt für diese Dienstleistungen abschließt. Seelsorge und Beratungsspezialisten sind besonders von diesem Modell beeinflusst worden und haben auf dem Gebiet der Psychotherapie einen Weg gefunden, ihr Amt zu verstehen, während sie gleichzeitig einen sozialen Status in der säkularen Kultur besaßen. Diese Spezialisten haben oft wenig organische Bindungen an ihre religiösen Gemeinden, abgesehen von der Ordination und einem kompatiblen System von Glaubensannahmen. Ihre alltägliche Funktion ist viel stärker durch die Beziehung zu den Klienten und den heilenden Professionen bestimmt als zu den religiösen Gemeinden, die sie hervorgebracht haben. Ihr sprachlicher Bezugsrahmen ist primär psychologisch, wobei spirituelle und theologische Themen entweder untergeordnet sind oder durch säkulare psychologische Konstrukte reinterpretiert und primär kontrolliert werden. Pastorale BeraterInnen definierten ihre Ziele unter dem Einfluss der Familientherapie beispielsweise eher als »Selbstdifferenzierung« denn in theologischen Begriffen wie »das Zunehmen der Liebe zu sich selbst, Gott und dem Nächsten«, »das Finden des Heils«, »das Wachstum im Glauben« oder »das Lernen, Gottes Willen zu erkennen«. Und bis vor kurzem waren diese Spezialisten in der Lage, mehr Geld zu verdienen als diejenigen, die in der Gemeinde verankert waren.
Ein Beispiel für diesen Wendung von der religiösen Gemeinde zu professionellem Selbstverständnis auf der Grundlage der Psychotherapie

ist A.J. van den Blink. Van den Blink ist gegenwärtig der Präsident der *American Association of Pastoral Counselors*. Er ist ein bekannter Familientherapeut und Pastoraltheologe. Er war von 1970 an mein erster Supervisor in pastoraler Beratung. Van den Blink stellt in zwei neueren Artikeln fest:

»Wie bei vielen anderen, mit deren Geschichten ich vertraut bin, nachdem ich das Seminar verlassen hatte, wurde die Praxis der Psychotherapie und die psychotherapeutisch orientierte Seelsorge meine wirkliche Spiritualität. Therapie bewies nicht nur, dass sie eine große persönliche Hilfe war, sie enthielt das erregende Versprechen, das Amt durch die Anwendung psychologischer Prinzipien auf die Seelsorge relevanter zu machen«[28].

»Diejenigen, die in den Anfangsjahren von pastoraler Beratung angezogen waren und die aus diesem Grund stark zur Entwicklung ihres Ethos beigetragen haben, waren hauptsächlich Männer, wie auch ich selbst, die kritisch gegenüber ihren religiösen Ursprüngen waren, sich in ihren eigenen Denominationen nicht mehr sehr zu Hause fühlten und in der Psychotherapie ein Maß an persönlicher Befreiung fanden, das der Hilfe gleichkam oder sie übertraf, die sie in ihrem religiösen Glauben erfahren hatten. Viele von uns fanden in der *American Association of Pastoral Counselors* nicht nur einen Platz für ihren religiösen Hut, der unsere weitergehende Verbindung mit unseren Denominationen legitimierte, vielmehr entdeckten wir eine reiche und befriedigende ökumenische Gemeinschaft mit Leuten aus Gruppen religiösen Glaubens, die sehr unterschiedlich waren«[29].

Van den Blink machte wie so viele andere in Nordamerika ein wachsendes Bewusstsein dafür aus, dass es Dimensionen von religiöser und spiritueller Erfahrung gibt, die von dem dominanten psychotherapeutischen Paradigma übersehen oder negiert wurden. Heute gibt es eine Art *Smorgasbord* der Spiritualitäten auf dem »freien Markt«, die um Anhänger und Menschen, die sie praktizieren, kämpfen. Diese Einflüsse verändern, wenn auch langsam, das Gesicht von Pastoraltheologie und Beratung.
Der zur Verfügung stehende Raum erlaubt keine detaillierte Analyse. Aber lassen Sie mich drei Typen vorstellen, die das Selbstverständnis von Seelsorgespezialisten herausfordern und möglicherweise modifizieren.
Der erste ist die sogenannte »New-Age-Spiritualität«. Sie ist tendenziell eklektisch, schöpft aus einer Vielzahl von meditativen, rituellen und heilenden Praktiken aus primär nicht-westlichen religiösen Traditionen. Sie sind der Tendenz nach eher individualistisch als sozial oder gemeinschaftsbezogen und arbeiten oft an der Heilung und dem *empowerment* derjenigen, die durch die religiösen Traditionen verletzt wurden, in denen

28 A.J. van den Blink, Reflections on Spirituality in Anglican Theological Tradition, in: Anglican Theological Review Vol. 18, No. 3, 1999, S. 433.
29 A.J. van den Blink, Seeking God: The Way of the Spirit. Some Reflections on Spirituality and Pastoral Psychotherapy, In: Journal of Pastoral Theology 5, 1995, S. 21.

sie erzogen wurden. Es fehlt ihnen an kohärenter theologischer Begriffsbildung, gemeinschaftsbezogener Identifikation und Verantwortlichkeit und an gemeinsamen Theorien über das Personsein und die psychotherapeutische Methodologie. Diese Spiritualität steht tendenziell neben den dominanten psychotherapeutischen Theorien und Praktiken, die Pastoraltheologie und Seelsorge leiten. Jedoch suchen viele Menschen, die sich mit dieser Art der Spiritualität identifizieren, die Verbindung mit der pastoralen Beratung und üben Druck auf die Tagesordnung aus.

Eine zweite Form von Spiritualität könnte als »Medizin, die Heilung durch spirituelle Praktiken entdeckt« bezeichnet werden. Seit den fünfziger Jahren, speziell in den siebziger, achtziger und neunziger Jahren hat die säkulare Forschung über den Einfluss einer Vielfalt von spirituellen Praktiken auf Heilung und Genesung von physisch Erkrankten zugenommen. Nach Christie Neuger, die die ethischen Implikationen dieser Studien erforscht hat[30], haben Forscher an der Duke University unter der Leitung von Harold Koenig[31] mehr als siebzig Texte in »etablierten medizinischen und wissenschaftlichen Zeitschriften« publiziert, die auf über »fünfzig wissenschaftlichen Studien über die Beziehung zwischen Glaube und Gesundheit« basierten. Orte wie die Harvard Universität, das Boston Deaconess Hospital und die Universität von Minnesota haben ein vielfältiges Spektrum von spirituellen Heilungspraktiken untersucht. In der Tat hat die Harvard Gruppe in den letzten Jahren nationale Konferenzen über die Beziehung spiritueller Praktiken zur Medizin unter dem Titel »Heilung und Spiritualität« unterstützt.

Zusätzlich zu diesen an Instititutionen gebundenen Studien hat es eine Anzahl von Studien darüber gegeben, wie verschiedene Formen des Gebets den Weg der Heilung bei verschiedenen Typen von PatientInnen beeinflußt haben und wie andere Formen von pflanzlichem und tierischem Leben verstärkt oder beinträchtigt werden durch eine vom Gebet erfüllte Aufmerksamkeit. Larry Dossey, ein Arzt, der das Gebet in seine medizinische Praxis eingegliedert hat, war der Hauptredner auf der Nationalen Versammlung der *American Association of Pastoral Counselors* im April 1999. Er fasste vieles von seiner Forschung zusammen und kam zu der Schlussfolgerung, dass es eine signifikant mehr als zufällige Beziehung zwischen dem Bittgebet und positiven Heilungsresultaten gibt[32]. Diese Forschung ergab, dass es keine direkte Beziehung zwischen der Glaubenstradition des Gebets und der Wirksamkeit des Gebets gibt. Dossey spekulierte, dass solche Ergebnisse die Grundlage für die Entwicklung einer Metaphysik seien, die sich unterscheidet von der Metaphysik, auf der

30 Christie Cozad Neuger, An Ethical Analysis of two Studies on the Efficacy of Prayer, unveröffentlichtes Manuskript 1999.

31 H. Koenig, The Healing Power of Faith: Science Explores Medicine's Last Great Frontier. New York 1999.

32 Larry Dossey, Be Careful What You Pray For: You Just Might Get It, New York 1997.

die moderne Wissenschaft aufgebaut ist. Solch eine Metaphysik erlaube es uns, die Geist-Körper-Beziehung neu zu denken und eine Theorie der nicht-lokalen Verbundenheit im Universum aufzubauen. Bei diesen Diskussionen waren Pastoraltheologen und Seelsorger im Wesentlichen nicht mit am Tisch. Neuger stellt immerhin einige signifikante Fragen zum Thema Gerechtigkeit, zur Einwilligung der von den Forschungen Betroffenen und zu den Adressaten, denen sie zugute kommen[33].

Eine dritte Form ist das Wiederanknüpfen von Seelsorgerinnen und Seelsorgern an die spirituelle Kraft ihrer eigenen Traditionen und das Einbringen dieser Kraft in den konstruktiven Dialog mit der Theorie und Praxis von pastoraler Beratung. Wiederum gibt A.J. van den Blink ein gutes Beispiel. Als er wahrnahm, dass Spiritualität in der theologischen und in der praktischen Ausbildung etwas »Zusätzliches« ist, und die Grenzen dessen erkannte, was psychotherapeutisch orientierte Seelsorge und Beratung leisten können, entdeckte van den Blink die erneuernde Kraft von Glaubenstraditionen. Diese Glaubenstraditionen, wenn sie durch das kritische theologische Denken und hochentwickelte Modelle der Verhaltenswissenschaften über Personen und ihre Heilung diszipliniert werden, machen ein großes Angebot. Sie sind unverzichtbare Ressourcen, um eine pastorale Identität zu entwickeln, angemessene Antworten auf das menschliche Leid zu erkennen und Wirkkräfte in der Praxis der Seelsorge zu entdecken[34].

Van den Blink erzählt eine persönliche Krisenerfahrung, die ihm die tieferen Möglichkeiten von Gnade und Heilung eröffnet hat[35]:

In seiner Post bekam er eines Tages einen Brief von seinem Vater in Holland. Darin fand er das Bild der Skulptur eines abgemagerten Jungen von ungefähr elf Jahren, das auf einem Friedhof in Indonesien aufgestellt war, um an das verlorene Leben von vielen Jungen in zwei japanischen Konzentrationslagern während des Zweiten Weltkriegs zu erinnern. Van den Blink fühlte sich, als sei er geschlagen worden, und begann zu weinen, als er auf das Bild und den Artikel blickte. Er erinnerte sich, dass er 1945 ein Junge von elf Jahren in einem dieser Lager gewesen war. Diese Erfahrung war für ihn der Beginn des Wiederanknüpfens an diesen Teil seines Lebens und der Beziehung mit anderen Menschen, die diese Erfahrung geteilt und überlebt hatten. Für ihn jedoch war das größte Geschenk die Entdeckung einer »gesteigerten Wahrnehmung der Gegenwart Gottes« in seinem Leben. Er »begann zu verstehen, dass gewisse Erfahrungen während dieser schweren Kriegsjahre ... (ihm) die Gegenwart Gottes vermittelten«.

Van den Blink erzählt, wie ihm eine Erfahrung im Lager, im Nachhinein betrachtet, Gottes Gegenwart vermittelte. Nachdem die Jungen im Lager angekommen waren, schrien sie nach ihren Müttern. Sie versuchten tapfer zu sein, waren jedoch verängstigt und fühlten sich verlassen. »Und dann erschien diese Nonne. Denn an diesem schrecklichen Ort war wunderbarerweise auch eine

33 C. Cozad Neuger, a.a.O. (Anm. 30).
34 A.J. van den Blink, Reflections on Spirituality, a.a.O. (Anm. 28).
35 A.J. van den Blink, a.a.O. (Anm. 28), S. 447–449.

kleine Gruppe von katholischen Nonnen aus verschiedenen religiösen Orden, die sich freiwillig um die ungefähr neunhundert Jungen kümmerten, die dort gefangen waren.« Van den Blink erinnerte sich an eine Nonne, die ihre Arme um sie legte und sie an einen Ort führte, an dem sie sie trösten konnte. Er erinnerte sich an ihren »trällernden Akzent. Sie war eine holländische Frau aus einer der südlichen Provinzen der Niederlande ...«. Er erinnerte sich nicht daran, was sie sagte, aber an »ihre Gegenwart und den unbeschreiblichen Unterschied, den sie ausmachte.« Er sagt: »Sie war für mich das Angesicht, die Gegenwart Gottes«.

Aus dieser tiefen Geschichte schließt van den Blink, dass die spirituellen Ressourcen ihrer religiösen Überlieferung nicht allein intellektuelle Überzeugungen sind, sondern verborgene Erfahrungen, die in unseren »Gehirnen und Körpern« kodiert sind und in einer verborgenen und unerkannten Art und Weise unser Leben auf Gott hin gestaltet haben. Jeder Therapeut und spirituelle Leiter ist potenziell ein Teil dieser verborgenen spirituellen Gnadengaben, und ihr Aufkommen, obwohl es oft traumatisch ist, gestaltet das Leben grundlegend um und macht uns wieder lebendig. Für van den Blink sind solche Erfahrungen stets gemeinschaftlich und persönlich. Und sie haben eher eine Verbindung nach außen zur Folge als einfach die persönliche Bereicherung.

Christoph Schneider-Harpprecht[1]

»*Empowerment*« und »kulturelle Sensibilität«

Ziele und Methoden interkultureller Seelsorge

1. Die Problemstellung

Die Beschäftigung mit dem Thema »interkulturelle Seelsorge«[2] ist für mich erwachsen aus meiner Arbeit als Seelsorger und Dozent für Praktische Theologie mit dem Schwerpunkt Seelsorge an der Theologischen Hochschule der Evangelischen Kirche Lutherischen Bekenntnisses in Brasilien (EKLBB) in São Leopoldo. In der Praxis der Studierendenseelsorge, vor allem aber in der Begleitung und Supervision von Teilnehmenden der Kurse für klinische Seelsorgeausbildung und in meiner privaten Beratungspraxis wurde ich damit konfrontiert, dass die Theorie und die Methoden der aus Nordamerika und Europa stammenden pastoralpsychologisch orientierten Seelsorge nicht ohne weiteres auf die Verhältnisse in Brasilien und Südamerika übertragbar sind. Auch nachdem die Sprachbarriere überwunden war, kam es in zahlreichen seelsorgerlichen Beziehungen zu Missverständnissen, die auf dem Unterschied des kulturellen Bezugssystems zwischen einem weißen Westeuropäer der Mittelklasse und den GesprächspartnerInnen aus der Unterschicht oder unteren Mittelschicht beruhten, die teils Nachfahren deutscher oder italienischer Einwanderer waren, teils aus der luso-brasilianischen oder afro-brasilianischen Kultur kamen.
Daraus erwuchs die Frage: Wie ist es für Menschen aus unterschiedlichen Kulturen und Ethnien möglich, in Seelsorge und Beratung zusammenzuarbeiten? Inwiefern erreichen oder verfehlen Seelsorgerinnen und Seelsorger das Wirklichkeitserleben ihrer GesprächspartnerInnen, ihr Selbstverständnis und ihre Wahrnehmung eines gegenwärtig erlebten Problems, wenn sie ausgehen von westlichen psychologischen Theoriemodellen wie der Psychoanalyse, der Gesprächspsychotherapie u.ä.? Inwieweit entsprechen sie dem kulturellen Bezugsrahmen der anderen, wenn sie theologischen Grundannahmen wie der Notwendigkeit des Bruches im seelsorgli-

1 Dr. theol. habil. Christoph Schneider-Harpprecht ist Leiter des Seelsorgeinstituts an der Kirchlichen Hochschule Bethel, unterrichtet dort Praktische Theologie, ist Seelsorger in den von Bodelschwinghschen Anstalten Bethel und Psychodramaleiter.
2 Vgl. hierzu grundlegend: Christoph Schneider-Harpprecht, Interkulturelle Seelsorge, Göttingen 2001.

chen Gespräch folgen oder sich bemühen, durch empathisches Einfühlen die seelsorgliche Situation transparent werden zu lassen für die bedingungslose Annahme durch Gott? Erleben GesprächspartnerInnen aus nicht europäischen Kulturen hier nicht zum wiederholten Mal die Fremdbestimmung durch dominante westliche Kulturelemente?
Im Rahmen eines Forschungsprojektes zum Thema »Beratung von Familien mit niedrigem Einkommen in einem Land der 3. Welt«, das ich von 1994 bis 1998 gemeinsam mit einer brasilianischen Doktorandin durchgeführt habe, und während eines Forschungssemesters in den Vereinigten Staaten konnte ich diesen Fragen theoretisch und praktisch nachgehen. Wir haben mit mehr als 40 Familien Kurzzeitberatungen unter Bezug auf die Methode der strukturellen Familientherapie und der narrativen Therapie durchgeführt, die auf Band aufgenommen und in ausgewählten Fällen transkribiert wurden[3].
Im Zuge der Globalisierung von Wirtschaftsbeziehungen, des Informationsaustausches durch die Massenmedien, von Wanderungsbewegungen der Bevölkerung und Flüchtlingsströmen werden die Gesellschaften in Westeuropa zunehmend »multikulturell«. Wir haben es weltweit zu tun mit Prozessen kultureller Entwurzelung, mit der globalen Verbreitung, aber auch der Überlagerung und Vermischung von Kulturelementen durch die Massenmedien in neuen Gestaltungsformen wie den Videoclips. Der argentinische Soziologe Canclini hat diesen Prozess der Auflösung bestehender, allgemein geltender Kulturformen und der Entstehung von Mischgebilden als »Hybridisierung« beschrieben[4].
In den Ländern Lateinamerikas verbindet sich dies aber auch mit der Wiederentdeckung vergessener regionaler Kulturen und Religionen. Der gegenwärtige kulturelle Wandlungsprozess vollzieht sich dort im Rahmen des Gegensatzes von dominanten und subalternen Kulturen[5]. Die subalternen Popularkulturen behaupten sich und breiten sich aus, indem sie sich den Bedürfnissen der herrschenden Kultur anpassen und ihr zuarbeiten. Die Lasten der sozialen und kulturellen Veränderungen tragen die einzelnen und die Familien, die insbesondere in der armen Bevölkerung weitgehend ohne soziale Sicherungen die Risiken von Migration, Individualisierung, der Auflösung traditioneller Wertemuster und Institutionen tragen müssen. Traditionelle Familienstrukturen lösen sich auf, wirken jedoch unter den veränderten Lebensbedingungen in den Städten

3 Diese Texte sind teilweise dokumentiert bei V. Schmiedt-Streck, Terapia Familiar e Aconselhamento Pastoral. Uma experiência com Famílias de Baixos Recursos, São Leopoldo 1999.
4 Vgl. N. G. Canclini, Culuras Híbridas. Estratégias para Entrar e Salir de la Modernidad, México D.F. 1989.
5 Zu der von Gramsci in die Diskussion eingeführten Unterscheidung von dominanten und subalternen Kulturen vgl. M.L. Peresson Tonelli, Educar desde las Culturas Populares, in: Cuadernos de Educación y Cultura Nr. 4, Santafé de Bogotá, September 1994, S. 30–57.

und ihrer Peripherie weiter. Unter der patriarchalischen Kruste verbirgt sich eine matrifokale Familienstruktur, in der die Männer zusehends marginal werden[6].
Hierzulande nimmt die Begegnung mit Menschen aus anderen Kulturen und die Auseinandersetzung mit Problemen und Konflikten im seelsorglichen Alltag von Gemeinden und Institutionen wie Krankenhäusern, Gefängnissen, Altenheimen zu.

In einem Krankenhaus für mittelfristige psychiatrische Behandlung in Bethel, in dem ich derzeit Seelsorger bin, arbeite ich z.B. mit zwei jungen Männern aus Bosnien, orthodoxen Christen, habe Kontakte mit einer jesidischen Kurdin und einer Russlanddeutschen, die einer fundamentalistischen Kirche angehört. Eine Seelsorgerin im Kinderkrankenhaus in Hamburg berichtet mir von ihren Begegnungen mit den Familien von Asylanten und von türkischen Kindern, die sie begleitet. Ein Gefängnisseelsorger sieht sich vor die Frage gestellt, wie er mit islamischen Gefangenen, die ihn als Geistlichen ansprechen, über die Grenzen von Kultur und Religion hinweg seelsorgerlich arbeiten kann. Eine Kirchengemeinde in einer Großstadt bietet eine »offene Tür« für Jugendliche an, zu der vorwiegend arbeitslose, teilweise vorbestrafte und gewaltbereite deutsche und türkische junge Männer kommen, mit denen die Mitarbeiter und besonders die Mitarbeiterinnen immer wieder große Schwierigkeiten haben. Ein Seelsorger im Altenheim, in dem ein Teil der BewohnerInnen und mehr als die Hälfte der MitarbeiterInnen Ausländer sind, von denen einige zu feindlichen Ethnien aus dem ehemaligen Jugoslawien gehören und zum Teil muslimischen Glaubens sind, steht vor der Frage, ob und wie er mit diesen Menschen eine Abendmahlsfeier für die BewohnerInnen vorbereiten kann.

Das Problem der interkulturellen Seelsorge führt vielerorts über die Grenzen des Christentums hinaus und stellt sich dar als Problem der Möglichkeiten und Grenzen einer interreligiösen Seelsorge. Die Diskussion über die Möglichkeiten interkultureller Seelsorge ist in Gang gekommen, im Rahmen der Seminare der »Gesellschaft für interkulturelle Seelsorge«, aber auch in einzelnen evangelischen Landeskichen.

2. Grundlegende Thesen und Definitionen

In Beratung und Seelsorge sind die Kulturunterschiede innerhalb der pluralen-multikulturellen Gesellschaft von zentraler Bedeutung. Wenn SeelsorgerInnen und BeraterInnen verschiedenen Rassen angehören oder einen unterschiedlichen kulturellen Hintergrund haben, so kann dies Missverständnisse hervorrufen, die den Kommunikationsprozess blockieren oder hemmen, zur kulturellen Unterdrückung beitragen, indem den Ge-

6 Am Beispiel der armen Stadtbevölkerung in Venezuela wird dies aufgewiesen bei A. Moreno Olmedo, El Aro y la Trama: Episteme, Modernidad y Pueblo, Caracas – Venezuela 1993; für Brasilien vgl. V. Schmiedt Streck, Terapia Familiar (A.a.O. Anm 1), S. 33–51.

sprächspartnerInnen ihnen fremde Symbolsysteme und Perspektiven übergestülpt werden und ihr Diskurs durch den dominanten Diskurs der jeweiligen Theorie oder Weltanschauung des/der BeraterIn oder SeelsorgerIn abgeschnitten, verändert oder verstümmelt wird. Die Vermischung von Kulturelementen im Mikrobereich des persönlichen Lebens von »KlientInnen« ruft Verhaltensweisen hervor, die von ihnen als Problem erlebt werden.

Kultur ist ein Faktor, der jeden Seelsorge- und Beratungsprozess von Grund auf prägt. Seelsorge und Beratung werden ihrem Auftrag nur gerecht, wenn sie sich auf die kulturelle Diversität der postmodernen Gesellschaften einlassen, die kulturelle Bedingtheit des Verhaltens von KlientInnen, SeelsorgerInnen und BeraterInnen bewusst wahrnehmen und mit ihr im Seelsorge- und Beratungsprozess aktiv arbeiten.

Theorie und Praxis von Seelsorge und Beratung können dies nur leisten, wenn sie in einen interkulturellen Dialog treten, in dem die Wahrnehmung kultureller Diversität des Verhaltens geschult wird und die sozialen, politischen und ethischen Determinanten bei der Entstehung und Lösung von Problemen ins Auge gefasst werden.

Ein Konzept, dessen Tragfähigkeit für verschiedene kulturelle Kontexte zu überprüfen sein wird, ist das Modell der ökologischen oder ökosystemischen Seelsorge. Es verbindet Elemente der Systemtheorie mit theologischen Grundannahmen, deren Form und Inhalt vom kulturellen Kontext der Gesprächspartner abhängig sind. Die Bezeichnung »ökologisch« betont dabei die Grundbeziehungen des Menschen zur natürlichen Umwelt, der sozialen Lebenswelt, zu sich selbst und zur Transzendenz. Seelsorge und Beratung beziehen den Kontext des spezifischen Ökosystems einer Person, Familie oder Gruppe ein, wenn sie Probleme und Konflikte bearbeiten, und machen Gebrauch von den im Netzwerk der in der Natur, den gesellschaftlichen Gruppen, der Gemeinde, der Familie, der Individualität und der Beziehung zu Gott vorhandenen Ressourcen der Veränderung. Dabei streben sie kein Ideal von Ganzheitlichkeit und Integralität an, sondern wollen der Pluralität der Kontexte und Lebensbereiche Raum geben. Bevor wir dieses Modell interkultureller Seelsorge und seine Grundbausteine näher betrachten, erscheint es geboten, zu klären, welches Verständnis von Kultur und welchen Begriff von Seelsorge wir zugrunde legen.

Ich greife den semiotischen Kulturbegriff der interpretierenden Anthropologie von Clifford Geertz[7] auf und verbinde ihn mit der biologisch fundierten konstruktivistischen Kognitionstheorie von Humberto Maturana und Francisco Varela[8]. Kultur wird definiert als das Netz der von den Menschen als auf sinnhafte Orientierung angelegten Wesen im sozialen Diskurs selbst geschaffenen Bedeutungen. Ihre Funktion ist die Steuerung

7 Vgl. C. Geertz, The Interpretation of Cultures, New York 1973, S. 5; 44.

8 Vgl. H.R. Maturana, F. J. Varela, The Tree of Knowledge. The Biological Roots of Human Understanding, Boston, London 1992; H. R. Maturana, Kognition, in: S.J.

des Sozialverhaltens. Sie dient als Ersatz für die fehlende Steuerung durch angeborene Instinkte und ist ein entscheidender Faktor im Prozess der Evolution des Menschen. Auch die biologische Konstitution der Menschen, speziell das Gehirn, hat sich entwickelt in der Anpassung an die von ihnen selbst hervorgebrachten Kulturprodukte. Kultur entsteht durch ihre symbolische Deutung, die sie als eine Wirklichkeit für das Bewusstsein konstruiert und dadurch allererst »erfindet«[9]. Dies gilt auch für die materielle Kultur der Werke und Gegenstände. Diesem Verständnis von Kultur hat sich übrigens auch das im März 1999 veröffentlichte Impulspapier der EKD »Protestantismus und Kritik« angeschlossen, das bedauerlicherweise auf Fragen des interkulturellen Dialogs kaum eingeht[10].

Seelsorge wird verstanden als befreiende Hilfe zur christlichen Lebensgestaltung durch die christliche Gemeinde insgesamt, während diese Aufgabe in der *Beratung* durch eigens dafür ausgebildete Personen methodisch strukturiert wahrgenommen wird. Diese Definition knüpft an Klaus Winklers Verständnis von Seelsorge als »Freisetzung eines christlichen Verhaltens zur Lebensbewältigung« und »im besonderen ... als die Bearbeitung von Konflikten unter einer spezifischen Voraussetzung«[11]. Die spezifische Voraussetzung ist aus lutherischer Sicht das Evangelium von der Rechtfertigung der Sünder allein aus Glauben, deren Bedeutung und Sinnhaftigkeit im interkulturellen Dialog mit anderen religiös-kulturellen Voraussetzungen kritisch und selbstkritisch zu erschließen ist. Die von mir formulierte Definition legt einen Schwerpunkt auf das ethische Moment der »christlichen Lebensgestaltung«, das mehr ist als Lebensbewältigung, sich auch nicht auf Konfliktsituationen beschränkt, und betont die christliche Gemeinde als Trägerin der Seelsorge und der seelsorglichen Beratung als einer speziell von Fachleuten wahrgenommenen Aufgabe.

Für diese Definition spricht m. E., dass sie es offen lässt, was die Betroffenen im Einzelfall als Verhalten christlicher Lebensgestaltung verstehen. Das können und müssen sie je und je im Rahmen ihres kulturellen Symbolsystems und der entsprechenden Deutungsmöglichkeiten der jüdisch-christlichen Überlieferung selbst klären. Das ermöglicht den interkulturellen Dialog in Seelsorge und Beratung, bindet ihn aber institutionell ein in die Aktivität der christlichen Gemeinde bzw. einer Kirche, die

Schmidt (Hg.), Der Diskurs des radikalen Konstruktivismus, 7.Aufl., Frankfurt a.M. 1996, S. 89–118; F.J. Varela, Erkenntnis und Leben, F.B. Simon (Hg.), Lebende Systeme. Wirklichkeitskonstruktionen in der systemischen Therapie, Frankfurt a.M. 1997, S. 52–68.

9 Zur »Erfindung« der Kultur im Vollzug des Alltagslebens vgl. R. Wagner, The Invention of Culture, Chicago, London 1981.

10 Evangelische Kirche in Deutschland, Vereinigung Evangelischer Freikirchen (Hg.), Gestaltung und Kritik. Zum Verhältnis von Protestantismus und Kultur im neuen Jahrhundert, EKD-Texte Nr. 64, Hannover 1999.

11 K. Winkler, Seelsorge, Berlin, New York 1997, S. 3.

sich für die Seelsorge in sozialen Einrichtungen wie Krankenhäusern, Altenheimen oder Gefängnissen verantwortlich weiß.

3. Grundbausteine einer »kulturell sensiblen Seelsorge«

Was sind nun die Grundbausteine einer ökologisch orientierten, kulturell sensiblen Seelsorge? Im interdisziplinären Dialog ergibt sich zwischen Theologie und Humanwissenschaften eine Konvergenz des Selbstverständnisses, die durch die »Narrativität« als gemeinsame Leitmetapher in Theologie und Anthropologie artikuliert wird.

3.1 Interkulturelle Hermeneutik und Kommunikation

Theologisch stellt sich die Frage: Wie können Menschen mit verschiedenen kulturellen Bezugssystemen einander verstehen? Und wie kann das Evangelium im interkulturellen Dialog mitgeteilt werden und zur Geltung kommen? Diese Fragen rühren das Grundproblem der Kommunikation zwischen Fremden an, führen aber auch in das unwegsame Gelände des Verhältnisses des biblisch bezeugten Evangeliums von Jesus Christus und der Kultur. Je mehr im ökumenischen Gespräch jedoch die Kritik an der zerstörerischen Dominanz der Idee der (westlichen) christlichen Kultur und unter der Überschrift der Kontextualität und Katholizität die Interpretation des Evangeliums im Kontext regionaler Kulturen ernst genommen wurde, desto deutlicher wurde, dass eine Verständigung über das Evangelium im interkulturellen Dialog Regeln für die Auslegung und Verständigung braucht, also eine interkulturelle Hermeneutik und Kommunikationstheorie[12]. Beides gehört im interkulturellen Dialog zusammen. Dies gilt auch für Seelsorge und Beratung.

Eine Theorie interkultureller Hermeneutik und Kommunikation kann im Anschluss an Überlegungen von Sally McFague, Paul Ricoeur und Johann Baptist Metz ansetzen beim Erzählcharakter der biblischen Überlieferung, die in der Gemeinde als Erzählgemeinschaft, die »gefährliche Erinnerungen« an Gottes befeiendes Handeln bewahrt, ihren Ort hat[13]. Als fiktionales Geschehen beziehen die biblischen Überlieferungen die Hörer in das Handeln Gottes und das Kommen seines Reiches ein. Narrativität

12 Vgl. dazu Vgl. World Council of Churches, Conference on World Mission and Evangelism, Salvador-Bahia 1996, Preparatory Papers for Section Work, S. 25; Robert J. Schreiter, Constructing Local Theologies, Maryknoll, New York 1983, S. 49ff; Bernhard Waldenfels, Topographie des Fremden: Studien zu einer Phänomenologie des Fremden I, Frankfurt a.M. 1997; Theo Sundermeier, Den Fremden Verstehen: Eine praktische Hermeneutik, Göttingen 1996.

13 Vgl. S. McFague, Metaphorical Theology: Models of God in Religious Language, Philadelphia 1982; P. Ricoeur, E. Jüngel, Metapher, Zur Hermeneutik religiöser Sprache. München 1974. J.B. Metz, Kleine Apologie des Erzählens, in: Concilium (D) 9, 1973, S. 334–341.

ist auch ein Grundzug menschlichen Denkens, der im Alltag bis hin zu komplexen humanwissenschaftlichen Theoriemodellen präsent ist[14]. Im Vollzug des Verstehens verschränken sich die Geschichten der Überlieferung auf je individuelle und kulturspezifische Weise sinnhaft mit den *stories* des Alltags, der Biografie und den wissenschaftlichen Sinndeutungen der Wirklichkeit[15]. Dies geschieht auch im seelsorglichen Gespräch. Basis solch sinnhaft deutenden Verstehens ist jedoch, wie Ulrich Körtner im Anschluss an die Rezeptionsästhetik gezeigt hat, das Unverständnis, denn die ursprüngliche Aussageabsicht des Autors und des Gesprächspartners können wir nicht mehr erfassen[16]. Wir bleiben füreinander Fremde, welche die Äußerungen des anderen interpretierend lesen wie einen Text.

Das wird durch die konstruktivistische Kognitions- und Sprachtheorie von Maturana und Varela bestätigt. Sie lehrt uns, dass Menschen als autopoietische lebende Systeme relativ unspezifische Sinneswahrnehmungen komplex durch das zentrale Nervensystem verarbeiten. Sie sind nach aussen abgeschlossen und auch in der sprachlichen Interaktion mit anderen nur strukturell verkoppelt. Das Verhalten und die sprachliche Äußerung des anderen wird nicht decodiert, sondern löst die Eigenaktivität der sinnhaft deutenden Verarbeitung aus. Informationen werden also nicht kommunikativ vermittelt, sondern individuell konstruiert[17]. Verstehen ist dann ein unverfügbares Geschehen zwischen bleibend Fremden. Theologisch lässt es sich mit dem Symbol des Heiligen Geistes, der weht, wo er will, und aus dem Unverständnis der in verschiedenen Sprachen sprechenden Menschen Verstehen schafft, als ein pneumatisches Geschehen interpretieren. Der Heilige Geist verbindet die kulturell Verschiedenen in der interkulturellen Seelsorge.

Interkulturelle Seelsorge muss darum als der Versuch einer verstehenden Annäherung von einander Fremden begriffen werden, die gemeinsam eine Welt der Bedeutungen konstruieren, innerhalb derer sie ihre Geschichten mit denen des Evangeliums verschränken, die eigene Lebenssituation glaubend zu verstehen suchen und narrativ an ihrer Umgestaltung arbeiten. Das Evangelium verweist sie auf Jesus Christus als unverfügbaren Dritten, ein Bezug, der sie hindert, die Geltungsansprüche ihrer Deutung und ihrer Geschichten absolut zu setzen[18].

14 Vgl. J. Bruner, Acts of Meaning. Cambridge, Mass., London 1990.

15 Vgl. D. Ritschl, H. Jones, »Story« als Rohmaterial der Theologie, in: Theologische Existenz Heute 192, München 1976.

16 Vgl. U.H. J. Körtner, Der inspirierte Leser: Zentrale Aspekte biblischer Hermeneutik, Göttingen 1994.

17 Vgl. F.J. Varela, Erkenntnis und Leben a.a.O. (Anm. 6), S. 52–68.

18 Zur Bedeutung des »Dritten« in der interkulturellen Kommunikation vgl. B. Waldenfels, Topographie des Fremden, a.a.O. (Anm. 10), S. 124.

3.2 Interkulturelle Elemente der Psychoanalyse und Psychotherapie
Welche Elemente aus Psychologie und Psychotherapie können für die interkulturelle Seelsorge bedeutsam sein? Bei genauerer Untersuchung fallen die Ethnopsychoanalyse, die neue Strömung der »Cultural Psychology« und des »Cross Cultural Counseling« ins Auge, die ein kulturell variables Verständnis des Selbst, der Geschlechtsrolle als Mann und Frau und der kulturellen Bedeutung der Rasse eröffnen. Diese drei Ansätze sollen kurz skizziert werden, damit Parallelen und Unterschiede zu Theorie und Praxis der interkulturellen Seelsorge deutlich werden, sie ihren Standort in der interdisziplinären Diskussion benennen und begründet einige methodische Anleihen machen kann.
In der neueren Ethnopsychoanalyse zeichnet sich eine Entwicklung hin zum kulturellen Pluralismus, der narrativen Relativierung der psychoanalytischen Theorie und Deutungsarbeit und zum Einbeziehen des sozialen Kontextes ab. Sie nimmt den Weg von Freuds Sicht der Kultur als Produkt der Triebunterdrückung und Sublimation[19] über Georges Devereux' Begriff des »ethnischen Unbewussten« und seiner Methode der ethnopsychoanalytischen Behandlung im angstbestimmten Spiel von Übertragung und Gegenübertragung[20] bis hin zu Tobie Nathans an der Sprachspieltheorie orientierter These, Kultur und Psyche eines Individuums seien identisch, die Kultur sei also ein untrennbarer Teil menschlichen Wesens[21]. Freuds psychischer Apparat, so Nathan, der Schüler und Nachfolger von Devereux an der Universität von Paris, sei eine Maschine, die sich auf der Grundlage einer anderen Maschine, der sprachlich verfassten Kultur, selbst reguliere[22].
Die Konsequenz dieser Annahme ist für Nathan eine Relativierung der Psychopathologie und der psychotherapeutischen Interventionen im Blick auf die Kultur. Alle Diagnosen in der Behandlung der Psyche sind Ergebnisse von Interaktionen und hängen vom kulturellen System der Therapeutinnen und Therapeuten oder der Patientinnen und Patienten ab. Wenn ein Psychoanalytiker feststellt, dass eine Frau an einer hysterischen Neurose leidet, die nach der Geburt ihres ersten Sohnes begann und auf unaufgelöste ödipale Elternbindungen zurückgeht, die Patientin selbst jedoch davon überzeugt ist, dass sie von einem *djinn* besessen sei, das heißt nach einer arabischen Vorstellung, vom Geist eines kleinen Kindes, dann stimmen die Symbolsysteme nicht überein. Beide haben ihr theoretisches Fundament: der Psychoanalytiker die Theorie der kindlichen Sexualität,

19 Vgl. S. Freud, Das Unbehagen an der Kultur. Studienausgabe Bd. IX, Frankfurt a.M. 1982, S. 37–68.
20 Vgl. G. Devereux, Angst und Methode in den Verhaltenswissenschaften, 2. Aufl., Frankfurt a.M. 1988; M. Adler, Ethnospychoanalyse: Das Unbewusste in Wissenschaft und Kultur, Stuttgart, New York 1993, S. 30.
21 T. Nathan, Fier de n'avoir ni Pays ni Amis, Quelle Sottise c'était. Principes d'Ethnopsychanalyse, Paris 1993, S. 36.
22 A.a.O., S. 38.

die Patientin oder ein Medizinmann, der derselben Kultur entstammt, eine Theorie über die Welt der *djinns* und die Fragilität der Schwangeren. Beide halten ihre Interpretation für etwas Natürliches. Der technische und theoretische Bezugsrahmen des Therapeuten ist ein inneres Regelsystem, das er für natürlich hält. Es hat die Funktion, Fakten zu organisieren, auch wenn sie kontingent sind. Der Effekt der Therapie hängt von der Annahme dieses Regelsystems durch die Patientin ab.
Deswegen fordert Nathan, dass die Ethnopsychoanalyse keine untheoretische, vielmehr eine »pluritheoretische« Technik entwickelt. Sie nimmt in jedem Fall die implizite Theorie des Patienten auf. Die Psychoanalyse und traditionelle Therapien sind kulturell aufeinander hin relativierbar. Nathan zeigt auf, dass sie technisch und pragmatisch Gemeinsamkeiten haben: Sie verlegen die existenzielle Krise an einen jeweils kulturspezifisch festgelegten anderen Schauplatz, distanzieren den Patienten von der Welt der Bedeutungen, in der er lebt, führen ihn ein in eine besondere, technisch manipulierbare Wirklichkeit, und demonstrieren, dass allein der Therapeut oder die Therapeutin in der Lage ist, zwischen dem Patienten und dieser Sonderwelt zu vermitteln[23]. Psychoanalyse und Psychotherapie werden hier eingeführt in die »Pragmatik der Interaktion« und situiert in einem an Winnicotts Übergangsphänomene erinnernden intermediären Raum von Bedeutungen. Therapie wird pragmatisch zur Inszenierung und zur kulturspezifischen Initiation, durch die Symptome einerseits dargestellt, andererseits aber auch bewusst gemacht und deutend relativiert werden.
Nathans Verweigerung gegenüber der Metapsychologie mit ihrer Theorie des psychischen Apparates und der Instanzen ist typisch für die post-moderne Sicht des Feldes der Psychologie und Psychotherapie. Hier rechnet man mit *conversational realities*[24], sprachlich verfassten, situationsbezogenen narrativen Entwürfen, die sich in vielfältigen »indigenen Psychologien« niederschlagen, und wehrt sich gegen die westliche Annahme eines universalen psychischen Prozessors, der kulturell geformt wird, jedoch nicht an der Ausbildung der kulturellen und psychischen Realität beteiligt ist.
Die Kritik der *cross-cultural psychology* am Ethnozentrismus der Beratungspraxis, der Farbige, Frauen und ethnische Minderheiten oft verfehlt und ausgeschlossen hat, lenkt das Augenmerk auf soziale und politische Aspekte der psychischen Entwicklung, aber auch von Therapie und Beratung. Daraus erwächst eine neue Sicht der psychosozialen Entwicklung im Lebenszyklus von Individuen und Familien. Alternative Formen der systemischen Therapie wie die strukturelle Familientherapie[25], die Kurz-

23 A.a.O., S. 43.
24 Vgl. J. Shotter, Conversational Realities. Constructing Life through Language, London 1993.
25 Vgl. S. Minuchin, Familie und Familientherapie. Theorie und Praxis struktureller Familientherapie, 9. Aufl., Freiburg 1992.

psychotherapie[26] und die narrative Therapie[27], die in der Arbeit mit ethnischen und sozialen Minderheiten erprobt wurden, machen es möglich, Therapie und Beratung pragmatisch als Arbeit an der Lösung als problematisch wahrgenommener Situationen zu begreifen. Dabei wird der Einzelne in seiner Verwobenheit mit verschiedenen sozio-kulturellen Subsystemen (Familie, Arbeitswelt, Institutionen) wahrgenommen. Sie werden in die von der Beratung angestrebte Verhaltensänderung strategisch einbezogen. Diese wird durch narrative Methoden angestoßen, die eine neue Sicht der Probleme und den Zugang zu verschütteten Ressourcen erlauben. Ziel kulturell sensibler Familienberatung wird dann die Stärkung der Ressourcen zur Problemlösung und Lebensbewältigung im Kontext der Kultur der Gesprächspartnerinnen und -partner.
Exemplarisch zeigt dies die von Nancy Boyd Franklin vertretene »multisystemische« Familientherapie mit schwarzen Familien in den USA[28], die in sechs Schritten am Ziel des *empowerment* arbeitet: 1) Kontaktaufnahme und therapeutisches Bündnis, 2) initiale Beobachtung und Einschätzung, 3) Problemlösung, 4) Familien-Rollenspiel, Verschreibungen und Aufgaben, 5) Sammeln von Informationen mit dem Genogramm, 6) Restrukturierung der Familie und des Multisystems. Vertreterinnen und Vertreter der Kirchengemeinde, von sozialen Hilfsinstitutionen, die Großfamilie, die Nachbarschaft, der Freundes- und Kollegenkreis werden in die Therapie einbezogen. Die von der systemischen Therapie in ihren verschiedenen Ausprägungen angebotenen therapeutischen Techniken (Arbeit mit reflektierenden Teams, narrative Problemlösung durch Externalisierung von Problemen, Erinnerungsarbeit und biografisches Lernen, Kontextualiserung von Lebenserfahrungen im biografischen Dialog, der Kompetenzdialog) sind Methoden. Die Seelsorge kann sie für sich fruchtbar machen und findet in der pragmatischen und narrativen Begründung interkultureller Psychotherapie eine in vielem ähnliche Grundorientierung. Sie kann jedoch ihren eigenen Standpunkt und ihre weltanschauliche Bindung nicht aufgeben und einfach pragmatisch funktionalisieren, wie dies die Therapie letztlich tut.

26 Vgl. P. Watzlawick u.a., Lösungen, Bern 1973; S. de Shazer, Kurztherapie. Zielgerichtete Entwicklung von Lösungen, in: Familiendynamik 3, 1986, S. 182–205.
27 Vgl. M. White, D. Epston, Narrative Means to Therapeutic Ends, New York, London 1990.
28 N. Boyd Franklin, Black Families in Therapy: A Multisystems Approach, New York, London 1989.

4. *Empowerment* als Ziel interkultureller Seelsorge und Beratung

Auf der Grundlage der von der Befreiungstheologie formulierten »Option Gottes für die Armen«, seiner Solidarität mit den Schwachen, wird *empowerment* auch zum Ziel der Seelsorge, allerdings mit einer anderen Begründung, die sich nicht auf eine »Philosophie der Menschenstärken« und naiv auf positive menschliche Energien und Wachstumsmöglichkeiten beruft. Sie beruft sich auf das Kreuz, auf die Kraft Gottes, die in den Schwachen mächtig ist. Seelsorge will Menschen helfen, sich im Rahmen ihrer Kultur situationsbezogen und entsprechend ihren persönlichen Möglichkeiten als Christen zu verhalten, Gerechtigkeit in den sozialen Beziehungen herzustellen und durch ein glaubendes Verstehen der eigenen Lebenssituation zur Bewältigung von Problemen, Konflikt- und Krisensituationen beizutragen. Dadurch erweitert sich auch die Rolle und Funktion von SeelsorgerInnen um die Funktion des Anwalts, der eintritt für Menschen, die nicht genug Einfluss haben, der auch politisch Einfluss nimmt zugunsten besserer Lebensbedingungen, und des Lehrenden, der hilft, den Zusammenhang von individuellen Problemen und sozialer Ordnung zu sehen und zur Veränderung motiviert.

Das Modell der ökologischen Seelsorge sucht die Zielsetzung des *empowerment* möglichst differenziert und umfassend umzusetzen. Es unterscheidet zwischen *Kontexten und Perspektiven.* Ökologische Seelsorge fragt nach den Ressourcen, die in den Kontexten, das heißt, den verschiedenen Systemen der Lebenswelt (Natur, Gesellschaft, Gemeinde, Familie, Individuum) für Seelsorge gegeben sind, und bezieht sie auf spezifische kulturelle und soziale Problemlagen innerhalb dieser Kontexte.

Das Resultat ist eine Erweiterung der Wahrnehmung der seelsorglichen Situation und eine Methodenvielfalt. So kommt etwa das in der Seelsorge lange vernachlässigte Verhältnis zur Natur und zum eigenen Körper in den Blick, das individuelle Leiden an den Folgen der Umweltzerstörung und eines leibfeindlichen, instrumentellen Umgangs mit dem Körper. Eine spirituelle Neuorientierung im Verhältnis zur Natur eröffnet Möglichkeiten der Heilung. Wenn es dann auch um gesunde Ernährung, körperliche Betätigung, das Einüben von Sensibilität und Friedfertigkeit für gewalttätige Jugendlichen im Umgang mit Tieren und Pflanzen geht, greifen Seelsorge, präventive Medizin, Sozialpädagogik, diakonische Sozialarbeit und sozialpolitisches Engagement teilweise ineinander. Ähnliches gilt für die Arbeit mit den sozialen Netzwerken im Kontext der Gesellschaft und für die Verbindung von Seelsorge und Beratung mit der liturgisch-rituellen und pädagogischen Begleitung von Individuen und Familien im Lebenszyklus durch die christliche Gemeinde. Der systemische Ansatz drängt auf eine Verknüpfung von verschiedenen Bereichen kirchlichen Handelns, der über die traditionellen Grenzen von Disziplinen und Subdisziplinen der Praktischen Theologie hinausführt.

Für kulturell sensible Seelsoge schärft und konkretisiert sich die Wahr-

nehmung der systemischen Kontexte der Lebenssituation durch spezifische *Perspektiven.* In ihnen kommt der jeweilige kulturelle Gesichtspunkt zur Geltung in besonderen Fragestellungen und der Bildung seelsorglicher Schwerpunkte. Praxissituationen können differenziert wahrgenommen werden unter den Perspektiven der Problemorientierung, der Spiritualität, der Macht, der Ethik, der Geschlechtsrolle und Geschlechtsidentität. Grundsätzlich könnten weitere Perspektiven hinzugefügt werden.
Die perspektivische Wahrnehmung einer Lebenssituation z. B. unter dem Aspekt der Spiritualität bettet das religiöse Erleben und Verhalten von GesprächspartnerInnen ein in eine Interpretation des kulturspezifischen Umgangs mit Religion und Spiritualität in ihrem sozialen und kulturellen Umfeld. Dabei werden Vorurteile relativiert, aber auch Probleme der Ratsuchenden oder ihrer Kultur in diesem Bereich sichtbar und können neue, kulturell angemessene spirituelle Verhaltensmöglichkeiten erschlossen werden. Das Konzept einer kulturell sensiblen, ökologischen Seelsorge bietet somit ein Praxismodell für die Wahrnehmung der Begegnung in Seelsorge und Beratung und der Lebenssituation der Ratsuchenden. Es verpflichtet SeelsorgerInnen und BeraterInnen jedoch nicht auf ein bestimmtes methodisches Vorgehen. Vielmehr eröffnet es den Blick auf vielfältige methodische Ansätze, die in den verschiedenen Kulturen zur Verfügung stehen, bezieht sie jedoch kritisch auf die Geschichten des biblischen Evangeliums.

5. Impulse für die Seelsorge

1. Die pastoralpsychologisch orientierte Seelsorge wird vom systemischen Denken und von der Befreiungstheologie her stärker als bisher mit der sozialen und politischen Dimension konfrontiert und befähigt, sie im Bemühen um das *empowerment* in ihr Handeln einzubeziehen.
2. Die allgemeine und die spezielle Seelsorge werden enger verbunden und integriert. Dadurch werden die verschiedenen Aspekte kirchlichen Handelns (Gottesdienst, Katechese, Diakonie und Seelsorge) im Blick auf das Ziel der Seelsorge miteinander verknüpft und als einander ergänzende Arbeitsformen integriert. Seelsorge rückt dabei in eine besondere Nähe zur Diakonie in ihren verschiedenen Ausprägungen. Sie fordert den Gemeindebezug und die politische Dimension der Diakonie als Anwältin der Schwachen heraus. Das impliziert eine konstruktive kritische Stellungnahme gegenüber der gegenwärtig in der Diakonie vorherrschenden Logik des Unternehmertums.
3. Die hermeneutische und kommunikationstheoretische Perspektive der Seelsorge, die bei dem konstruktivistischen Verständnis von Kommunikation und der rezeptionsästhetischen Hermeneutik ansetzt, stellt klassische »Dogmen« der pastoralpsychologisch orientierten Seelsorge in Frage. Sie nötigt dazu, neu über die Möglichkeit der Empathie, des einfüh-

lenden Verstehens nachzudenken, ist offen für eine Pluralität kulturell geprägter psychologischer Sichtweisen und leitet SeelsorgerInnen dazu an, pragmatisch Probleme und Lösungsmöglichkeiten wahrzunehmen, entsprechend pragmatisch, kulturell sensibel und mit variablen Methoden zu intervenieren, sich auf vielfältige *settings* einzustellen, statt sich auf bestimmte *settings*, Methoden und methodisch bedingte Wahrnehmungseinstellungen festzulegen.

Jürgen Ziemer[1]

Zur interkulturellen Seelsorge

Korreferat zu: Christoph Schneider-Harpprecht: »*Empowerment*« und »kulturelle Sensibilität« – Ziele und Methoden interkultureller Seelsorge

Unsere Gesellschaft wird zunehmend multikulturell. Die Regionen, in denen wir leben, verlieren ihre exklusive kulturelle Konsistenz. Die »Globalisierung« wird, wenn auch in sehr unterschiedlicher Intensität, spürbar: auf den Straßen, in den Restaurants, in den Bildungsinstitutionen und in den Sozialeinrichtungen, in den Krankenhäusern und auf den Behörden und oft auch schon in Kirchen und Gemeinden. Menschen unterschiedlicher ethnischer, nationaler, kultureller Herkunft treffen aufeinander. Darin liegt eine große Chance, und zugleich bedeutet dies eine Herausforderung. Interkulturalität muss in unserem Kontext gegen selbstgenügsamen Provinzialismus, nicht selten auch gegen zunehmenden Fremdenhass und offene wie versteckte Formen von Ausländerfeindlichkeit verteidigt werden. Oft sind es freilich auch einfach interkulturelle Ahnungslosigkeit, sprachliches Unvermögen und fehlende Sensibilität für das Fremde, die verhindern, dass es zu wirklichen Begegnungen kommt. Hier ist die Arbeit von Seelsorge und Beratung gefordert. Es wäre sinnvoll, im Rahmen offener sozialer Dienste, aber vielleicht auch innerhalb der Gemeinden Beratungs- und Begegnungsangebote für ausländische Mitbürgerinnen und Mitbürger einzurichten und auszubauen. So wichtig es freilich ist, institutionelle Voraussetzungen für interkulturelle Begegnungsmöglichkeiten zu schaffen, so bleibt doch entscheidend, ob die interkulturelle Kompetenz der einzelnen Mitarbeiterinnen und Mitarbeiter den aktuellen Herausforderungen genügt. Hier hat das von Christoph Schneider-Harpprecht vorgelegte Konzept für interkulturelle Seelsorge und Beratung seinen eigentlichen Ansatzpunkt. Dessen Vorzug liegt auch darin, dass es sich in gewisser Weise selbst der interkulturellen Begegnung verdankt – einerseits der Mitwirkung an einem familienbezogenen Therapieprojekt in Südbrasilien, andererseits durch die Auseinandersetzung mit wesentlichen Positionen der »cultural psychology« in den USA.
Ich teile weithin die Grundpositionen von Schneider-Harpprecht. Insbesondere stimme ich dem zu, was in seinen Schlussthesen zur Ausrichtung von Seelsorge gesagt wird. Seine beiden Titelstichworte markieren die Schwerpunkte der hier beabsichtigten Neuorientierung:

1 Der Verfasser ist Professor für Praktische Theologie an der Universität Leipzig.

Einmal geht es um das Erlernen und Einüben einer Sensibilität im Blick auf die Begegnung mit ratsuchenden Menschen aus anderen und uns oft ziemlich fremden kulturellen Kontexten.
Zum andern ist hier die Modifikation des herkömmlichen pastoralpsychologischen Ansatzes der Seelsorge durch eine differenzierte Rezeption des *empowerment*-Konzepts der Sozialarbeit intendiert.
Beides gehört ganz eng zusammen und involviert die Kritik an einer Seelsorgetheorie, die sich sehr stark am bildungsbürgerlichen Individuum ausrichtet und für die das therapeutische Paradigma bei aller unverkennbaren Abgrenzung doch bis heute eine wesentliche Orientierungskraft besitzt.
Ich möchte nun zunächst zwei *ergänzende Aspekte* hinzufügen, die mir auch auf dem Hintergrund praktischer Erfahrungen wichtig sind.
Seelsorge in pastoralpsychologischer Prägung setzt ein hohes Maß an Fähigkeit zur Selbstreflexivität voraus. Menschen werden angeregt, in Distanz zu sich selber zu treten, sich selbst mit den eigenen Widersprüchen und Ansprüchen wahrzunehmen, ihre Konflikte verstehen zu lernen und ihre Einstellungen zu hinterfragen. Von dieser Reflexionskultur ist das Leben unserer west- bzw. mitteleuropäische Mittelstandsschicht bestimmt. Therapeutische *settings* sind vielen geläufig. Man hat gelernt, über sich zu sprechen. Eine umfangreiche Psycho- und Lebenshilfeliteratur fördert das auf ihre Art. Darstellende Kunst und Schöne Literatur sind oft ebenfalls in exzellenter Weise Zeugnisse einer Kultur der Reflexivität. In interkulturellen Begegnungen treffen wir nun aber oft auf Menschen, denen die reflexive Erfassung ihrer persönlichen, sozialen, politischen Wirklichkeit eher ungewohnt ist. Das verlangt große Offenheit sowohl in der interkulturellen wie auch in der damit oft verbundenen interreligiösen Seelsorge. Erfahrungen von Mitarbeitern bei Friedens- und Versöhnungsdiensten im ehemaligen Jugoslawien zeigen, wie schwer es für die Menschen dort z.B. ist, konflikthafte Beziehungen zwischen ethnischen Gruppen auf ihre Hintergrundzusammenhänge hin zu deuten und den Konflikt auf einer (psychologischen oder theologischen) Metaebene zu erörtern. Auch fehlt oft die Fähigkeit zu kritischer Selbstauseinandersetzung. Von außen angeregte Feedbackprozesse werden als quälend und unfruchtbar erlebt. Dagegen gibt es die Neigung zu Totalitätsansprüchen und unmittelbaren rigorosen Konfliktlösungsstrategien (Verletzungen müssen gerächt werden – und sei es mit Gewalt!). Auch religiöse Überzeugungen werden in diesem Sinne zunächst unreflektiert und unreflexiv gebraucht.[2] Es ist schwer, da-

2 Als Beispiel sei hier die Passage eines Bericht aus Bosnien über die Auseinandersetzung zur Frage nach dem Umgang mit Kriegsverbrechern zitiert. »Während die Antwort der Muslime schlicht und einhellig Bestrafung war, schlossen die Christen das zwar nicht aus, betonten aber die Notwendigkeit der Vergebung. Hier geht es zunächst um eine interreligiöse Differenz. Wenn es um Verbrechen und Schuld geht, sprechen Christen wie selbstverständlich davon im Horizont von Vergebung und Versöhnung. Für Muslime ist es demgegenüber ebenso selbstverständlich, im Horizont von Gerech-

mit umgehen zu lernen, ohne permanent belehren oder zurechtweisen zu wollen. Für eine kulturell sensible Seelsorge ergibt sich daraus: Es ist notwendig, warten zu können. Man muss dem Impuls widerstehen, allzu schnell anderen die eigenen Normen und Handlungsstrategien zu empfehlen. Kulturelle Sensibilität kann auch bedeuten, dass ich mir eingestehen muss: Im Moment kann ich zur Verhinderung der Konfliktentwicklung – etwa in einer Familie – nicht sehr viel beitragen. Und trotzdem kann meine Präsenz hilfreich sein, weil sie das Gefühl von Solidarität und Nähe vermittelt.

Kulturelle Differenzen gibt es auch im Bereich der eigenen kulturellen Tradition. Diese ist in Wirklichkeit ja keineswegs eine einheitliche Kultur. Man denke nur an den sehr unterschiedlichen Gebrauch der Sprache. Ein weithin stiefmütterlich behandeltes Thema ist die Seelsorgepraxis mit Ratsuchenden, die eher der traditionell sogenannten »Unterschicht« angehören.[3] Auch hier sind Reflexionsfähigkeit und -bereitschaft eher gering ausgebildet. Im Blick auf die Begegnungen mit Kirche sagt eine Jugendliche: »Das ist alles so verschlüsselt«[4], m.a.W.: Der Bezug kirchlichen Redens zur realen Lebenssituation ist für viele Angehörige der nicht bildungsbürgerlichen Milieus kaum erkennbar. Kirche gilt ihnen als »fremdes Terrain« und die ständig geforderte Selbstreflexivität als Zwang[5]. Kulturelle Sensibilität schließt die Fähigkeit ein, so konkret zu reden, dass es von den Gesprächspartnern verifiziert werden kann. Manche tiefsinnige Metaphorik bleibt Angehörigen bestimmter Milieus oft einfach ver-

tigkeit und Wahrheit zu reden. Was mir selbstverständlich ist, das setze ich bei dem anderen voraus ...« Im weiteren Fortgang zeigt der Bericht, wie lange es brauchte, ehe die hinter den für selbstverständlich genommenen Einstellungen wirkenden bewussten Interessen in den Blick kommen konnten. Dann aber könnte deutlich werden, wie »Vergebung« auch dazu instrumentalisiert werden kann, die Auseinandersetzung mit Schuld zu umgehen, und wie andererseits »Gerechtigkeit« dem Wunsch nach Bloßstellung und Demütigung des »Gegners« dienstbar gemacht werden kann. Vgl. Chr. Ziemer, Schweigen und Reden, in: Abraham-Brief, Interreligiöse Friedensarbeit in Sarajevo 11/99, S. 1f.

3 Vgl. zum Ganzen: G. Wegner, Alltägliche Distanz. Zum Verhältnis von Arbeitern und Kirche, Hannover 1988; M. Koschorke, Unterschicht und Beratung. Untersuchungen aus dem Evangelischen Zentralinstitut für Familienberatung 7, Berlin [3]1984. In der Kultursoziologie von Gerhard Schulze wird von dem »Unterhaltungsmilieu« (bis 40 Jahre) und dem »Harmoniemilieu« (ab 40 Jahre) gesprochen, vgl. G. Schulze, Die Erlebnisgesellschaft, Frankfurt 1993, S. 292ff; 322ff; in einer neueren Studie zu »Kirche und Milieu« wird von »kleinbürgerlichen Milieus«, von »traditionslosem Arbeitnehmermilieu«, von »hedonistischem Jugendmilieu« u.a. gesprochen, vgl. W. Vögele, M. Vesper, Kirche und die Milieus der Gesellschaft, Bd. I, Loccum 1999 (Loccumer Protokolle 56/99I), S. 221ff; 250ff.

4 Vögele, Vester, a.a.O. (Anm. 2), S. 250.

5 Es leuchtet mir ein, wenn die Kultur des Techno mit ihrer betonten Körperlichkeit als »Reaktion gegen die abverlangten Leistungen an Selbstreflexivität« interpretiert werden: G. Kennel, M. Meyer-Blanck, Techno und Kirche, in: PTh 88, 1999, S. 160–174, 171; vgl. auch U. Feist, Techno und Körper, in: PTh 88, 1999, S. 175–188.

schlossen. Das *empowerment*-Konzept könnte gerade für Menschen jenseits der bildungsbürgerlichen und intellektuellen Milieus den seelsorglichen Zugang erleichtern, weil es sie auch auf Fähigkeiten und Potenzen anspricht, die nicht im kognitiven oder reflexiven Bereich liegen.
Ein paar *Fragen* stellen sich mir an das von Schneider-Harpprecht entwickelte Konzept: Um zu einer kulturelle Sensibilität in der Seelsorge zu gelangen, wird gefordert, im Verstehensprozess von einer »Hermeneutik des Unverständnisses« (Körtner) auszugehen. Damit ist nicht nur ein Bruch mit dem Empathieoptimismus von Carl Rogers vollzogen, sondern auch gegenüber unserer philosophisch-theologischen Hermeneutik-Tradition von Schleiermacher über Dilthey bis zu Bultmann. In dieser Tradition war man von der prinzipiellen Verstehbarkeit fremder Texte ausgegangen, sofern es möglich schien, ein Lebensverhältnis zu der in den Texten gemeinten Sache herzustellen[6]. Nun leuchtet mir schon ein, was mit der sehr pointierten Rede von der »Hermeneutik des Unverständnisses« in Bezug auf die Seelsorge verhindert werden soll, nämlich eine pastorale Attitüde des immer und alles Verstehens, die in Wirklichkeit oft eine verdeckte Form des Vereinnahmens darstellt. Wer zu schnell andere »versteht«, hat sich möglicherweise überhaupt nicht auf ihre Andersartigkeit eingelassen. Dagegen ist es hilfreich, zunächst einmal hypothetisch von der Position des Nichtverstehens auszugehen[7]. Meine konkrete Frage an eine »Hermeneutik des Unverständnisses« wäre aber: Gibt es bei aller Fremdheit und Verschiedenheit im interkulturellen Dialog nicht auch die Erfahrung eines unmittelbaren Verstehens? Ist es nicht eine Erfahrung, dass über alle Distanzen hinweg sich überraschende Analogien des Erlebens in Liebe und Tod, in Trauer und Glück ergeben? Sollte man nicht lieber von einer Dialektik von Fremdheit *und* Vertrautheit, von Verstehen *und* Nichtverstehen ausgehen?
Zu Recht hebt Schneider-Harpprecht Narrativität als Medium interkultureller Seelsorge hervor. Erzählen schafft Möglichkeiten der Partizipation auch über kulturelle Grenzen hinweg. Unklar bleibt mir, wie die »Geschichten der Tradition« sich mit den »*stories* des Alltags« vermischen können. In der Theorie kann ich mir das gut vorstellen, und es gibt Sternstunden der Seelsorge, in denen genau das geschieht. Aber das ist selten. Kann man das Zusammentreffen methodisch inszenieren?[8] Ich

6 Für Bultmann war dies z.B. durch das christliche »Seinsverständnis« gegeben, vgl. R. Bultmann, Neues Testament und Mythologie, in: Kerygma und Mythos I, Hamburg 1954, S. 15–48.
7 Vgl. Th. Sundermeier, Den Fremden verstehen. Eine praktische Hermeneutik, Göttingen 1996, S. 137ff; 153ff.
8 Wie glücklich sich die Erzählungen des Evangeliums mit den Lebensgeschichten von Menschen verbinden können, zeigen etwa Predigten von Kurt Lückel, aber das sind eben Predigten, d.h. bewusste Kompositionen, nachdem die menschlichen Geschichten erzählt worden waren: K. Lückel, Geschichten erzählen vom Leben, Göttingen 1993.

zweifle daran. Ich sehe auch die Gefahr viel zu hoher Anforderungen an die Seelsorgerinnen und Seelsorger. Wichtig wäre: die Geschichten der Ratsuchenden anzuhören, bei den Geschichten zu bleiben und für sie nach hoffnungsvollen Perspektiven suchen.
Wie passt ein Verständnis von Seelsorge als »befreiende Hilfe zu christlicher Lebensgestaltung« (im Anschluss an Klaus Winkler) zur Forderung einer kulturell sensiblen Seelsorge? Schneider-Harpprecht empfindet ganz offensichtlich selber das Problem. Ist es nicht notwendig, hier offener zu formulieren, wenn ich in der Seelsorge nicht nur an Menschen mit kulturell anderem, sondern auch mit religiös oder weltanschaulich anderem Hintergrund denke? Also vielleicht: Seelsorge als »Dialog um Seele«, wobei vorausgesetzt ist, dass das, was wir »Seele« nennen, über kulturelle Grenzen hinweg kommunizierbar ist. Ich stelle mir in einer kulturell sensiblen Seelsorge vor, dass es durchaus möglich ist, mit einer Muslimin über das zu reden, was sie unglücklich und verzweifelt macht, ohne dabei »christliches Lebensverhalten« zum (inneren) Maß zu haben. Es ist m.E. gerade die Chance von Seelsorge in einer pluralistischen Gesellschaft, dass sie helfende Zugänge zu Menschen ermöglicht, ohne ihnen gleichzeitig ein bestimmtes religiöses Lebenskonzept ans Herz zu legen. Kulturell sensible Seelsorge gebietet auch Zurückhaltung gegenüber dem verständlichen Wunsch einer Seelsorgerin, es möge jemand über dem seelsorglichen Gespräch zum Glauben an Christus kommen. Noch eine Frage zum *empowerment*. Ich verstehe *empowerment* als eine wichtige Dimension in der seelsorglichen Arbeit. Schneider-Harpprecht grenzt sich dabei zu Recht ab von einer »Philosophie der Menschenstärke«. Muss man das aber so antithetisch tun? Vielleicht ist es möglich, zwischen externen (gegebenen) und internen (erworbenen und bewährten) Ressourcen zu unterscheiden. Also: *empowerment* auf Grund der »von außen« zugesprochenen Gnade und zugleich durch das, was an »Kraftquellen« im eigenen Horizont zugänglich ist: persönliche Erfahrungen, tragende Beziehungen, hilfreiche Rituale etc. Wichtig wäre in diesem Zusammenhang, auch auf die Bedeutung der seelsorglichen Beziehung für das *empowerment* zu achten, was für Schneider-Harpprecht als pastoralpsychologisch orientierten Theologen und Seelsorgelehrer wahrscheinlich selbstverständlich ist. Ob ein »Zuspruch« gelingt und eine *empowerment*-Wirkung entfaltet, hängt nicht wenig von demjenigen ab, der ihn sagt. Insgesamt kann ich dem Konzept einer interkulturellen Seelsorge, wie es Schneider-Harpprecht dargestellt und begründet hat, nur zustimmen. Es wird mit dazu helfen, Seelsorge wirklichkeitsgerecht und zukunftsorientiert zu praktizieren.

Ulrike Schneider-Harpprecht[1]

»Ein anderer Blick«

Die Bedeutung der Psychoanalyse Jacques Lacans für die Seelsorge

1. Einleitung

Der Psychiater und Psychoanalytiker Jacques Lacan (1901–1981) war in Frankreich nach dem Zweiten Weltkrieg bis zu seinem Tod einer der prägenden Denker. Er ›aktualisierte‹ die Psychoanalyse, indem er sie auf seine eigenwillige, ›kannibalistische‹ Art mit den Wissenschaften der Zeit, etwa der Semiotik, dem Strukturalismus und Sprachphilosophien verband, und brachte die Psychoanalyse in die Diskussion der französischen Intellektuellen ein.
Die Art, wie Lacan argumentiert, will es einem nicht leicht machen. Sein Stil verwirrt und verärgert. Dabei sind die meisten Texte, die wir von ihm lesen können, Nachschriften des frei gesprochenen »Seminars« von 1953 bis 1979, genauso vieldeutig und aphoristisch wie die von Lacan selbst schriftlich verantworteten Texte. Lacan ist so schwer zu lesen, dass er meist nicht gelesen wird. Seine Altersgenossen Lévi-Strauss und Sartre sowie seine ›Hörer‹ Foucault, Ricoeur und Derrida sind im deutschsprachigen Raum bekannter geworden; ihnen ist der ›Sprung über den Rhein‹[2] nach Deutschland besser gelungen. Ich lernte engagierte Lacanianer in großer Zahl zuerst in Lateinamerika kennen, wo Lacansche Denkstrukturen zum Rüstzeug des Intellektuellen gehören und benutzt werden, um soziale Zustände zu beschreiben. In der Arbeit mit Straßenkindern wird z.B. versucht, ihr ›Begehren‹ (s.u.) zu wecken, damit sich für sie etwas ändern kann.
Im Umgang mit ihnen habe ich eine andere Möglichkeit der Wahrnehmung gelernt, die mir seitdem fehlt, wenn ich mit deutschen Theologen rede: Anders als der eindeutig treffende Blick einer ganzen Wahrheit fokussiert der Lacansche Blick nicht eindeutig, er schaut dezentriert und stellt gewohnte Positionen in Frage. Lacan irritiert, denn er zwingt, genau ungenau zu sein, die Brennweite offen zu lassen.

1 Die Verfasserin ist Pastorin in den von Bodelschwinghschen Anstalten Bethel und hat an der Universität München über Jacques Lacan promoviert (Mit Symptomen Leben. Eine andere Perspektive der Psychoanalyse Jacques Lacans mit Blick auf Theologie und Kirche, Münster, Hamburg, London 2000).
2 Vgl. J. Prasse, C.-H. Rath (Hg.). Rückkehr der Psychoanalyse über den Rhein. Lacan und das Deutsche. Freiburg 1994.

Was bringt eine Haltung, die sich an Lacanschen Ideen orientiert, für die Seelsorge? Es ist unmöglich, Lacans komplexen Gedanken in diesem Rahmen auch nur annähernd gerecht zu werden und nicht zu verwirren. Missverständnisse sind vorprogrammiert – aber vielleicht ganz anregend. Ich skizziere im Folgenden kurz die drei Register Lacans, um daran ein paar Überlegungen zur Seelsorge anzuschließen.
Jemand sagt überzeugt ›Ich bin ich‹. Er kann mit anderen als er selbst reden und hat Bilder von sich selbst. Was so einfach erscheint, ist aber höchst anfällig: Leuten rutscht plötzlich das Selbst-Gefühl weg, die sexuelle Identität ist ein Durcheinander, man verspricht sich oder handelt gegen fest geäußerte Überzeugungen. Lacan entwickelte die Idee, ein selbstbewusstes ›Ich‹ als trügerisch-feste Bezugsgröße von einem /ich/ als unbewusstem Subjekt zu unterscheiden. Wir gewinnen unser Leben in einer doppelten Entfremdung. Wir sind Subjekt in der Ex-zentrik des ›Anderen‹.

2. Ich bin in *imaginären*[3] Strukturen verfangen

Das Wort |ich| hat bei Lacan zwei Bedeutungen. Er unterscheidet ein ich-*›je‹* von einem ›Ich‹-*›moi‹* und nutzt damit eine Möglichkeit der französischen Sprache. Ich denke heißt *›je pense‹*. ›Das bin ich!‹ lautet *›C'est moi!‹* Das *›moi‹* Lacans steht dem ›Ego‹ Freuds nahe[4] – es sucht Bekanntes, ›Bilder‹, und gewinnt darin Gestalt. Diese Gestalt behauptet sich, so wie das betonte ›Ich‹-*moi* aus dem Fluss der Sprache hervortritt und sich zeigt. Die Festigkeit der Gestalt des ›Ich‹ ist nach Lacan ein Trugbild; und uns ist die Fähigkeit angeboren, es zu erzeugen. ›Ich‹ habe meinen Ursprung in einer Wunschphantasie der komplettierenden Ergänzung zu meinem ›Anderen‹ am Anfang des Lebens. Wenn das Kind geboren wird, ist es theoretisch ein Stück Fleisch[5]. Es hat in sich keinen eigenen Zusam-

3 In der Mathematik ist eine imaginäre Zahl ein Größe, die nicht durch eine positive oder negative Zahl darstellbar ist und nur durch das Vielfache von ›i‹, das ist die Wurzel aus -1, gegeben ist. Die Mathematik nennt eine Größe ›bildhaft‹, die nur als ›Bild‹ vorhanden ist. Man kann sie schreiben und betrachten, aber man kann sie nicht ausrechnen und in positive oder negative Zahlen überführen. Das ›Ich‹ ist eine ›imaginäre Größe‹ wie die Wurzel aus -1. Es ist sichtbar, man kann damit rechnen, aber es ist nicht zurückführbar auf ›reell‹ Gegebenes, sondern ein (Trug)Bild.
4 Für Freud regelt das ›Ich‹ den Zugang zur Motorik und ist verbunden mit dem Wahrnehmungsapparat. Es wäre die Funktion der konstanten Wiederholung der Suche nach den gleichen Referenzen, Strukturen, Gewohnheiten.
5 ›Man könnte auch von ›Leib‹ reden im Unterschied zum ›Körper‹. Etymologisch hängt ›Leib‹ mit ›Leichnam‹ zusammen, dem unbeseelten materiellen Körper. Um diesen geht es hier: den Körper, bevor er in das Gewebe der Sprache der anderen, in ihr ›Begehren‹, hineingenommen und dadurch ›libidinisiert‹ wird. Wie kann man sich das vorstellen? Ein Kind kann, auch wenn es körperlich gesund ist, sterben, wenn es für die anderen nicht mehr ist als ein Körper und damit eine Unperson. Es ist Person, wenn

menhang. Es ist sowohl wegen seiner körperlichen Hilflosigkeit als auch wegen seiner psychischen Offenheit völlig abhängig von der Beziehungsperson. Kind und ›Mutter‹ bilden eine Einheit, eine wirklich ›gute Form‹: ›Ich‹ sieht sich als sinnvoll und zum Leben berechtigt, weil der ersten Beziehungsperson etwas fehlte (warum sollte sie sonst ein Kind gewollt haben?) und ›Ich‹ diesen Mangel ergänzte – als Objekt. Wir sind Subjekt als Objekt des Begehrens des Anderen. Kinder werden in Sehnsüchte anderer hineingeboren. Sie sind deren Begehren unterworfen – jedes zunächst ein *subiectum* und auf diesem Weg dann ein Subjekt. Die Symbiose mit der ›Mutter‹, in der das Kind Teil des ›Großen Anderen‹ ist, wie Lacan sagt, diese (anfängliche) Entfremdung an den ›großen Anderen‹ ist (über)lebensnotwendig. Von einer eigenen Gestalt des Kindes, einem Embryonal-Subjekt, kann nicht die Rede sein. Das Kind wird nicht von selbst zu einem ›Ganzen‹, sondern es nimmt wahr, dass es für den Anderen etwas bedeutet. Es gibt kein angeborenes ›Ich‹ außerhalb des sozialen Netzes, des Netzes der Sprache. Eine Durchschnittsmutter ›dolmetscht‹: ›Mein Kleiner will mir etwas sagen. Was kann das sein?‹ Der Sinn, den die Mutter gibt, ist der Sinn des Kindes – es hat am Anfang keinen anderen. Sein ›Sinn‹ ist von außen. ›Sinn kommt mir von außen zu, und ich brauche ihn zu meinem Überleben‹. Das Kind phantasiert seinen Platz in der Welt als Antwort auf ein Verlangen seines Anderen. Man kann sagen, dass unser Leben die Antwort auf eine Frage ist, die von Anfang an dem Anderen gestellt wird: ›Was willst du von mir‹? Liebe bleibt nach Lacan untrennbar verbunden mit der *demande*/Forderung des Anderen. *Liebe* sucht Erfüllung, sucht die Lücke im anderen auszufüllen, fordert dies von sich und vom anderen, glaubt an die sexuelle Beziehung und weiß nicht, dass »Liebe heißt, das zu geben, was man nicht hat«[6].

Entsprechend den modernen Erkenntnissen der Wahrnehmungsforschung[7] muss man feststellen, dass das Subjekt seine Wahrnehmungen weitestgehend selbst schafft und korrigiert, indem Bezüge zu Vorhandenem gesucht werden. Was ich wahrnehme, ist zum geringsten Teil äußere Wahrnehmung, das Meiste gebe ich dazu. Tendenziell wurde die Fähigkeit des Menschen, das zu sehen, was nach seinen inneren Vorgaben zu sehen sein soll, bereits von der Gestaltpsychologie festgestellt: Wir sehen nach gewissen Regeln eher ein Ganzes als Einzelteile; wir neigen unfrei-

es von den anderen, in der Regel seinen Eltern, als Person angenommen wird. Wenn König Laios das neugeborene Kind ohne Namen aussetzen lässt, nimmt er sein Vater-Recht wahr. Er verweigert ihm die Aufnahme – ganz konkret gedacht.

6 J. Lacan, Le Séminaire, Livre XII: Problèmes Cruciaux pour la Psychanalyse. Photokopierte Transkription, Sitzung vom 17.3.65. Das Zitat lautet weiter ... »jemandem, der es nicht will«.

7 H.R. Maturana, F.J. Varela, The Tree of Knowledge: The Biological Roots of Human Understanding. Boston; London 1992. Maturana und Varela haben den Wunsch, den Solipsismus zu verlassen, was sie zu einer Ethik des liebenden Handelns kommen lässt.

willig zur guten Form. Das ›Ich‹ ist solch eine ›gute Form‹. Es fragt in Bindung an seinen Ursprung nach seinem Lebenssinn, dem ihm zugewiesenen Platz im Ganzen, es entwirft sich so, dass es der phantasierten Forderung des Anderen entspricht und darin seinen Platz hat. Verstehen, Sinn machen – Lacan misstraut dieser Neigung ebenso, wie er sich in der psychoanalytischen Praxis der ›Einfühlung‹ und der Idee des ›starken Ich‹ verweigert. ›Ich‹ weiß, wer ›Ich‹ bin, und das täuscht. Das ›Imaginäre‹ ›täuscht‹ – und Lacan möchte ›enttäuschen‹[8].
Das klingt, als wenn Lacan das Ziel hätte, dem ›Ich‹ den Garaus zu machen. Das geht nicht. Mein ›Ich‹ ist eine Illusion, aber bei allem Leiden an ihr zum Glück eine hartnäckige. Sonst drohte der psychische Zerfall. Dann lebe ich lieber recht und schlecht mit der Entfremdung durch das unverzichtbare Imaginäre und bin reflexiv und mich täuschend ›Ich‹. Angesichts meiner Zufriedenheit mit der Illusion meines ›Ich‹ verliert Freuds Kritik der Religion als Illusion viel von ihrer Bissigkeit, denn Illusionen wie mein ›Ich‹ sind nicht aufzulösen, sondern kreativ zu gestalten[9] in der kleinen Freiheit, die das Rede-Wesen Mensch hat.

3. /ich/ bin eingeschrieben im *symbolischen* Register

Das Allumgreifende eines Soseins, das ›Imaginäre‹ der Totalität, braucht das ›Symbolische‹, das heißt die Sprache und damit die Möglichkeit, etwas anderes zu sagen: Die Sprache kann sagen, was fehlt. Ein Bild dagegen zeigt, was ist: »In einer Ausstellung in Moskau zeigt ein Bild Nadeshda Krupskaja im Bett mit einem jungen Komsomolzen, der Titel des Bildes ist ›Lenin in Warschau‹. Überrascht fragt ein Besucher der Ausstellung: ›Und wo ist da Lenin?‹, worauf ihm der Führer leise zur Antwort gibt: ›Lenin ist in Warschau ...‹«[10]
Das Bild kann nicht darstellen, was fehlt – das vermag nur die Sprache, die aber auf das Bild zurückverweist. Sprache und Bild sind aufeinander angewiesen.
Das symbolische Register meint die Entfremdung und Unterwerfung des Subjektes unter die Sprache, seine Spaltung und das notwendige Fehlen. Statt den Begriff ›Symbol‹ im Sinn einer ›Phantasie‹ des Entgrenzten, Grenzenlosen in der Sprache (denn Symbole sind nicht ohne Sprache) zu

8 B. Beuscher, Keine Zukunft für Illusionen. Heilsame Enttäuschungen in Theologie und Psychoanalyse. Marburg 1987, S. 12: Lacans Werk bereitet »große Enttäuschung« im rechten Sinn.
9 Das radikale Nacktsein ›bis auf die Knochen‹ ist kein christliches Ziel. Paulus redet, wenn es um das Ende des fleischlichen Menschen geht, in 2Kor. 5, 1–4 nicht von ›entkleiden‹, sondern von ›überkleiden‹ – das Nacktsein wird abgewehrt.
10 S. Zizek, Das Mißverständnis des Metonymismus, in: Der Wunderblock Nr. 10, 1983, S. 50–76, hier: S. 72.

benutzen[11] und als etwas, was einen Gegenstand mit einem Abwesenden verbindet, wäre es bei Lacan ›schriftliche‹ Anwesenheit eines darum per se abwesenden Signifikanten. Es wäre die Markierung der Abwesenheit der Sache, so wie in einer Bücherreihe eine Stellvertreterpappe das fehlende Buch schriftlich angibt.

Wir sind Rede-Wesen und nicht aus eigener Machtvollkommenheit in die Sprache eingetreten; noch sind wir es, die sich in der Sprache selber zu gründen vermögen. Dies garantiert der ›Andere‹. Der ›Andere‹ (wie wir ihn in Verbindung mit der ›Mutter‹ als ›Großem Anderen‹ kennengelernt haben) ist für Lacan nun auch die Sprache, das Vorgegebene, Kollektive. Die Sprache ist genauso überlebensnotwendig wie der UrAndere, sie ist ebenso zutiefst vertraut und entfremdend. Wenn das Kind in der Position dessen verharrte, das den grundlegenden Mangel der ›Mutter‹ behöbe – dann bliebe es zeitlebens ihr Objekt. Was ihr fehlt, kann das Kind aber nicht vervollständigen. Die Grunderfahrung der Unvollständigkeit und dass nur ein Mangel einen weitertreibt – diese Erfahrung schenkt sowohl eine Mutter, der das Kind nicht alles sein kann, als auch die Sprache (sonst wäre mit einem Ausdruck ja alles gesagt).

Ich kann nur verständlich reden, das heißt etwas vom anderen wollen, wenn ich mich äußere, ja ent-äußere, meine persönliche Geschichte allgemein (verständlich), das heißt den Gesetzen der deutschen Sprache gehorsam, erzähle. Im Allgemeinen bricht dann etwas anderes auf, zeigt sich das partikulare Subjekt des Unbewussten. Reden ist nicht deshalb wahr, weil es eine objektive Wirklichkeit möglichst korrekt repräsentiert, sondern es macht sich für den Redenden wahr, indem und weil es ihn in das Netz der Sprache hineinnimmt, ein Netz, das im Unbewussten einen Haftpunkt haben muss, damit es sich auffalten und halten kann. Den Begriff ›Subjekt‹ kann man im Sinn der modernen Wissenschaft als formale Größe ohne eigenen ›Sinn‹ auffassen. Andererseits legen wir Wert darauf, jeweils ein unverwechselbares ›Ich‹ zu sein, das einen Namen, eine Geschichte und einen Körper hat. Diese spezifischen Markierungen erhalten wir durch unsere ersten Bezugspersonen: Der *Name* wird uns gegeben, lange bevor wir uns einen machen können. Die *Geschichte* ist zunächst die unserer Familie, unserer Kindschaft. Und der *Körper* erhält seine Signifikation, das heißt, das, was ihn markiert und seinen Sinn gibt, durch die Pflegepersonen[12]. Normalerweise sind diese Markierungen ausreichend, um ein Subjekt in der Sprache und der (Familien)Geschichte zu fixieren, es sozusagen ›festzunähen‹ (*capitonne*).

11 So etwa P. Ricoeur: »diese Realitäten (Sonne, Wasser usw. U.S.) sind Symbole, weil sie in einem Knoten von Gegenwärtigkeiten eine Masse von Bedeutungsintentionen sammeln, die, bevor sie zu denken geben, zu sprechen geben« (Symbolik des Bösen. Phänomenologie der Schuld II, Freiburg, München ²1988, S. 18).

12 S. Leclaire, Der psychoanalytische Prozess. Ein Versuch über das Unbewusste und den Aufbau einer buchstäblichen Ordnung, Olten 1971 (aus d. Frz.).

Vom Symbolischen reden heißt vom *Unbewussten* sprechen. Lacan definiert es als sprachlich: »Das Unbewusste ist die Summe der Wirkungen, die das Sprechen auf das Subjekt ausübt, auf der Ebene, wo das Subjekt sich aus den Wirkungen des Signifikanten konstituiert«[13].
Das Unbewusste ist nach Lacan »strukturiert wie eine (gesprochene) Sprache (*langage*)«[14]. Die Phänomene des psychoanalytischen Feldes sind strukturiert wie eine Sprache, haben die »wesentliche Duplizität von *Signifikant* und *Signifikat*«[15] – und ein Analytiker arbeitet mit den Signifikanten. Was wir vom Unbewussten wissen, ist damit bewusst, und das können nur die Brocken sein, die ›nach oben drängen‹ und wie in einer Fischreuse[16], die sich öffnet und schließt, vom Bewusstsein eingefangen werden. In dem Augenblick, wo man sie festhalten will, entwischen sie schon, verwandeln sich in das, was wie bei der Erzählung (Sprache!) des manifesten Trauminhalts noch erinnerbar ist.

»Was ich lehre, seit ich etwas über die Psychoanalyse artikuliere, könnte gut den Titel Geschichte von einem halben Subjekt tragen«[17]. Das ganze, ungeteilte Subjekt gibt es nicht, die Konstitution des Subjekts spaltet es zugleich. Das hat auch Konsequenzen für den Wahrheitsbegriff: Die Wahrheit ist subjektiv, und sie ist in der fehlenden Hälfte[18]. Sie ist aber auch schlicht im Gesagten, im Satz, der sich auf den Signifikanten stützt. Ein Signifikant kann ja nie alles sagen. Er ist kein Eigenname, der für sich allein schon Existenzrecht hätte, sondern gewinnt seinen Wert nur in der Gesamtheit aller Signifikanten, die aber nie erreicht wird. Damit es ein Subjekt geben kann, wird darum immer etwas fehlen. Als Beispiel für die halbe Wahrheit, die er die ›dit-mension‹, die Sprech-Dimension alles Redens nennt, wählt Lacan das Christentum. So sagt kein Evangelium für sich allein die Wahrheit. *Die* Wahrheit ist, wenn überhaupt, irgendwo zwischen ihnen zu lokalisieren. Sie ist an einem ›anderen Ort‹ und nie da, wo der Leser sich befindet. Wahrheit ist nicht anders sagbar als in der dit-mension[19].

13 J. Lacan, Das Seminar, Buch XI: Die vier Grundbegriffe der Psychoanalyse, Weinheim/Berlin 1987, S. 132. Lacan erinnert daran, dass ›Subjekt‹ das formale cartesianische Subjekt meint, »das in dem Augenblick erscheint, wo der Zweifel sich als Gewissheit erkennt« (ebd.).
14 Z.B. J. Lacan, Le Séminaire, livre III: Les psychoses, Paris 1981, S. 191.
15 A.a.O., S. 192. Er nimmt einen Grundgedanken von F. Saussure auf und stellt ihn auf den Kopf.
16 J. Lacan, Sem. XI, a.a.O. (Anm. 11), S. 167.
17 J. Lacan, Le Séminaire, livre XVII: L‹envers de la psychanalyse, Paris 1991, S. 52.
18 Was Lacan hier von der Analyse verlangt, ist ebenso eine Forderung der Philosophie: »Philosophie, die heute möglich ist (muss) ... eine dreifache Erfahrung auf sich zu nehmen ... die Erfahrung eines entleerten und dezentrierten Subjektes, die Erfahrung einer Wahrheit, die sich nicht weiß, und die Erfahrung eines unsymbolisierbaren Realen, das vom allumfassenden Symbolisierungsprozess selbst hervorgebracht wird.« (Hervorhebung v. mir Vf.) (R. Riha, Reale Geschehnisse der Freiheit. Zur Kritik der Urteilskraft in Lacanscher Absicht [Wo es war, Bd. 3], Wien 1993, S. 6).
19 J. Lacan, Das Seminar, Buch XX: Encore, Weinheim/Berlin 1986, S. 144ff.

Die ›ganze‹ Wahrheit wäre ein ›falsches Zweites nach dem Realen‹ (s.u.) – das unmöglich zu Sagende des Realen, der erschreckende Abgrund, verlangt nach einem ›Stopfen‹. Was heißt das für den *Zweifel*? Er ist bei Lacan notwendig. Zweifels-los näherte man sich paranoiden Zuständen wie der Empathie, die eine Art Depersonalisierung bedeuten kann, in dem das ›Ich‹ dem gleichen anderen, dem Gegenüber, gehört[20], oder ozeanischen Verschmelzungserfahrungen, wie A. Silesius sie schildert und die Mystiker sie genießen[21].
›*Strukturiert wie eine Sprache*‹ – ›Sprache‹ heißt, dass man Gesetze anwendet, die man weder selbst geschaffen noch bewusst präsent hat. Sprache heißt auch, dass man Signifikanten benutzt, die ihren ›Sinn‹ nur dadurch gewinnen, dass sie voneinander unterschieden sind, wie Saussure, auf den sich Lacan beruft, feststellte.
Das Subjekt hat eine ›innere‹ (Sprach)Struktur, so wie auch ein Netz *strukturiert* ist. Um eine Struktur zu haben, braucht das Subjekt einen Haftpunkt an einem Außen, genannt der Andere. Im Subjekt wird darum ein ›Außen‹ gesetzt, das dem ›Innen‹ Struktur gibt[22]. So wie dessen ›Außen‹ nicht sicher ist, sondern eine nachträgliche Setzung, die durch Wiederholen ›Realität‹ bekommt, so ist auch das Subjekt zeitlich ein fiktives Gebilde ähnlich einer selbstreferentiellen Zeitschlaufe.

»Das Jetzt ist eine Wiederholung, aber ob etwas wiederholt wird, dessen können wir nicht gewiß sein. So betrachtet ist das Jetzt auch zu früh, vorweggenommen, denn es hat keine solide Basis im Vergangenen: Ein Umkehrungseffekt, durch den das Subjekt auf jeder Stufe zu dem wird, was es wie von vornherein schon war, und sich allein im Futurum exactum – es wird gewesen sein – kundgibt.«[23]

›Wie von vornherein‹ – mehr Sicherheit, als es das Wörtchen ›wie‹ verheißt, gibt es nicht. Als Subjekt des Begehrens ist der Mensch einer Wunschlogik unterworfen, die ihn vom Anderen abhängig macht. Eine andere Logik hat das Subjekt nicht, das nachträglich und vorzeitig ist, aber nie in einem zuverlässigen Jetzt.
›Der Andere‹ ist im symbolischen Register Lacans nur noch ›Signifikant‹, er ist eine Schnittstelle. Und das Subjekt ist ›inhaltslos‹! Ich (man beachte, dass hier nicht ›Ich‹ rede, sondern ich als Subjekt des Aussagens) bin ohne einen ›Anderen‹, der mich sichert – denn es sind bloß Signifikanten.

20 F. Boulanguer, J. Borgeois, B. Chemama u.a., A Empatia, in: Che vuoi? 1. Jg. Nr. 2, Frühj. 1986, S. 89–95 (dort Lit.).
21 Z.B. J. Lacan, Sem. XX, a.a.O. (Anm. 18), S. 82f.
22 Wenn ich hier von ›Außen‹ u. ›Innen‹ rede, so kann dies angesichts der Lacanschen transeuklidischen Topologie des Subjekts nur als eine Vereinfachung verstanden werden, zu der ich aber keine Alternative sehe (vgl. d. warnende Vorbemerkung J.A. Millers zur kommentierten Auflistung der graphischen Repräsentationen Lacans, in: J. Lacan, Écrits. Paris 1966, S. 903).
23 J. Lacan, Subversion des Subjekts und Dialektik des Begehrens im Freudschen Unbewussten, in: ders., Schriften II, Weinheim/Berlin 1986, S. 167–204, S. 183.

Was mich formt und hält, ist eine Struktur, es sind nicht meine Inhalte. Struktur und Inhalte sind voneinander verschieden, Inhalte (des Anderen) sind nicht notwendig für mein psychisches Überleben.

4. Das Register des Realen

Als Drittes postuliert Lacan noch das Register des ›*Realen*‹. Wir verbinden ›real‹ mit ›Realität‹, mit objektiver und gemeinsam geteilter Wirklichkeit. Lacan sieht es anders: Das Imaginäre bestimmt sich als vorgetäuschte Vollständigkeit, im Symbolischen der Sprache dagegen muss notwendig etwas fehlen, damit die Reihe der Signifikanten und das ›gespaltene Subjekt‹ ins ›Leben‹ kamen. Für das Register des ›Realen‹ gilt schließlich ehrlich und einfältig: »*Im Realen fehlt nichts, das Reale ist ohne Riß*«[24]. Oder anders ausgedrückt: Wo etwas beherrscht und gegliedert werden soll (durch Sprache oder Bilder), da entsteht ein ›Rest‹, der nicht aufgeht, der immer draußen bleibt. Wir nehmen Differenzen wahr, eine Welt ohne Sprache wäre ununterscheidbar. Die nicht symbolisierbare, noch nicht symbolisierte Welt begleitet uns, aber ohne die Differenzen der Sprache und ohne Form von Bildern bleibt sie außen vor. Sie bleibt gerade außerhalb des Zugriffs, sie ›*ex-sistiert*‹, das heißt ›befindet sich außen‹. Was nicht durch Fehlen, das heißt durch Sprache gegliedert ist, ist für uns unbegreifbar und unfassbar, aber es gibt es.
Mir erscheint dies für Theologen interessant, weil auch wir in unserem Bereich mit dem umgehen, was außerhalb der menschlichen Sicherheiten liegt, was mächtig und unsagbar ist und was uns betrifft. Wenn wir als Christen Gott als letzte *Macht* aussagen, dann kann er nicht das sein, was den ›Abgrund‹ wie eine Käseeiermasse zudeckte. Sondern er hätte auch etwas mit dem Erschrecken zu tun.
Den Redewesen, die wir sind, kann die Sprache nicht eine objektive, feste äußere Realität garantieren, aber sie schafft einen Ersatz, der sich bewährt. Durch die Löcher ihres Netzes weht das Reale uns unheimlich an[25]. Wofür man keine Worte hat, das erschreckt namenlos, falls es in die Wahrnehmung drängt. Freud unterschied zwischen Furcht – die ein Objekt hat – und der objektlosen und damit grenzenlosen Angst. Lacan sieht dagegen auch für die Angst ein ›Objekt‹, denn sie rührt an das ›*Ding*‹ an sich, an ewig Außersprachliches. Allerdings ist das ›Ding‹ Lacans ›real‹ in seinem Sinn des Wortes: Es fehlt nichts, es gibt keinen Riss. Dieses ›Ding‹ kann kein Objekt im normalen Sprachbrauch sein, denn ein Objekt verlangt nach einem Subjekt. Und wo, wie eben gesagt, kein Riss ist, also nichts

24 J. Lacan, Das Seminar, Buch II: Das Ich in der Theorie Freuds und der Technik der Psychoanalyse. Weinheim/Berlin 1991, S. 128.
25 S. Themenheft »Das Unheimliche an der Realität«: Frag.mente Nr. 11, August 1984.

fehlt, kann es nach Lacan kein Subjekt geben, und wo es kein Subjekt gibt, fehlt auch jede Möglichkeit einer Objektbeziehung. Die Person zerfällt. Es geht um etwas von uns selbst, etwas von unserem partikularen ›Realen‹ als unzugänglicher Basis des Seins. Das macht Angst. Freud hat sich mutig auf seine eigene Hysterie eingelassen und so die Spuren des Unbewussten im Bewussten zum Reden gebracht. Er zeigte die Lücken und die Schwäche des Bewusstseins auf und öffnete die dunklen Orte im Menschen dem Blick und damit auch der Verantwortung.
Ein Autounfall etwa ist real. Wenn ich, aus was für subjektiven Gründen auch immer, jemandem die Vorfahrt nehme und damit einen Unfall produziere, dann ist die Verletzung zunächst ›real‹ – damit ist sie aber noch nicht ›mir‹ geschehen, sie muss von mir symbolisch-imaginär ›absorbiert‹ werden, damit ›Ich‹ sie als zu mir gehörig erlebe[26]. Der Unfall wird also erzählt, geträumt, gedeutet – es ist *mein* Unfall, ein Teil *meiner* Geschichte. Pastoren können, wie andere Berufe auch, bei solchen Aneignungen mitarbeiten, sie können helfen, dem Realen Grenzen zu setzen, wenn es in meine imaginär-symbolisch gebildete Wirklichkeit einbricht.

5. Konsequenzen für die Seelsorge

Was bedeutet die von mir knapp skizzierte Sicht der Psychoanalyse Lacans für die Seelsorge? Ich kann hier nur einige Schlussfolgerungen andeuten:
– Wenn der (Lebens)Sinn vom *Anderen* kommt, was bedeutet das für die Position des Seelsorgers? Nimmt er für sein Gegenüber nicht notgedrungen den Platz von dessen *Anderen* ein? Ich bin misstrauisch geworden, wenn ich deuten soll oder möchte, und seien es kluge Fragen, mit denen ich strukturiere. Meine Hilfe zur Sinnfindung verstärkt vielleicht nur das Problem, dass alles einen Sinn haben soll – die Entfremdung an den »Großen Anderen« und damit die Selbst-Instrumentalisierung lässt grüßen. Da sitzen sich zwei gegenüber, die beide durch ihr Imaginäres Halt im Leben haben. Ihr dargestelltes, selbstbewusstes Ich ist vermutlich zugleich Lebensleistung und plagende Festlegung auf die (vom ›Ich‹) phantasierten Wünsche des Anderen. Ich frage mich: Wo bin ich Objekt im Dienst meines (Ur)Anderen und instrumentalisiere den Ratsuchenden (oder er mich)? So schildert die Holländerin R. Bons-Storm in einem bewegenden Buch die Zeugnisse von Frauen, die kein Gehör und Glauben bei ihren Seelsorgern fanden, weil das deren unbewusstes Weltbild in Frage gestellt und ihr narzisstisches Selbstbild gestört hätte. Diese Frauen suchten kein

26 Lacan situiert psychosomatische Körperreaktionen auf der Ebene des Realen: ›Real‹ ist, was sich dem Symbolischen verschließt. Denn sie sind sprachlos und widerstehen hartnäckig sprachlichen Zugängen wie der Analyse (Seminar. II, a.a.O. [Anm. 23], S. 127).

stabiles Vorbild (das mehr um seine eigene Stabilität besorgt wäre als um das Wohl der Frau, die hilfesuchend zu ihm kommt), sondern wollten angehört und ernstgenommen werden[27].
– In was für einen ›Diskurs‹ wird der Seelsorger mit hineingenommen? Die Struktur eines Redewesens insistiert in seiner Art zu reden. Ein Mensch begegnet dem anderen seiner Struktur entsprechend, ›liest‹ ihn durch sein Raster. Man kann sich denken, wie pessimistisch Lacan über die Möglichkeit denkt, dass gegenseitiges Verstehen möglich sein soll. Dies gilt für alle Formen ›geglückter‹ Begegnung, auch für die Seelsorge.
– Ich gehe vom Missverstehen aus, ohne dass ich es richtigstellen könnte (und will). Lacan sagt seinen Hörern: »Es wundert mich nicht, dass etwas fortgesetzt als Mißverstandenes/ Mißverständnis sich verbreitet, selbst unter denen, die glauben, dass sie mir folgen ... denn ich bringe ihnen bei, dass das eigentliche Fundament des zwischenmenschlichen Diskurses das Mißverstandene/Mißverständnis ist ... ich folge diesem Diskurs auf die Art, dass ich Ihnen die Möglichkeit anbiete, ihn nicht komplett zu verstehen. Dieser Zwischenraum erlaubt, dass Sie ... dass immer die Tür offen bleibt für eine zunehmende Richtigstellung.«[28]
– Wenn vom Missverstehen die Rede ist, geistert das (einzig) richtige Verstehen herum, nichts als die Wahrheit oder wenigstens facettierte Wahrheiten. Ein anderer Blick? Lacan lädt ein, ex-zentrisch zu schauen. Wahrheit etwa wäre dann ein anamorphotisches Gebilde. Es erfordert eine spezielle Sichtweise. Lacan definiert es folgendermaßen: »es ist jede Art von Konstruktion, die so gemacht ist, dass eine bestimmte, auf den ersten Blick nicht erkennbare Figur durch optische Transponierung zu einem lesbaren Bild wird. Das Vergnügen besteht darin, dass man es aus einer nicht entzifferbaren Figur entstehen sieht.«[29]
Das anamorphotische Gebilde erscheint verzerrt und bietet nicht die Befriedigung der ›guten Gestalt‹. Auf der französischen Ausgabe des Seminars XI ist auf dem Umschlag ein Bild Holbeins abgebildet, das den Titel ›die Botschafter‹ trägt. Der Totenkopf, den Holbein in sein Gemälde als anamorphotisches Gebilde hineingemalt hat[30], ist der hohle Schädelknochen, das Hohlbein, also eine Art Unterschrift des Malers. Man erkennt ihn jedoch nur, wenn man das Bild sozusagen aus dem Augenwinkel betrachtet.
Je mehr ich im seelsorgerlichen Gespräch ein Problem fokussiere, um so mehr mehr verliere ich diesen Blick. Als Seelsorgerin fühle ich mich nicht

27 R. Bons-Storm, The Incredible Woman. Listening to Women's Silences in Pastoral Care and Counseling. Nashville 1996.
28 J. Lacan, Le Séminaire, livre III: Les psychoses. Paris 1981, S. 188, meine Übersetzung.
29 J. Lacan, Das Seminar, Buch VII: Die Ethik der Psychoanalyse. Weinheim/Berlin 1996, S. 166.
30 In der deutschen Ausgabe auf der Innenseite (dazu Sem. XI, a.a.O. [Anm. 11], S. 91–95).

genötigt, etwas Darunterliegendes zu erkennen und in die Tiefe zu gehen. Wir montieren im Gespräch auch nicht Bruchstücke zu einem Ganzen. Ich möchte achtsam und offen bleiben, gerade wenn mir feste Bilder vorgestellt werden. Geschichten kreisen, redend lässt das Gegenüber gerne alles beim Alten.

Bilder kennen keinen Zweifel, sind unveränderlich; was ist, das ist! Dagegen hilft die Sprache, ihr Reichtum an Poesie, Geschichten, Witzen, Sprachspielen, Versprechern, liturgischen und Liedtexten usw. Das gibt der eigenen Kreativität Raum, lässt assoziieren, sagt Dinge ohne Wahrheitsanspruch. Es ist spannend, das Gesagte, die Signifikanten beim Wort zu nehmen. Ob es eine gemeinsame Konstruktion von Sinn geben sollte? Ich plädiere für Offenlassen – das Gegenüber schuldet mir keine Bestätigung.

– Ein Lacanscher Analysant weiß nie, an welcher Stelle der Analytiker plötzlich die Sitzung abbricht, wenn er im Reden des Analysanten etwa einen signifikanten Versprecher, einen Schnitt wahrnimmt und ihn zwingt, überstürzt zu schließen. Wenn es nicht überstürzt wäre, dann führe der Analysant fort mit seinem Kreisen. Solange er kreist, ist er sicher vor dem, was Lacan ›real‹ nennt, dem Unsymbolisierbaren und Unimaginierbaren, dem rohen Sein ohne den Schutz von Sprache und Bildern, dem ›Abgrund‹. Seelsorge ist keine Analyse, und mir scheint, dass der Seelsorger oft aufgesucht wird, gerade weil er den sicheren Selbstbezug nicht gefährdet. Religion ist nach Lacan darauf spezialisiert, den Abgrund zu verdecken[31]. Sie tut das, indem der Abgrund zugedeckt, ›gratiniert‹ wird. Ein Musterbeispiel für gekonntes Zudecken wäre nach Lacan etwa die biblische Weisheit[32]. Sie gründe sich über dem Mangel, denn einen anderen Grund habe sie nicht[33]. Die biblische Weisheit gründe sich über dem Mangel, sie gratiniere ihn – was Lacan als Kritik an der Religion meint, verstehe ich als eine unfreundliche, aber korrekte Beschreibung einer Aufgabe von Religion – und damit eines Gutteils der Seelsorge. In der Seelsorge begegnen mir zum einen Menschen, für die solch ein labiles Gleichgewicht im Kreisen bereits ein Gewinn wäre. Sie brauchen Haltepunkte. Das mag für einen Altersverwirrten in der Klinik der vertraute Psalm 23 sein oder die gemeinsame Paraphrase einer bekannten Liedstrophe. Zum anderen gibt es Situationen, wo mit Witz, Wortspielen, Ernstnehmen von Versprechern oder einer wild danebengesetzten Geschichte oder Strophe paradox interveniert werden kann, damit die eigenen Bilder wenigstens einmal ›wackeln‹ und ein Mindestabstand zu sich möglich wird.

31 Sem. VII, a.a.O. (Anm. 28), S. 160–163.

32 J. Lacan, Le Séminaire, livre XXII: RSI. in: Ornicar? 2–5, 1975, Sitzung v. 16. 3. 1976.

33 Der späte Lacan verringert den Abstand der Psychoanalyse zur Religion und kann (ebd.) sagen, dass seine foliesophie (folie – Verrücktheit und Philosophie) (etwas) weniger ernst als das Buch der Weisheit sei.

– Lacan zeigt zum einen, wie Sprache es möglich macht, dass wir ›unvollständige‹, d.h. beziehungs- und begehrens-fähige Wesen sind und bleiben (da kann man jemandem schon einmal gratulieren, weil er oder sie noch unerfüllte, ja unerfüllbare Wünsche hat). Er selbst folgt einer Wunsch-Logik der Würde des Subjekts. Zum anderen dient Sprache nach ihm dazu, dass jemand sich als ›vollständig‹ darstellt. Seine Analyse schmerzt! Was tun? ›Ich‹ komme nicht aus meiner Haut heraus. Aber ich kann versuchen, mein Fell weniger zu verteidigen. ›Ich‹ kann versuchen, die anderen, seien es Personen, Ideen oder Sachen, weniger dazu zu missbrauchen, meine ›Vollständigkeit‹ zu schützen.
– Die Neigung zum ›Symbol‹ als einem ›*Mehr* an Sinn‹ wäre nicht zu verstehen als Ausdruck einer ›Offenheit‹ ›nach vorne‹ für Gott, sondern zeigte sich in ›rückwärtsgewandten‹ Symptomen, in denen der Einzelne selbstbezogen und an die eigene Geschichte gefesselt bliebe. Von uns aus sind wir Sünder, und wir suchen uns davon auf eine solche Weise zu befreien, dass sich daran nichts ändert.
– Und der Erfolg? Vielleicht hilft mir eine theologische Überlegung weiter: Sünde ist eschatologisch begrenzt. Dennoch kann man nicht sagen, dass man jetzt von ihr ›geheilt‹ werde und sie damit ›los‹ sei. Sie ist nicht heilbar wie eine Lungenentzündung, wobei von außen eingedrungene ›Feinde‹ wie Bakterien überwältigt würden. Von Gott her mag die Sünde uneigentlich sein, aber vom Menschen her geschaut beschreibt das Sündersein seine ganze Person, ist sein Leben. Ein junger Mann ertrug seine sexuelle Orientierung nicht mehr. Er wollte die unerträgliche Neigung umbringen, um sich als Person endlich von ihr zu befreien. Leider brachte er damit seine ganze Person um. Das Denken der Theologie kann hier weiser und lebensfreundlicher sein, weil es eine dritte Größe, Gott, kennt: Luther redet vom ›täglich aus der Taufe Kriechen‹ als einem ständigen ›Ersäufen‹ der Sünde. Er kann gleichzeitig den Tod in seiner Endgültigkeit und, durch die Wiederholung des ›täglich‹, die Dauerhaftigkeit der Person aussagen (sie stirbt nicht, sondern kriecht neu heraus); er kann den Menschen gleichzeitig von Gott her und vom Menschen her in den Blick bekommen. Ebenso wenig wie die Sünde kann eine Neurose ›ausgeheilt‹ werden. Wenn dem so wäre, dann definierte die Psychoanalyse die Neurose als etwas dem Menschen von außen Zukommendes statt als Ausdruck seiner Persönlichkeit.
Was wünsche ich mir von Seelsorge? Leidensverringerung durch die Annahme des Fehlens, der Trennung, der Unmöglichkeit. Das Ziel könnte man vielleicht als ›Versöhnung mit der eigenen Kontingenz‹ bezeichnen, eine Versöhnung, welche die Kontingenz[34] nicht leugnen muss. Das könn-

34 Kontingent ist das, was sein kann, aber nicht muss. Sogar Naturgesetze sind ›kontingent‹, denn ihr Referenzrahmen – von dem sie abhängen – ist unser Universum und nicht ein Absolutes. Der Neurotiker leidet lieber an der Notwendigkeit, als dass er die eigenen Zufälligkeit akzeptierte. Er klammert sich an seine Vergangenheit (an der er

te zum Beispiel bedeuten, bereit zu sein, seinen Platz in der Welt anzunehmen, ohne sich groß oder klein zu machen. Sonst lädt man sich und vor allem den anderen die Last auf, das eigene Bild zu stützen. Man könnte z.B. die eigene ›Spießigkeit‹ annehmen. Man kann dann sagen: An mir ist nichts Besonderes, und dennoch existiere ich und darf ich so sein, wie ich bin. Ich brauche meinen Geschmack nicht nach äußeren Vorgaben zu formen, sondern kann genießen, was mir gefällt. Auch meine Aktionen geschehen nicht, um ein Bild von mir zu stützen, sondern weil Hilfe Not tut und ich zur Hand bin. Der andere schuldet mir nichts; wenn er meint, etwas bezahlen zu müssen, gibt er es dem, dem er beim nächsten Mal der Nächste sein wird.

leidet) als ›notwendig‹ und reibt sich an ihr auf, weil er sie nicht kontingent sein lassen kann. Er besteht für sie auf der Würde der Notwendigkeit. Diese Sehnsucht wird z.B. bei der Trauung aufgenommen und angesprochen: Der Partner ist der mir von Gott Zugedachte – die Zweifel, die man hat, werden im Augenblick beruhigt. Aber die eherne Notwendigkeit lässt sich für die garantierte Sicherheit bezahlen: Wenn der Partner der Einzige ist, dann gibt es keine andere Möglichkeit! In Zukunft kann der Neurotiker nur klagen und sich in die Welt des Konjunktivs flüchten.
Er leidet lieber darunter, etwas nicht fertig zu bringen, als zu akzeptieren, dass es unmöglich zu erreichen ist, so wie ein Student, der nicht lernt und dann durch die Prüfung fällt, sich damit tröstet, dass er, wenn er sich angestrengt hätte, durchgekommen wäre. Das kränkt weniger als die eigene Unfähigkeit bewiesen zu bekommen, die das Gewebe der imaginären Ganzheit zerrisse.

Teil II

Seelsorge und Ethik

Ulrich H.J. Körtner[1]

Seelsorge und Ethik

Zur ethischen Dimension seelsorglichen Handelns

1. Die Wiederentdeckung der ethischen Frage

Die Ethik hat in den letzten beiden Jahrzehnten einen ungeheuren Aufschwung erlebt. Vergessen scheint die Gesellschaftskritik der 68er Generation, die – freilich mit einem hohen moralischen Anspruch – zur Kritik der bürgerlichen Moral und ihrer überlieferten Werte aufrief. Die wahre Moral schien in der Befreiung von selbiger zu bestehen, die symbolträchtig auf dem Gebiet der Sexualität und Geschlechterbeziehungen erstritten wurde. Inzwischen ist die Kritik der Moral in die Klage über ihren Verlust umgeschlagen. Die risikoträchtige, von immer neuen Modernisierungs- und Globalisierungsschüben erfasste Gesellschaft euro-amerikanischen Typs vermeldet einen steigenden Bedarf nicht nur an Moral und ethischer Erziehung, sondern – als deren Voraussetzung und zu ihrer kontinuierlichen Unterstützung – auch an professionalisierter Ethik. Ethische Diskurse finden nicht nur in den Feuilletons der Tages- und Wochenzeitungen, in Fernsehdiskussionen und Akademietagungen, sondern auch in neuen Institutionen wie Ethikinstituten und -kommissionen statt, die sich neben den Kirchen, den moralischen Monopolanstalten der vormodernen Gesellschaft, etablieren. An die Stelle älterer Formen eines Berufs- oder Standesethos treten neue Formen eines Ethos gesellschaftlicher Institutionen bzw. Teilsysteme, also z.B. Wirtschaftsethik und Unternehmensethik, Wissenschaftsethik, Rechtsethik, medizinische Ethik, Umweltethik und Ethik des Politischen. Die fundamentale Bedeutung von Moral und Ethik für den Bestand jeder Gesellschaft wie für das Überleben der Menschheit insgesamt wird von den verschiedenen Spielarten des Kommunitarismus ebenso wie von den Wortführern und Anhängern der Idee eines Weltethos behauptet.

Parallel zur gesellschaftlichen Entwicklung hat sich in der Wissenschaftstheorie die Grundlagendiskussion von der Erkenntnistheorie auf die Ethik verlagert. Intensiv wird die Frage nach dem Ethos der Wissenschaft bzw. nach Ethik in den Wissenschaften diskutiert, einhergehend mit der Aufwertung der sogenannten Praktischen Philosophie. Hat die herkömmliche, von der formalen Logik bzw. der Mathematik und den Naturwissenschaf-

1 Der Verfasser ist Professor für systematische Theologie und Mitglied des Instituts für Ethik in der Medizin an der Universität Wien.

ten dominierte, Wissenschaftstheorie die philosophische Disziplin der Ethik der Unwissenschaftlichkeit geziehen, so sieht sich heute umgekehrt die naturwissenschaftliche, auch die medizinische, Forschung dem allgemeinen Verdacht der Unmoral ausgesetzt. Ethik im Sinne der Bereitschaft zur öffentlichen Rechenschaft über die Ziele und Folgen wissenschaftlicher Forschung erscheint heute als deren unabdingbare Voraussetzung.
Den gestiegenen Anforderungen ethischer Kompetenz, die an Wissenschaft, Politik und Ökonomie gestellt werden, entspricht die Forderung nach professioneller ethischer Bildung und Erziehung, angefangen beim ethischen Erziehungsauftrag der Schule, der inzwischen nicht mehr nur vom konfessionellen Religionsunterricht, sondern auch von einem allgemeinen Ethikunterricht wahrgenommen wird[2]. Vorangetrieben wird aber auch die Verankerung ethischer Bildung in Studien- und Ausbildungsplänen z.B. für angehende Mediziner oder die Angehörigen heilender und pflegender Berufe. Dabei ist nicht nur die individuelle Aneignung eines traditionellen Berufs- oder Standesethos, sondern der Erwerb fachwissenschaftlicher Kenntnisse auf dem Gebiet der Ethik intendiert, d.h. die Ausbildung einer ethischen Urteils- und Kommunikationsfähigkeit.
Auch in die Seelsorge, ihre Theorie, Ausbildung und Praxis hat die neue ethische Frage inzwischen Einzug gehalten. Die in den USA bereits seit zwanzig[3], im deutschsprachigen Raum seit ungefähr zehn Jahren geführte Debatte über »Seelsorge und Ethik«[4] fügt sich in die skizzierte allgemeine Entwicklung ein. Das gilt für die Theoriebildung ebenso wie für die Diskussion über die künftigen Anforderungen an die Ausbildung professioneller Seelsorgerinnen und Seelsorger auf dem Gebiet der Ethik. Neben der allgemeinen gesellschaftlichen Wertediffusion steht in der nordamerikanischen Diskussion vor allem eine wachsende Skepsis gegenüber der sogenannten humanistischen Psychologie[5] und die große Popularität der von L.Kohlberg begründeten Moralpädagogik[6], die inzwischen auch in die deutschsprachige Diskussion Einzug gehalten hat[7], im Hintergrund.

2 Siehe dazu u.a. G. Adam, F. Schweitzer (Hg.), Ethisch erziehen in der Schule, Göttingen 1996.

3 Vgl. H.-H. Brandhorst, Seelsorge und Ethik – Hinweise auf einen neuen Trend in der nordamerikanischen Pastoralpsychologie, ZEE 28, 1994, S. 84–87.

4 Vgl. die Beiträge in PTh 80, 1991, H.1.

5 Vgl. v.a. D. Browning, Menschenbilder in zeitgenössischen Modellen der Seelsorge, WzM 33, 1981, S. 406–418.

6 Siehe v.a. L. Kohlberg, Die Psychologie der Moralentwicklung, Frankfurt a.M. 1995.

7 Vgl. D. Garz, Moralentwicklung und Moralerziehung. Hinweis auf einige Arbeiten Lawrence Kohlbergs, ZEE 25, 1981, S. 304–309; F. Oser, W. Althof, Moralische Selbstbestimmung. Modelle der Erziehung und Entwicklung im Wertebereich – Ein Lehrbuch, Stuttgart 1992. Zum Vergleich mit tiefenpsychologischen Aspekten siehe D. Stollberg, Das Gewissen in pastoralpsychologischer Sicht, WuD 11, 1971, S. 141ff; A.J. Nowak, Gewissen und Gewissensbildung heute in tiefenpsychologischer und theologischer Sicht, Freiburg, Basel, Wien 1978 (kath.).

Außerdem lässt sich heute beobachten, dass gerade berufsmäßige Therapeuten, die sich mit neuen ethischen Fragestellungen konfrontiert sehen, Hilfe von den Theologinnen und Theologen erwarten. Die ethische Frage bewegt z.B. in steigendem Maße die Mediziner. »Auf diese Weise kommt die Ethik, die man zur Vordertür herausgelassen hatte, zur Hintertür wieder herein. Der Seelsorger sieht sich in erster Linie nicht als Therapeut, sondern als Ethiker herausgefordert«[8]. Will der so geforderte Seelsorger aber ein kompetenter Gesprächspartner sein, reichen ethische Allgemeinplätze nicht aus. Offenbar stehen wir am Beginn eines neuen Professionalisierungsschubes in der Seelsorge. Neben der traditionellen theologisch-dogmatischen Kompetenz und der durch die Seelsorgebewegung der sechziger und siebziger Jahre gewonnenen pastoralpsychologischen Kompetenz ist nun auch die ethische Kompetenz der Seelsorge zu entwickeln.

Diese Entwicklung lässt sich in zwei Richtungen interpretieren. Einerseits kann in ihr eine Erweiterung der seelsorgerlichen Fachkompetenz gesehen werden, andererseits eine Rückkehr zu einem traditionell zentralen Aufgabengebiet christlicher Seelsorge, das für Jahrzehnte – zunächst unter dem Einfluss der dialektischen Theologie bzw. Wort-Gottes-Theologie, später dann aufgrund des therapeutischen Grundverständnisses der modernen Seelsorgebewegung – in den Hintergrund gerückt war. Vorderhand scheint sich so nicht nur ein Defizit der bisherigen Seelsorgebewegung ausgleichen zu lassen, sondern auch eine neue Antwort auf die Frage nach dem Proprium christlicher Seelsorge, deren Unterscheidung von sonstigen therapeutischen Formen der Krisen- und Lebensberatung bisweilen sichtlich schwer fällt, zu ergeben. Die Aufnahme der ethischen Fragestellung gewährleistet nämlich den Anschluss an die maßgebliche christliche Tradition, welche die Seelsorge über Konfessionsgrenzen hinweg primär als individuelle Förderung einer christlichen, ethisch fundierten Lebensführung verstand[9]. Die Verlagerung des Interesses von der therapeutischen auf die im weitesten Sinne pädagogische Funktion der seelsorgerlichen Interaktion führt zwar gegenüber der neueren Seelsorgebewegung zu einer Korrektur, macht die Seelsorge dafür aber – sofern nicht ein biblizistisches Konzept von paränetischer Seelsorge verfolgt wird[10] – anschlussfähig für die geschilderte neue gesamtgesellschaftliche Entwicklung. Wird diese Vermittlung zwischen christlicher Glaubenspraxis und allgemeiner Lebenswirklichkeit tatsächlich geleistet, bleibt

8 H.M. Müller, Das Ethos im seelsorgerlichen Handeln, PTh 80, 1991, S. 3–16, hier S. 4.

9 Vgl. H.M. Müller, a.a.O. (Anm. 8), S. 5ff; D. Rössler, Grundriß der Praktischen Theologie, 2. Aufl., Berlin, New York 1994, S. 175ff.

10 Siehe z.B. M. Dieterich, Psychotherapie – Seelsorge – Biblisch-therapeutische Seelsorge, Neuhausen, Stuttgart 1987; sowie v.a. J.E. Adams, Befreiende Seelsorge. Theorie und Praxis einer biblischen Lebensberatung, Gießen, Basel 1980; ders, Handbuch der Seelsorge. Praxis der biblischen Lebensberatung, 3. Aufl., Gießen 1988.

aber ein zentrales Anliegen der Seelsorgebewegung der siebziger Jahre gewahrt.
Theologisch betrachtet scheint die Verbindung von Seelsorge und Ethik ebenso wie der allgemeine Aufschwung der Ethik in unserer Gesellschaft das neuprotestantische Konzept einer ethischen Theologie zu bestätigen[11], die in der ethischen Transformation theologischer Gehalte die einzig angemessene Antwort auf die Umformungskrise des Christentums in der Moderne sieht. Scheinbar besteht eine Konvergenz zwischen der Ethisierung aller Bereiche der modernen »Risikogesellschaft«[12] und der neuprotestantischen These, derzufolge das Christentum in sein ethisches Zeitalter eingetreten ist[13]. Ein Verständnis von Seelsorge als »Hilfe zu ethischer Lebensführung«[14] erweist sich in besonderem Maße anschlussfähig an T. Rendtorffs Verständnis von Ethik als »Theorie der menschlichen Lebensführung«[15]. Nicht nur die beschriebene allgemeine wissenschaftstheoretische Entwicklung, sondern auch das theologische Konzept einer ethischen Theologie im Sinne Rendtorffs scheinen es nahezulegen, die Ethik geradezu zur neuen Gesamttheorie der Seelsorge zu erklären und über sie das theologische Proprium christlicher Seelsorge zu bestimmen[16]. Darüber herrscht in der Diskussion freilich keine Einigkeit[17]. Überhaupt ist der Gewinn, den der doppelte Anschluss an die christliche Seelsorgetradition und an die zeitgenössischen Ethikdebatten verspricht, nicht minder ambivalent wie derjenige, den seinerzeit der Anschluss der Seelsorge an Tiefenpsychologie und Psychotherapie erbrachte. Das gilt schon allein in berufssoziologischer Hinsicht. Im Konkurrenzkampf mit Psychologen und Psychologinnen, Therapeutinnen und Therapeuten, mag die Erweiterung der eigenen Beratungskompetenz um eine ethische Fachkompetenz vorübergehend einen Vorteil verschaffen. Vor allem das Konzept einer »beratenden Seelsorge«[18] bietet sich für derartige Erweiterungen geradezu an. Freilich haben inzwischen auch die Philosophen den Markt der Lebensberatung für sich und die sogenannte »angewandte Ethik (applied

11 So v.a. T. Rendtorff, Ethik, 2 Bde. (ThW 13,1/2), Stuttgart ^{2}1990/91.

12 Der – inzwischen inflationär gebrauchte – Begriff stammt von U. Beck, Risikogesellschaft. Auf dem Weg in eine andere Moderne, Frankfurt a.M. 1986.

13 Vgl. T. Rendtorff, Ethik, Bd. 1 (ThW 13,1), Stuttgart 1980, S. 15f. So schon R. Rothe, E. Troeltsch und P. Tillich.

14 D. Lange, Evangelische Seelsorge in ethischen Konfliktsituationen, PTh 80, 1991, S. 62–77, hier S. 63.

15 T. Rendtorff, a.a.O. (Anm. 11), Bd. 1, S. 9ff. Ausdrücklich nimmt darauf Bezug K. Winkler, Zum Umgang mit Normen in der Seelsorge, PTh 80, 1991, S. 26–39, hier S. 26. Bemerkenswerterweise fehlt diese Bezugnahme in seinem Lehrbuch der Seelsorge! Vgl. K. Winkler, Seelsorge, Berlin, New York 1997.

16 So z.B. E. Herms, Die ethische Struktur der Seelsorge, PTh 80, 1991, S. 40–62.

17 Vgl. D. Lange, a.a.O. (Anm. 14), S. 63ff.

18 In den USA spricht man von »Pastoral Counseling«. Siehe v.a. H.J. Clinebell, Modelle beratender Seelsorge, München ^{2}1973.

ethics)« entdeckt. Beispielsweise versteht sich das von H. Krämer vertretene Konzept einer »integrativen Ethik«[19] ausdrücklich als Theorie ethischer Beratung, die ausgebildeten Philosophen neue Berufsfelder eröffnen soll[20].
Auch in theologischer Hinsicht ist die Verbindung von Seelsorge und Ethik nicht unproblematisch. So berechtigt die Kritik an ethischen Defiziten der sogenannten Wort-Gottes-Theologie auch sein mag, so fragwürdig ist die Behauptung, das Konzept einer ethischen Theologie sei die einzig angemessene Gestalt einer »der christlichen Gegenwart zugewandte(n) Theologie«[21]. Die neue Ethikdiskussion innerhalb der Seelsorgetheorie verdient daher eine differenzierte Betrachtung. Hierbei sind mehrere Ebenen der Fragestellung zu unterscheiden. Zunächst ist auf der Theorieebene das Verhältnis von Ethik und Poimenik zu klären. Sodann ist die ethische Dimension seelsorgerlicher Interaktionen zu betrachten, wobei wir nochmals zwischen dem Berufsethos des Seelsorgers, der Seelsorgerin, dem von ihm/ihr zu vermittelnden wie dem durch ihn/sie repräsentierten Ethos und den moralischen Standards des oder der Ratsuchenden unterscheiden müssen.

2. Theorie der Moral und Poimenik

Um das Verhältnis von Ethik und Seelsorge auf der Theorieebene zu bestimmen, sind zunächst die Begriffe zu klären. Wir beginnen mit dem Begriff der Ethik. Wichtig ist zunächst die begriffliche Unterscheidung zwischen Ethik und Ethos bzw. zwischen Ethik und Moral. Ethik ist die Theorie der Moral, d.h. die Reflexion, welche menschliches Handeln, anhand der Beurteilungsalternative von Gut und Böse bzw. Gut und Schlecht, auf seine Sittlichkeit hin überprüft. Die Aufgabe der Ethik besteht aber auch darin, die Begriffe »Gut« und »Böse« zu bestimmen und die Normen und Werte, nach denen in einer Gesellschaft üblicherweise über Gut und Böse entschieden wird, einer beständigen Überprüfung zu unterziehen.

Begriff und Disziplin der Ethik gehen auf Aristoteles zurück, der erstmals von einer ethischen Theorie (ἠδικῆς δεωρία) gesprochen hat[22]. Das Attribut »ethisch« leitet sich von der griechischen Vokabel ἤδος her, die den gewohnten Ort des Wohnens, im übertragenen Sinne Gewohnheit, Sitte, Brauch bezeichnet. Dem entspricht das lateinische Wort »*mos, mores*«. Dem Begriff der Ethik ent-

19 H. Krämer, Integrative Ethik, Frankfurt a.M. 1995. Siehe dazu M. Endreß (Hg.), Zur Grundlegung einer integrativen Ethik, Frankfurt a.M. 1995.
20 Vgl. H. Krämer, a.a.O. (Anm. 19), S. 323ff.
21 T. Rendtorff, a.a.O. (Anm. 11), Bd. 1, S. 44. Kritisch dazu U. Körtner, Evangelische Sozialethik. Grundlagen und Themenfelder, Göttingen 1999, S. 36ff.
22 Aristoteles, Anal. post 89 b 9.

spricht der von Cicero geprägte Begriff der »*philosophia moralis*«[23]. Zur Ausbildung einer eigenständigen Ethik, d.h. einer Reflexion über die vorgängige Moral, kommt es erst in dem Augenblick, wo die überlieferten Sitten ihre Selbstverständlichkeit verlieren und sich neu legitimieren müssen. Das geschieht zur Zeit des Aristoteles in der griechischen Polis aufgrund sozialer Umbrüche.
Neben der Vokabel ἦελος gibt es im Griechischen noch das Wort ἔδος, das mit »Gewohnheit« oder »Gewöhnung« zu übersetzen ist. Beide Wortstämme gehen in das deutsche Fremdwort Ethos ein, das für eine moralische Grundhaltung, eine Lebenshaltung oder einen bestimmten Typus von Sittlichkeit steht. Diese kann auch an die Zugehörigkeit zu einer bestimmten Gruppe von Menschen gebunden sein. So sprechen wir vom Berufsethos, z.B. vom ärztlichen Standesethos. Moral bezeichnet dagegen im heutigen Sprachgebrauch die Verhaltensnormen der gesamten Gesellschaft oder einer Gruppe, die aufgrund von Tradition akzeptiert und stabilisiert werden.
Für die Disziplin der Ethik gibt es unterschiedliche Bezeichnungen, zumal Ethik sowohl innerhalb der Philosophie wie innerhalb der Theologie betrieben wird. In der Philosophie ist neben »Ethik« und »Moralphilosophie« der Begriff der »Praktischen Philosophie« gebräuchlich. Die theologische Disziplin der Ethik wird innerhalb der katholischen Theologie als »Moraltheologie«, innerhalb der evangelischen Theologie heutzutage als »theologische Ethik« bezeichnet, wobei der katholische Fächerkanon nochmals zwischen Moraltheologie und Sozialethik unterscheidet. Wird die Ethik ihrerseits zum Gegenstand der Reflexion erhoben, d.h. werden die erkenntnistheoretischen und anthropologischen Voraussetzungen ethischer Theorie- und Urteilsbildung untersucht, so sprechen wir von Fundamentalethik.

Zur fundamentalethischen Theoriebildung gehört die Überprüfung ethischer Begrifflichkeit sowie die Unterscheidung der Ethik von anderen Betrachtungsweisen menschlichen Handelns und Verhaltens. Moral und Ethik operieren mit dem Basiscode »gut/böse« bzw. »gut/schlecht«. Nun ist der Begriff des Guten mehrdeutig. Wir sprechen nicht nur von guten Taten, sondern auch davon, dass es uns gut oder schlecht geht, von einer guten oder schlechten Mahlzeit, einer guten oder schlechten Theaterinszenierung, einem guten oder schlechten Buch, einem guten oder schlechten Werkzeug. Offenbar handelt es sich bei den genannten Beispielen nicht um moralische bzw. ethische, sondern um ästhetische oder technische Urteile. Dem Code »gut/schlecht« liegt in diesen Fällen eine teleologische Betrachtungsweise zugrunde, welche Handlungen und Gegenstände nach ihrer Zweckmäßigkeit bzw. danach befragt, ob sie ihren Zweck erfüllen oder nicht. So sprechen wir beispielsweise von einer gut sitzenden Hose oder einer gut gehenden Uhr. Auch die Beurteilung einer Theateraufführung als gut ist kein moralisches Urteil, ist doch in der Kunst das Gegenteil von »gut« bekanntlich »gut gemeint« (Alfred Polgar).
Auch im Bereich von Wirtschaft und Technik ist zwischen der sachorientierten und der moralischen Verwendung des Codes »gut/schlecht«

23 Cicero, De fato 1.

zu unterscheiden. Ein Maschinengewehr kann gut funktionieren. Sein Einsatz mag in taktischer Hinsicht gut sein. Doch ob es moralisch gut oder schlecht ist, das Gewehr auf Menschen zu richten, ist nochmals eine ganz andere Frage. Jemand kann ein gutes Geschäft gemacht haben. Doch ist damit noch nicht gesagt, dass seine Geschäftsmethoden auch in moralischer Hinsicht gut sind.
Was jeweils unter dem moralisch Guten oder Schlechten zu verstehen ist, lässt sich nicht allgemeingültig sagen. Man kann aber eine formale Antwort geben, wonach unter dem moralisch Guten das nicht nur in einer bestimmten Hinsicht oder in mehrfacher Hinsicht, sondern das in jeder Hinsicht Gute zu verstehen ist. Umstritten ist aber, ob es an sich gute oder schlechte Handlungen gibt.
Befassen wir uns mit Sitten und gesellschaftlich akzeptierten Verhaltensregeln, so stellt sich die Frage, wie sich die Ethik von anderen Wissenschaften wie z.B. der Psychologie, der Soziologie und der Sozialgeschichte oder auch der Verhaltensbiologie abgrenzt. Denn vom griechischen ἔδος leitet sich auch der Begriff der Ethologie, d.h. der biologischen Verhaltensforschung ab, zu der unter anderem die Teildisziplin der Humanethologie gehört. Offenkundig muss auch die Ethik zunächst beschreibend-analytisch und historisch-genetisch verfahren. Dabei wird sie die Zugänge und Ergebnisse anderer Wissenschaften einbeziehen. Doch eine bloße Beschreibung gesellschaftlicher Normen, ihrer Herkunftsgeschichte und Wirkungsweise ist noch keine Ethik. Ethik beruht auf der Unterscheidung von Faktizität und Geltung[24]. Sie stellt im Blick auf Verhaltensnormen die Geltungsfrage und erhebt demnach immer einen normativen Anspruch. »Die Eigentümlichkeit der Moralität etwa in Abgrenzung zum Ästhetischen, Religiösen oder Politischen ist nicht anders zu bestimmen als durch den Anspruch des Guten und die Abweisung des Bösen/Schlechten«[25]. Ethik fragt also nicht nur, was ist, sondern was sein soll, weil es in jeder Hinsicht gut wäre. Sie setzt sich aber auch mit der Frage auseinander, *warum* es gut ist, sich ethische Fragen zu stellen, und schlecht, diesen Fragen auszuweichen.
In der gegenwärtigen Diskussion zum Verhältnis von Seelsorge und Ethik spielt, wie schon gesagt wurde, die Definition T. Rendtorffs eine wichtige Rolle, die als Ethik die Theorie der menschlichen Lebensführung bezeichnet[26]. Ethik befasst sich nach dieser Definition also nicht nur mit einzelnen Handlungen oder Handlungsketten, sondern mit der Lebensführung als ganzer. Das entspricht der aristotelischen Tradition, derzufolge Ge-

24 Zu dieser Unterscheidung vgl. J. Habermas, Faktizität und Geltung. Beiträge zur Diskurstheorie des Rechts und des demokratischen Rechtsstaats, Frankfurt a.M. 1992.
25 S.H. Pfürtner, Zur wissenschaftstheoretischen Begründung der Moral, in: N. Luhmann, S.H. Pfürtner (Hg.), Theorietechnik und Moral, Frankfurt a.M. 1978, S. 176–267, hier S. 219.
26 Vgl. oben Anm. 15.

genstand der Ethik das gute Leben ist. Im kirchlichen Jargon wird heute auch gern vom »gelingenden Leben« gesprochen.
Nun ist zweifellos richtig, dass das menschliche Leben mehr ist als die Summe isolierbarer Handlungen. Die einzelne Handlung ist eingebettet in die individuelle Biographie und gewinnt ihren Sinn im Rahmen dieses Kontextes. Wird allerdings die Aufgabe theologischer Ethik mit derjenigen einer Theorie der Lebensführung gleichgesetzt, so führt dies dazu, dass die Ethik mit der Fundamentaltheologie zusammenfällt, wobei dann aber die Gefahr besteht, dass alle Themen der Theologie, die sich gegen eine ethische Funktionalisierung sperren, ausgeklammert werden[27].
Gegen ein Verständnis von Ethik als Theorie menschlicher Lebensführung lässt sich außerdem einwenden, dass der Begriff der Lebensführung zu stark personalethisch ausgerichtet ist. Die Begründungsprobleme heutiger Ethik rühren gerade daher, »dass das überkommene Konzept der Person, wonach diese das organisierende Zentrum des Handelns und somit auch der Ort ethischer Verantwortung ist, mit der Realität vergesellschafteten Handelns nicht mehr zusammenstimmt«[28]. Der Gedanke einer durchgängigen Identität menschlicher Lebensführung scheitert heute daran, dass der Einzelne seines Lebens keineswegs zu jedem Zeitpunkt mächtig ist. Kontingenzerfahrungen, die nicht nur von Naturereignissen, sondern auch von der Unübersichtlichkeit und Komplexität der modernen Lebensverhältnisse herrühren, führen zu der Einsicht, dass der faktische Lebens*verlauf* nur zum Teil das Resultat bewusster Lebens*führung* ist. Wohl gibt es nicht nur einzelne Handlungen, sondern auch Handlungs*weisen*[29]. Auch lassen sich *Lebensweisen* bzw. *Lebensstile* unterscheiden[30]. Aber der faktische Lebensverlauf ist mehr als die Summe unserer Handlungen und nur zum Teil das Resultat unseres Planens und Wollens. Das gilt auch für die Gesellschaft, in deren Kontext das Einzelleben eingebettet ist. Wohl sind Gestalt und Entwicklung der Gesellschaft und ihrer Teilsysteme die Folge menschlicher Handlungen, aber nicht das Ergebnis bewusster Entscheidungen eines Kollektivsubjektes »Gesellschaft«. Insofern ist die gesellschaftliche Entwicklung einerseits vom Handeln ihrer Mitglieder abhängig und andererseits ihrem Handeln entzogen bzw. vorgegeben. Aus diesem Grund wollen wir unter Ethik nicht eine allgemeine Theorie des Lebens und der menschlichen Wirklichkeit, sondern die Theorie menschlichen Handelns, seiner Bedingungen, Voraussetzungen

27 Zur Kritik an Rendtorff vgl. auch M. Honecker, Einführung in die Theologische Ethik, Berlin, New York 1990, S. 30f.
28 J. Fischer, Theologische Ethik und Christologie, ZThK 92, 1995, S. 481–516, hier S. 504.
29 Vgl. E. Herms, Gesellschaft gestalten. Beiträge zur evangelischen Sozialethik, Tübingen 1991, S. XVII.
30 Vgl. D. Korsch, Religion mit Stil. Protestantismus in der Kulturwende, Tübingen 1997, S. 1ff.

und Folgen verstehen[31]. Das aber bedeutet, dass die Ethik auch die Grenzen menschlicher Handlungsmöglichkeiten und bewusster Lebensführung, und d.h. auch die Grenzen des Ethischen, stets mitzubedenken hat. Es sind nun aber doch gerade diese Krisenerfahrungen, mit denen es die Seelsorge immer wieder zu tun hat. Nicht nur Konflikte bei der Lebensführung, sondern Erfahrungen des Scheiterns, des Leidens und der Ohnmacht lassen Menschen nach seelsorglichem Beistand suchen. So gewiss sie Rat und Lebenshilfe suchen, Hilfe bei der Klärung ethischer Fragen, so gewiss brauchen Menschen auch Trost und Solidarität in Situationen, die sich gar nicht oder jedenfalls nicht sogleich durch menschliches Handeln verändern lassen. Auch die sogenannten Kontingenzen des Lebens lassen sich nicht immer »bewältigen«, sondern können bestenfalls nur ausgehalten und von anderen Menschen mitgetragen und erduldet werden. Die Grenze zwischen Widerstand und Ergebung im konkreten Fall auslotend[32], hat Seelsorge Menschen nicht nur bei der Suche nach neuen Handlungsmöglichkeiten zu helfen, sondern auch zur Trauer und zur Klage zu ermutigen[33].

Dementsprechend kritisch stehe ich Versuchen gegenüber, die Aufgabe der Seelsorge insgesamt als ethische bzw. pädagogische zu bestimmen und die Ethik zur Metatheorie der Poimenik zu erklären bzw. beide zusammenfallen zu lassen. Letzteres geschieht bei E. Herms, der die Seelsorge, und zwar ihren Vollzug als ganzen, in ethischen Kategorien begreifen möchte, »nämlich als dasjenige ethisch positiv qualifizierte – am ethischen Urteil – Handeln (Interagieren), als dessen resultierendes Gut eine Kräftigung oder Erweiterung der Fähigkeit zu ethisch positiv qualifiziertem – am ethischen Urteil orientiertem – Handeln, also eine Steigerung der ethischen Urteilsfähigkeit entsteht«[34]. Die Aufgabe des Seelsorgers sei daher in erster Linie, »die ethische Urteilsfähigkeit des Hilfesuchenden zu steigern«, d.h. aber seine Selbstwahrnehmung als verantwortliches Subjekt seines Handelns und seiner Lebensführung zu fördern und etwaige Entwicklungshemmungen oder Blockaden abzubauen. Positive Aufnahme findet der Ansatz E. Herms' in der Seelsorgekonzeption K. Winklers[35], welche Seelsorge allgemein »als Freisetzung eines christlichen Verhaltens zur Lebensbewältigung«[36] versteht. Unter Verhalten wird im weitesten Sinne sowohl das äußere wie auch das innere (Probe-) Handeln des Men-

31 Vgl. auch M. Honecker, a.a.O. (Anm. 27), S. 31; J. Fischer, Handeln als Grundbegriff christlicher Ethik. Zur Differenz von Ethik und Moral (ThSt [B] 127), Zürich 1983.

32 Vgl. D. Bonhoeffer, Widerstand und Ergebung. Briefe und Aufzeichnungen aus der Haft, hg. v. E. Bethge, Neuausgabe, München ^{3}1985, S. 244.

33 Vgl. H. Luther, Die Lügen der Tröster. Das Beunruhigende des Glaubens als Herausforderung für die Seelsorge, PTh 33, 1998, S. 163–176, hier S. 170.

34 E. Herms, a.a.O. (Anm. 16), S. 53.

35 Vgl. K. Winkler, Seelsorge (s. Anm. 15), S. 275.

36 K. Winkler, Seelsorge (s. Anm. 15), S. 3.

schen gefasst[37]. Im besonderen ist Seelsorge »die Bearbeitung von Konflikten unter einer spezifischen Voraussetzung«[38]. Unter die spezifischen Voraussetzungen rechnet Winkler das Handeln bestimmende Motive, d.h. individuelle Verhaltensbedingungen wie Persönlichkeitskonstrukte, weltanschauliche Voraussetzungen, Deutungsmuster, aus denen Antworten auf die Sinnfrage abgeleitet werden[39]. Seelsorgerliches Handeln fußt auf einem »Vor-Urteil«[40], d.h. »auf einer angebbaren (weltanschaulichen) Voraussetzung«[41]. Unter dem Stichwort »Verhalten« hat Seelsorge »eine deutliche Affinität zum möglichen und zum unmöglichen, d.h. aber praktisch auch zum ›richtigen‹ oder zum ›falschen‹ Verhalten. Damit besteht eine enge Beziehung zur *Ethik*. Eine Verhältnisbestimmung ist deshalb naheliegend und angezeigt. Denn alles seelsorgerliche Handeln und seine Folgen ist gleichzeitig ethisch zu verantworten«[42]. Die ethische Dimension – Winkler spricht wie Herms von der ethischen Struktur – der Seelsorge besteht vor allem in der gleichermaßen zeitgemäßen wie persönlichkeitsspezifischen Gewissensbildung[43].

Der Neuakzentuierung der ethischen Dimension seelsorgerlichen Handelns entspricht die Betonung seiner pädagogischen Aufgabe[44]. Winkler hält freilich neben der seelsorgerlich-pädagogischen an der seelsorgerlich-therapeutischen Dimension fest[45]. Gegenüber einem therapeutischen Verständnis von Seelsorge, das in der Seelsorgebewegung der siebziger Jahre vorherrschte, bedeutet dies jedenfalls eine gewisse Korrektur. Der therapeutische Aspekt kann sogar stark zurückgedrängt oder in den pädagogischen integriert werden[46]. Daraus erklärt sich das wachsende Interesse an L. Kohlbergs entwickungspsychologischem Konzept moralischer Erziehung. Allerdings lässt sich auch das früher dominierende, aus ethischer Sicht heute unzureichend erscheinende[47] Modell der nichtdirektiven Gesprächstherapie von C. Rogers als pädagogisches Programm verstehen, wenngleich mit einer anderen – theologisch keineswegs unproblematischen[48] – anthropologischen Grundlage[49]. Die Poimenik entdeckt offenbar

37 K. Winkler, Seelsorge (s. Anm. 15), S. 5.274.
38 K. Winkler, Seelsorge (s. Anm. 15), S. 3.
39 K. Winkler, Seelsorge (s. Anm. 15), S. 9f.
40 D. Stollberg, Mein Auftrag – Deine Freiheit, München 1972, S. 20ff.
41 K. Winkler, Seelsorge (s. Anm. 15), S. 10.
42 K. Winkler, Seelsorge (s. Anm. 15), S. 6.
43 Vgl. K. Winkler, Seelsorge (s. Anm. 15), S. 274ff.
44 Vgl. D. Rössler, a.a.O. (Anm. 9), S. 213.
45 Vgl. K. Winkler, Normen (s. Anm. 15), S. 39.
46 Vgl. schon die von R. Riess geprägte Formulierung »edukative Seelsorge«. Siehe R. Riess, Seelsorge, 1973, S. 190.201ff).
47 Vgl. oben Anm. 5.
48 Zur Kritik an Rogers siehe die ausgewogene Arbeit von M. Jochheim, Carl R. Rogers und die Seelsorge, ThPr 28, 1993, S. 221–237.
49 Vgl. H. Faber in: ders., E.v.d. Schoot, Praktikum des seelsorgerlichen Gesprächs, Göttingen [7]1987, S. 27ff.

neu die *paränetische Funktion der Seelsorge* und lenkt in modifizierter Form auf das der Schweizer Reformation entstammende Bild des Seelsorgers als Erzieher zurück. Schon H. Asmussen, ein Vertreter der Wort-Gottes-Theologie, hat unter Seelsorge (»Seelenführung«) vor allem »Erziehung« verstanden[50]. Auch Winkler betont den pädagogischen Aspekt der Seelsorge: »Ein seelsorgerlich handelnder Mensch vermag eine mehr oder minder wichtige, prägende Rolle im ›Lebenslauf‹ eines ratsuchenden Menschen zu spielen. Er kann auf diese Weise ›erziehend‹ wirken und verhaltensprägenden Einfluss gewinnen«[51]. Herms weist sogar ein Verständnis von Seelsorge als Therapie ausdrücklich zurück, jedenfalls ein solches, bei welchem der Ratsuchende in einer Weise entlastet wird, dass er sich nicht als eigenverantwortlicher, fehlbarer Träger von Entscheidungen wahrnehmen kann. So wichtig es ist, diesen Gesichtspunkt gegenüber der einseitigen Ausklammerung moralischer Fragen aus der Seelsorge zur Geltung zu bringen, so einseitig erscheint mir doch ihre Aufgabenbestimmung bei Herms aus den bereits genannten Gründen zu sein. Anlass zu seelsorglicher Interaktion geben zwei verschiedene, nicht immer zu trennende, aber doch zu unterscheidende Arten von Konflikten: »ethische Konflikte und Konflikte mit widerfahrendem Schicksal«[52].

Während Herms eine durchgängig ethische Struktur der Seelsorge postuliert, fragt T. Rendtorff zurückhaltender nach ihrem ethischen Sinn und sieht darin durchaus eine Beschränkung der poimenischen Fragestellung. Die Seelsorge hat seiner Ansicht nach eine ethische Dimension, ohne in dieser vollständig aufzugehen[53]. Rendtorff macht sich die umfassende Seelsorgedefinition D. Rösslers zu eigen, der Seelsorge als »Hilfe zur Lebensgewißheit«[54] begreift. Seelsorge soll demnach »Lebensgewißheit stärken, fördern, erneuern oder begründen« und wird dann erforderlich, wenn ein »Mangel an Lebensgewißheit« besteht, wobei der Begriff der Lebensgewissheit bei Rössler die religiöse Dimension der Glaubensgewissheit einschließt. Wenn nun Rendtorff den ethischen Sinn der Seelsorge in der »Konkretion religiöser Praxis als Bejahung des Lebens im Konflikt« und in der »Wiederherstellung des Selbstvertrauens« sieht[55], so denkt er in erster Linie an schuldhafte Konflikte und an die Problematik von Schuld und Vergebung. Andere Dimensionen wie der Umgang mit unverschuldetem Leiden, mit Krankheit und Tod bleiben ausgespart, jedenfalls soweit sie nicht unmittelbar eine ethische Fragestellung aufwerfen. Mit F. Wintzer möchte ich daher *neben* der ethischen die religiöse

50 H. Asmussen, Die Seelsorge, München [4]1946, S. 44ff.
51 K. Winkler, Seelsorge (s. Anm. 15), S. 4.
52 D. Lange, a.a.O. (Anm. 14), S. 66.
53 Vgl. T. Rendtorff, a.a.O. (Anm. 11), Bd. 1, S. 217f.
54 D. Rössler, a.a.O. (Anm. 9), S. 210; vgl. T. Rendtorff, a.a.O. (Anm. 11), Bd. 1, S. 218 (Rösslers Werk wird dort nach der 1. Aufl. 1986 zitiert).
55 T. Rendtorff, a.a.O. (Anm. 11), Bd. 1, S. 218.

und die therapeutische bzw. kommunikationsfördernde Dimension der Seelsorge unterscheiden[56].

3. Die ethische Dimension seelsorgerlichen Handelns

In ethischer Hinsicht lassen sich mehrere Aspekte der seelsorgerlichen Interaktion unterscheiden. Was die am Kommunikationsgeschehen beteiligten Personen betrifft, so stellt sich die Frage nach ihrem jeweiligen Ethos, ihren persönlichen Moralvorstellungen und dem Grad ihrer Reflexivität. Auf der einen Seite steht der Ratsuchende, auf der anderen Seite der Seelsorger oder die Seelsorgerin. Er oder sie versucht seine/ihre Rolle im Sinne eines Berufsethos auszufüllen, das persönlichkeitsspezifisch entwickelt (und hoffentlich auch gegebenenfalls korrigiert) wird. Zu dieser Rolle gehört es auch, ein besonderes Ethos zu repräsentieren. Wer einen Seelsorger aufsucht, sieht in ihm den Repräsentanten der Kirche bzw. einer christlichen Grundeinstellung. Sodann hat der Ratsuchende seine eigenen moralischen Überzeugungen. Diese können sich von denjenigen des Seelsorgers deutlich unterscheiden. Sind mehrere Ratsuchende am Gespräch beteiligt, z.B. in der Familien- und Eheberatung oder auch in einem medizinethischen Konfliktfall, in den neben dem Patienten und dem verantwortlichen Arzt auch das Pflegeteam (mit deren jeweiligem Berufsethos) und Angehörige des Kranken einbezogen sind, kann das Problem divergierender Moralvorstellungen noch komplizierter werden. Schließlich ist zu bedenken, dass die individuellen moralischen Überzeugungen der an der seelsorgerlichen Kommunikation beteiligten Personen in einem Wechselverhältnis zu den in der Gesellschaft allgemein kommunizierten Normen und Werten stehen.

Was das Ziel des seelsorglichen Handelns anbelangt, so sind zunächst die Situation und die Art des bestehenden Konfliktes möglichst genau zu analysieren[57]. Inwiefern handelt es sich im präzisen Sinne des Wortes um einen ethischen Konflikt, inwieweit um einen Konflikt mit widerfahrendem Schicksal? Sodann muss versucht werden zu klären, inwieweit es sich um einen Konflikt mit einer von außen herangetragenen ethischen Forderung oder um einen inneren Gewissenskonflikt handelt. Der Konflikt mit der ethischen Forderung kann darin bestehen, einem Menschen oder einer Situation nicht gerecht zu werden, obwohl einem die durch die Situation gestellte ethische Forderung einleuchten müsste. Das kann aus Mangel an Einsicht, aufgrund eines Irrtums oder auch einer besserem Wissen zuwi-

56 Vgl. F. Wintzer, Seelsorge zwischen Vergewisserung und Wegorientierung, PTh 80, 1991, S. 17–26. Unter letztere ist auch die von D. Rössler, a.a.O. (Anm. 9), S. 214 als diakonisch bezeichnete Aufgabe zu rechnen, Lebensgewissheit »in bezug auf die Gemeinschaft des Lebens« zu stärken.

57 Vgl. D. Lange, a.a.O. (Anm. 14), S. 73ff.

derlaufenden Willensbestimmung der Fall sein. Der Gewissenskonflikt besteht in einem inneren Konflikt zwischen zwei als unbedingt erfahrenen und als solche auch bejahten ethischen Forderungen, der nur eine in jedem Fall schuldhafte Entscheidung zulässt, wobei allerdings die Eindeutigkeit der unbedingten Forderung im wirklichen Leben keineswegs immer schon feststeht. Zuvor ist daher die Ausgangssituation, die den Anlass zum Aufsuchen des Seelsorgers bietet, zu analysieren, wofür D. Lange hilfreiche Vorschläge macht[58]. Dazu gehört neben der vorläufigen Beschreibung des Konfliktes sowohl die Feststellung der äußeren Fakten als auch die Erfassung der inneren Situation der Betroffenen, ihrer seelischen Befindlichkeit, ihrer Lebensgeschichte, ihrer Gewissensorientierung und religiösen Einstellung, ihrer Motive und Erwartungen.
Sofern das Seelsorgegespräch eine ethische Beratung im engeren Sinne des Wortes geben will, müssen in einem weiteren Schritt die Elemente und das Verfahren der ethischen Urteilsbildung geklärt werden. Zu prüfen sind die subjektiven Bedingungen der Beteiligten, z.B. die Möglichkeiten und Grenzen des Einfühlungsvermögens und der erforderlichen intellektuellen und praktischen Fähigkeiten oder ihrer psychischen Belastbarkeit. Schließlich ist der Konflikt möglichst genau zu bestimmen, wozu auch die Einschätzung der einander widerstreitenden Kräfte und Interessen gehört. In einem weiteren Schritt sind die Verhaltensalternativen hinsichtlich ihrer Durchführbarkeit, ihrer möglichen Folgen und Verhältnismäßigkeit abzuwägen. Das ethische Urteil setzt sodann die Reflexion der zur Anwendung gelangenden ethischen Normen voraus. Sie sind zu gewichten und auf ihre Verallgemeinerbarkeit und Situationsgerechtigkeit hin zu überprüfen. Weiter ist eine Güterabwägung vorzunehmen, wobei es sich oftmals um eine Übelabwägung handeln wird. Erst am Schluss dieses Prozesses kann eine ethisch verantwortliche Entscheidung, d.h. eine bewusste Wahl zwischen den möglichen Handlungsalternativen stehen. Ethisch verantwortlich ist eben nur eine solche Entscheidung, die sich gemäß der vorherigen Schritte begründen lässt und vor ihrer praktischen Umsetzung nochmals zu überprüfen ist.
Die Vermittlung zwischen allgemeinen Normen und der konkreten ethischen Entscheidung stellt allerdings ein erhebliches Problem jeder ethischen Beratung dar. Der in der heute gebräuchlichen Bezeichnung »angewandte Ethik (*applied ethics*)« enthaltene Begriff der Anwendung markiert das theoretisch noch keineswegs gelöste Problem, wer hier eigentlich was und mit welcher Zielsetzung anwendet[59]. Ethische Entscheidungsfindung ist nicht einfach gleichbedeutend mit der Applikation vorausgesetzter Normen. Für unser Handeln gibt es keineswegs nur

58 Zum Folgenden vgl. D. Lange, Ethik in evangelischer Perspektive. Grundfragen christlicher Lebenspraxis, Göttingen 1992, S. 508ff. 520f.
59 So richtig M. Honecker, Themen und Tendenzen der Ethik, ThR 63, 1998, S. 74–133, hier S. 132f.

moralische, sondern legitime außermoralische Gründe – wie z.B. Affekte der Zuneigung oder der Furcht –, und »Gewissen ist nicht identisch mit einem Vernunftkalkül«[60]. Probleme enthält auch der Begriff der Beratung. Ein Grundsatz ethischer Beratung wie jedes seelsorgerlichen Gespräches ist die Nichtdirektivität. Sie wird heute auch in der ärztlichen Beratungspraxis als grundlegendes Kriterium akzeptiert. Richtig an diesem aus der Psychotherapie C. Rogers'[61] stammenden Begriff ist, dass Beratung nicht mit bevormundender Belehrung verwechselt werden darf. Auch in ethischer Hinsicht gilt für das seelsorgliche Gespräch, dass die Rolle des Beratenden in der »Teilnahme am inneren Dialog«[62] des Ratsuchenden besteht. Der Seelsorger, die Seelsorgerin hat die Aufgabe, dem Klienten bei der Findung einer eigenverantwortlichen Gewissensentscheidung zu helfen. Die Maxime der Nichtdirektivität stößt hierbei freilich an Grenzen. »Der Seelsorger kann in diesem Prozess weder als Medium (Spiegel) noch als unbeteiligter Zuschauer agieren, sondern er ist beteiligt als Repräsentant. Er repräsentiert gegenüber der Subjektivität [sc. des Ratsuchenden] sowohl das allgemeine Ethos wie das ›bessere Ich‹«[63].

Im Rahmen der ethischen Urteilsbildung kommt der Frage, welches Ethos der Seelsorger vermitteln will bzw. aus Sicht des Ratsuchenden repräsentiert, große Bedeutung zu. Seelsorgliches Handeln setzt voraus, dass der Seelsorger, die Seelsorgerin dieses Ethos hinreichend reflektiert hat. Das verallgemeinerungsfähige Ethos, welches er oder sie repräsentiert bzw. repräsentieren will, soll ein erkennbar christliches sein, das sich von der in der Gesellschaft vorherrschenden allgemeinen Moral durchaus unterscheiden kann. Seelsorge will Menschen zu neuer Lebens- und Glaubensgewissheit helfen, nicht damit sie einfach *weiter*, sondern damit sie *anders* leben[64]. Die paränetische Funktion der Seelsorge schließt unter Umständen die Hilfe zu einer anstehenden Korrektur der Lebensführung ein.

Allerdings herrscht darüber, was als christliches Ethos zu gelten hat, in der pluralistischen Gesellschaft keineswegs ein Konsens. Ein ethischer Pluralismus kennzeichnet auch die Volkskirche. Es verbietet sich daher eine biblizistisch-normative Gesprächsführung, wie sie z.B. die »nuthetische Seelsorge« von J.E. Adams propgagiert[65]. Umso mehr muss sich der Seelsorger bewusst sein, dass seine ethischen Aussagen wie sein Verhalten in der seelsorglichen Interaktion für den Ratsuchenden zu einer (positiven wie negativen) Bestätigung oder auch Neubestimmung seines Bildes von

60 M. Honecker, a.a.O. (Anm. 59), S. 132.

61 Vgl. C. Rogers, Die nichtdirektive Beratung, München 1972.

62 R. Preul, Die Bedeutung des Gewissensbegriffs für die Seelsorge, in: ders., Luther und die praktische Theologie, Marburg 1989, S. 71–83, hier S. 81.

63 H.M. Müller, a.a.O. (Anm. 8), S. 14.

64 Vgl. H. Luther, a.a.O. (Anm. 33), S. 176.

65 Vgl. J.E. Adams, Befreiende Seelsorge (s. Anm. 10), S. 37ff.

christlicher Ethik und Lebensführung führen können. Grundsätzlich sollte die ethische Urteilsbildung in der Seelsorge nicht nach einem kasuistischen Modell erfolgen. Es geht also nicht um die Anwendung vermeintlich überzeitlicher Normen, sondern deren Gültigkeit und Lebensdienlichkeit steht in jedem ethischen Konflikt neu auf dem Spiel. Der zu bearbeitende Konflikt führt möglicherweise beim Ratsuchenden wie beim Seelsorger zu einem neuen Verständnis dessen, was eigentlich christlich ist.

Als ein konkretes Beispiel für die Problematik der Nichtdirektivität seien heutige Fragen der medizinischen Ethik genannt. Betrachten wir z.B. den Fall einer genetischen Beratung[66]. Das Prinzip der Nichtdirektivität findet sich in vielen Beratungsrichtlinien. Intendiert ist, wie heute auch sonst in der Medizin, die Achtung und Stärkung der Autonomie des Patienten. Anders als in der Psychotherapie suchen die Klienten in der genetischen Beratung aber nicht nach neuem Selbstvertrauen, sondern ärztlichen Rat, d.h. eine – gewiss Empathie voraussetzende – Handlungsempfehlung, über deren Befolgung sie freilich selbst entscheiden müssen[67]. Zwar ist das Selbstbestimmungsrecht der Ratsuchenden unbedingt zu achten. Doch ein Beratungsgespräch verläuft niemals ethisch neutral. Seine ethischen Implikationen auf Seiten der Klienten wie des beratenden Genetikers müssen daher bewusst gemacht werden. Andernfalls besteht die Gefahr, dass der beratende Arzt wohl den Wissens- und Entscheidungsraum des Einzelnen erweitert, dieser dann aber völlig sich selbst und seinen ethischen Dilemmata überlassen bleibt. Die bloße Nachfrage nach prädiktiver Diagnostik ersetzt dann die Ethik. Schon die Frage, welches Wissen dem Ratsuchenden zugemutet werden kann bzw. ob er es sich und anderen zumuten will, ist eine ethische Frage von erheblichem Gewicht. Auch ist zu beachten, dass Wechselwirkungen zwischen der individuellen Ebene genetischer Beratung und ihrem gesellschaftlichen Kontext stattfinden. Im Ergebnis begünstigen sie möglicherweise einen problematischen Wertewandel zugunsten einer eugenischen Einstellung. Wechselwirkungen bestehen auch zwischen ethischer Theorie und Praxis. Jede Theoriebildung hat bereits lebenspraktische Bedeutung, wie umgekehrt die Lebenspraxis kritisch zu reflektieren ist.

Auch jedes seelsorgliche Gespräch ist der mögliche Ort einer solchen Wechselwirkung. Darum darf auch hier Nichtdirektivität nicht mit ethischer Neutralität verwechselt werden. Soll das Gegenüber wirklich als

66 Vgl. U. Körtner, Evangelische Sozialethik. Grundlagen und Themenfelder, Göttingen 1999, S. 220ff.

67 Vgl. S. Reiter-Theil, Nichtdirektivität und Ethik in der genetischen Beratung, in: E. Ratz (Hg.), Zwischen Neutralität und Wertung. Zur Theorie und Praxis von Beratung in der Humangenetik, München 1995, S. 83–91; dies., Ethische Fragen in der genetischen Beratung. Was leisten Konzepte wie »Nichtdirektivität« und »ethische Neutralität« für die Problemlösung?, in: Conc 34, 1998, S. 138–148.

Person ernstgenommen werden, dann darf in solchen Fällen, in denen der Klient eindeutig inhumane und verantwortungslose Einstellungen und Verhaltensweisen zu erkennen gibt, einer »verschärfte(n) ethische(n) Diskussion«[68] nicht ausgewichen werden.

Eine wichtige Voraussetzung für das Gelingen seelsorglicher Kommunikation ist die Fähigkeit zur Wahrnehmung. Gleiches gilt von der ethischen Beratung. Das Ziel des Gespräches ist die Übernahme von Verantwortung. Zur Verantwortungsübernahme aber kann es nur kommen, wo Verantwortung im doppelten Sinne des Wortes wahrgenommen wird, d.h. zunächst überhaupt als solche erkannt und dann als die eigene akzeptiert wird. D. Stollbergs auf die Seelsorge gemünzte Formel »Wahrnehmen und Annehmen«[69] gilt in abgewandelter Form auch für die Ethik. Dementsprechend brauchen wir heute nicht nur eine pastoralpsychologische, sondern auch eine ethische Theorie der Wahrnehmung[70]. Das aber heißt, dass die in der Seelsorge verlangte hermeneutische Kompetenz auch für Probleme der angewandten Ethik zu entwickeln ist[71]. Das schließt die Frage nach außermoralischen Motivationen unseres Handelns ein.

Im Zentrum einer ethischen Erkenntnis- oder Wahrnehmungstheorie aber steht die Frage nach dem moralischen Subjekt, auf das sich auch die Aufmerksamkeit der seelsorglichen Interaktion richtet. Hier kommt nun die spezifisch religiöse Dimension der Seelsorge ins Spiel, hat doch der Verantwortungsbegriff schon begriffsgeschichtlich einen theologischen Hintergrund[72]. Während eine allgemeine Ethik fragt, worin das Tun des Guten besteht, gibt der christliche Glaube eine spezifische Antwort auf die Frage, warum wir faktisch oftmals nicht tun, was wir als richtig und gut erkennen. Seine Antwort lautet hierauf einerseits, dass der Mensch Sünder ist, der sich seiner Bestimmung als verantwortlichem Handlungssubjekt in einer letztlich widersinnigen Weise verweigert, andererseits, dass ihm seine Sünde unverdienterweise vergeben wird. Gerade durch dieses Widerfahrnis, das die paulinische bzw. reformatorische Rechtfertigungslehre beschreibt, wird der konkrete Mensch als verantwortungs-

68 H.-H. Brandhorst, a.a.O. (Anm. 3), S. 86. Vgl. auch Th.C. Hennessy, The Counselor Applies the Kohlberg Moral development Model, in: ders. (Hg.), Value/Moral Education. The Schools and the Teachers, New York, Ramsay, Toronto 1979, S. 145–165.

69 D. Stollberg, Wahrnehmen und Annehmen. Seelsorge in Theorie und Praxis, Gütersloh 1978.

70 Vgl. J. Fischer, Wahrnehmung als Aufgabe und Proprium christlicher Ethik, in: ders., Glaube als Erkenntnis. Zum Wahrnehmungscharakter des christlichen Glaubens, München 1989, S. 91–118; B. Harbeck-Pingel, Ethische Wahrnehmung. Eine systematisch-theologische Skizze (Beiträge zur Theologie und Religionsphilosophie 2), Aachen 1998; U. Körtner, a.a.O. (Anm. 66), S. 76ff.

71 Zur hermeneutischen Grundlegung angewandter Ethik siehe auch B. Irrgang, Praktische Ethik aus hermeneutischer Perspektive (UTB 2020), Paderborn 1998.

72 Zum Folgenden siehe ausführlich U. Körtner, a.a.O. (Anm. 66), S. 98ff (Kap. 4).

fähiges Subjekt neu konstituiert. Was das Konzept von Ethik als Theorie der menschlichen Lebensführung immer schon voraussetzt, nämlich das verantwortliche Subjekt, droht nicht nur gesamtgesellschaftlich zu entschwinden, sondern auch auf der individuellen Ebene des konkreten Menschen, der das seelsorgliche Gespräch sucht. Zum moralfähigen Subjekt wird der Mensch aber nach christlicher Überzeugung nicht, indem er einfach mit der ethischen Forderung konfrontiert wird, sondern indem ihm konkret die Wirklichkeit von Rechtfertigung und Vergebung vermittelt wird. Hierbei geht es mitnichten um Entlastung von persönlicher Verantwortung oder Schuld, sondern im Gegenteil um die Befähigung zur Verantwortungsübernahme für vergangenes und künftiges Handeln, d.h. aber auch um die Bereitschaft zur Schuldübernahme, ohne welche es kein Handeln und keine Lebensführung geben kann. Ein solcher Prozess der Subjektwerdung setzt nicht selten die Überwindung erheblicher Widerstände voraus. Aufgabe der Seelsorge ist es freilich nicht, solche Widerstände auf autoritäre Weise zu brechen, sondern ihnen geduldig und empathisch das eigene Vertrauen des Seelsorgers in die von ihm bezeugte Wirklichkeit der Vergebung entgegenzusetzen.

Indem christliche Seelsorge von der Rechtfertigungslehre her eine Wirklichkeit in Anspruch nimmt, durch die ein Mensch auf eine jenseits seiner eigenen Handlungsmöglichkeiten liegenden Weise neu zum moralischen Subjekt werden kann, transzendiert sie die Dimension des Ethischen. Sich selbst vor Gott auf neue Weise zu verstehen, ist eine Sache des Glaubens, nicht des Tuns. Überschritten wird die Ebene des Ethischen freilich auch durch den eschatologischen Horizont, in den sich christliche Seelsorge stellt. Im Unterschied zu in der heutigen Therapieszene verbreiteten Erlösungsangeboten, welche eine Ganzheitlichkeit im Hier und Jetzt versprechen, die letztlich nur auf Kosten von Beziehungslosigkeit und struktureller Mitleidlosigkeit zu erzielen wäre, weiss christliche Seelsorge um die Fragmenthaftigkeit unseres Lebens und die Gebrochenheit unserer Lebensführung[73]. »Seelsorge ist stets Teilnahme an einer anderen Biographie«[74], welche notwendigerweise die Grenzen eines besonderen Amtes, seiner Funktionalität und Professionalität sprengt. Zum christlich motivierten Ethos des Seelsorgers gehört es, sich der Gebrochenheit einer fremden Biografie auszusetzen, die so – unbeschadet der Maxime distanzierter Nähe – als Beschädigung auch des eigenen Lebens erfahren wird. In Klage und Verzweiflung liegt, wie H. Luther zu bedenken gibt, unter Umständen »mehr ehrliche Hoffnung als in Beteuerung von Sinn und Lebensgewißheit.« Wohl wahr: »Eine Seelsorge ohne Tränen dementiert den Trost, den sie verspricht«. Zur Lebensführung im christlichen Sinne gehört das Wissen darum, dass die Vollendung des Lebens, sein »Gelingen«, wie man heute gern sagt, die unser Handeln motivierende Hoffnung

73 Siehe dazu H. Luther, Leben als Fragment, WzM 43, 1991, S. 262–273.
74 D. Rössler, a.a.O. (Anm. 9), S. 215.

ist, ohne doch von uns selbst geleistet werden zu können. Sofern Ethik letzteres suggeriert, bleibt es allerdings die ureigene Aufgabe der Seelsorge, im Sinne der reformatorischen Unterscheidungen von Gesetz und Evangelium, Person und Werk, vor Moral zu warnen[75].

75 Vgl. auch die negative Funktionsbestimmung der Ethik bei N. Luhmann, Paradigm lost. Über die ethische Reflexion der Moral. Rede anlässlich der Verleihung des Hegel-Preises 1989, Frankfurt a.M. 1990, S. 41.

Ulrich H.J. Körtner

Medizinethische Probleme in der Seelsorge

Ein Workshop

1. Ethik, Ethos und Moral

Ethik ist die Theorie der Moral, d.h. die Reflexion, welche menschliches Handeln anhand der Beurteilungsalternativen von Gut und Böse bzw. Gut und Schlecht auf seine Sittlichkeit hin überprüft. Was jeweils unter dem moralisch Guten oder Schlechten zu verstehen ist, lässt sich nicht allgemeingültig sagen. Man kann aber eine formale Antwort geben, wonach unter dem moralisch Guten, das nicht nur in einer bestimmten (z.B. technischen) Hinsicht oder in mehrfacher Hinsicht (z.B. technisch optimal und ökonomisch effizient), sondern das in jeder Hinsicht Gute zu verstehen ist. Umstritten ist allerdings, ob es an sich, d.h. situationsunabhängig gute oder schlechte Handlungen gibt.
Im Unterschied zur Ethik (der Begriff stammt von Aristoteles [384–322 v.Chr.]) bezeichnet der Begriff des Ethos (griechisch) bzw. der Moral (lateinisch) die Verhaltensnormen der gesamten Gesellschaft oder einer Gruppe, die aufgrund von Tradition akzeptiert und stabilisiert wird.
Ein Beispiel ist das Berufsethos einer bestimmten Berufsgruppe, ärztliches Standesethos, Berufsethos der Pflegeberufe.
Der Gegenstandsbereich der Ethik lässt sich (nach A. Rich) in vier Gebiete bzw. einander überschneidende Dimensionen untergliedern:

Individualethik (Verhalten des Subjekts zu sich selbst);
Personalethik (Verhalten des Subjekts zum einzelnen anderen);
Sozialethik (Zusammenwirken des Subjekts mit anderen in Formen des vergesellschafteten Handelns);
Umweltethik (Verhalten des Einzelnen, von gesellschaftlichen Institutionen und der Gesellschaft als ganzer zur außermenschlichen Natur).

2. Gegenstand und Aufgabe medizinischer Ethik

Ethik in der Medizin umfasst die ethischen Fragestellungen nicht nur des ärztlichen Handelns, sondern aller Gesundheitsberufe, geschieht doch das medizinische Handeln heute in enger Kooperation unterschiedlicher Berufe. Im weitesten Sinne kann man die medizinische Ethik heute daher als

Ethik des Gesundheitswesens oder abgekürzt als Gesundheitsethik definieren. So verstanden reicht medizinische Ethik über die Ebenen der Individual- oder Personalethik hinaus. Sie umfasst auch mehr als die Fragestellungen des Berufsethos und Standesrechtes aller Gesundheitsberufe. Ethik in der Medizin ist ein Teilgebiet der Sozialethik. Fragen der medizinischen Ethik können heute nur interdisziplinär diskutiert werden. Als naturwissenschaftlich gestützte Handlungswissenschaft muss sich die Medizin nicht nur wissenschaftsimmanent, sondern auch mit der sie in Anspruch nehmenden Gesellschaft neu über ihre Handlungsziele verständigen. Darin besteht die heutige Aufgabe medizinischer Ethik.

Der modernen Medizin wird häufig ein reduktionistisches, naturalistisches und zugleich dualistisches Menschenbild vorgeworfen. Erkenntnistheoretisch wie praktisch muss um des Lebens willen die Eindimensionalität zugunsten der Mehrdimensionalität überwunden werden. Das gilt auch für unser Verständnis von Krankheit und Gesundheit, von Heil und Heilung. Praktisch bedeutet dies, dass nicht nur die somatische Medizin und Psychotherapie, sondern dass auch Medizin, Philosophie und Theologie noch stärker als bisher miteinander ins Gespräch kommen müssen, und zwar nicht nur auf dem Gebiet einer im wesentlichen auf Risikoabschätzung reduzierten medizinischen Ethik, sondern im Bereich anthropologischer Grundfragen.

Unbefriedigend ist die moderne Trennung von Heil und Heilung, nach welcher die Medizin für Gesundheit und Heilung, Theologie und Seelsorge aber für Heil und Erlösung zuständig sind. Gesund und Heil, Heilung und Erlösung, Sein und Sinn betreffen den in sich unteilbaren Menschen, der mehr ist als die Summe seiner anatomischen, physischen und mentalen Teile. An die Stelle hochgradiger Arbeitsteilung muss das Teamwork aller heilenden Berufe einschließlich der Seelsorge treten, soll der Mensch als Person nicht aus dem Blickfeld geraten.

Ebenso wie eine materialistisch-atomistische bzw. reduktionistische Anthropologie ist allerdings auch die heute als Alternative propagierte Idee der Ganzheitlichkeit kritisch zu sehen. So sehr die Überschneidungen und die Mehrdimensionalität von Heil und Heilung wiederzuentdecken sind, so sehr ist andererseits der zwischen beiden bestehende Unterschied zu beachten. Ein diesen Unterschied missachtendes Ganzheitsdenken ist genauso reduktionistisch wie der von ihm kritisierte Dualismus. Vor allem verdeckt die Kategorie der Ganzheitlichkeit den fundamentalen – auch medizinethisch bedeutsamen – Umstand, dass menschliches Leben nicht nur als krankes, sondern auch als gesundes wesenhaft fragmentarisch ist. Dementsprechend lautet meine These, dass nicht ein ganzheitliches, sondern ein mehrdimensionales Konzept von Heilkunst und Heilung gefordert ist, welches sowohl den Blick für Zusammenhänge schärft als auch die Kunst der Unterscheidung beherrscht. Um eine derartige Heilkunst von einer soteriologisch überhöhten holistischen Medizin terminologisch zu unterscheiden, schlage ich den Begriff einer integralen Medizin vor.

Die Fragehinsicht medizinischer Ethik hat sich in den vergangenen Jahren grundlegend gewandelt. Lautete in der Vergangenheit die Frage, wie sich die Handlungsmöglichkeiten der Medizin erweitern ließen, so wird heute kritisch gefragt, ob die Medizin noch darf, was sie inzwischen alles kann. Die Ambivalenz des naturwissenschaftlich gestützten technologischen Fortschritts lässt sich auch im Gesundheitswesen nicht mehr übersehen. Die Möglichkeiten, Leben zu retten und zu verlängern, haben sowohl am Lebensanfang wie am Lebensende dank intensiver Forschungen enorm zugenommen. Die allgemeine Lebensdauer ist stetig gestiegen, woran die moderne Medizin einen erheblichen Anteil hat. Intensivmedizin, pränatale Diagnostik und Therapie sowie die Transplantationschirurgie schieben das Lebensende immer weiter hinaus. Doch zunehmend wird gefragt, ob Lebensverlängerung um jeden Preis ein Selbstzweck ist oder ob sich die verbleibende Lebensqualität nicht umgekehrt proportional zur medizinisch verlängerten Lebensdauer verhält. So stoßen medizinische Innovationen zunehmend auf Skepsis, bisweilen sogar auf militante Ablehnung in der Bevölkerung, während gleichzeitig in der Öffentlichkeit über die Legalisierung aktiver Sterbehilfe diskutiert und die Autonomie des Patienten nicht nur in Fragen der Therapiewahl, sondern auch hinsichtlich der Entscheidung über den Zeitpunkt und die Art seines Lebensendes gefordert wird.

Ein besonderes Problem der modernen Medizin ist der Umgang mit unheilbar Kranken, d.h. mit chronisch Kranken oder todkranken Patienten. Die Medizin ist einseitig auf das Ziel der Heilung ausgerichtet, d.h. der Wiederherstellung der Gesundheit. Chronisch Kranke passen schwer in ihr Konzept. (Verräterisch ist der Sprachgebrauch, der von »austherapierten« Patienten spricht!). Ein Umdenken leitet die sogenannte Palliativmedizin ein.

Im Kern aller medizinethischen Diskussionen geht es um grundlegende Fragen der Anthropologie. Hinter der Frage, ob die Medizin darf, was sie kann, steht die anthropologische Grundfrage: Was ist der Mensch? Genauer gesagt geht es um die Einstellung des Menschen zu seiner Sterblichkeit, zu seinem Tod. Das aber ist eine Frage, welche die Medizin nicht für die Gesellschaft beantworten kann, sondern welche von dieser selbst bzw. von jedem einzelnen persönlich zu beantworten ist. Die medizinethische Diskussion ist also einer der Orte, an welchem unsere Gesellschaft ihr Verhältnis zu Leben und Tod als einer gleichermaßen personalen wie sozialen Realität zu klären versucht. In der Auseinandersetzung um die Einführung neuer medizinischer Techniken, ihre rechtliche Regelung und Kontrolle, um die künftige Finanzierbarkeit des Gesundheitswesens und die dem Einzelnen von der Gesellschaft zugestandenen Leistungsansprüche stehen anthropologische Einstellungen, moralische Werte und letztlich auch religiöse Grundüberzeugungen zur Diskussion. Eben darum ist es nicht möglich, sich rein medizinimmanent über die Ziele und Regeln medizinischen Handelns zu verständigen.

Die moderne Medizin ist naturwissenschaftlich fundiert, ohne doch eine reine Naturwissenschaft zu sein. Auch haben Krankheit und Gesundheit eine naturale Basis, aber es handelt sich bei ihnen nicht um rein naturwissenschaftliche Tatbestände, sondern letztlich um eine soziale Konstruktion, die dem kulturellen Wandel unterworfen ist. Die Frage, was der Mensch ist und was Krankheit und sein Tod für ihn bedeuten, lässt sich naturwissenschaftlich nicht beantworten. Das heißt freilich nicht, dass nun der Medizin umgekehrt von der Religion, der Theologie oder der Philosophie vorzuschreiben wäre, was sie zu tun und zu lassen hat. In der modernen, pluralistisch strukturierten Gesellschaft kommt es keiner Gruppe oder Institution zu, Wertfragen autoritativ zu entscheiden. Um so notwendiger ist es, Diskussionsprozesse über die strittigen Fragen von Anthropologie und Ethik zu initiieren und zu befördern. Dazu gehört zweifellos auch das interdisziplinäre Gespräch der Medizin mit den übrigen Wissenschaften einschließlich der Theologie.

3. Ethik und Recht in der Medizin

Zu den wesentlichen Voraussetzungen aller Ethik in der Moderne gehört die Unterscheidung von Moral und Recht, von Moralität und Legalität (I. Kant). Das Recht hat sich in der modernen Gesellschaft gegenüber der Moral verselbständigt, andererseits Funktionen übernommen, die früher von der Moral erfüllt wurden. Umgekehrt bedarf jedes Recht einer moralischen Begründung. Für die Medizinethik ist der Umstand von großer Bedeutung, dass die Verrechtlichung medizinischen Handelns weit vorangeschritten ist. Ethische Fragen der Medizin lassen sich daher heute nicht mehr abgelöst von Rechtsfragen diskutieren. Neben Ethik in der Medizin hat sich als eigenständiger Zweig der Rechtswissenschaft das Fach Medizinrecht herausgebildet.

4. Ebenen medizinethischer Probleme

- Personale Ebene: Ebene der interaktionellen Beziehungen (Bereich des direkten diagnostischen und therapeutischen Kontaktes).
- Strukturelle Ebene: Ebene der Institutionen (Gesundheitswesen, Gesundheitspolitik, soziale Faktoren von Gesundheit und Krankheit, Medizinökonomie).
- Kulturelle Ebene: Ebene der Einstellungen und Werthaltungen (individuelles und allgemeines Verständnis von Gesundheit und Krankheit, tatsächliches Gesundheitsverhalten).

Auf der personalen Ebene ist u.a. der Zusammenhang von Gesundheit bzw. Krankheit und Lebensgeschichte des Patienten zu beachten (vgl. das sog. Story-Konzept von D. Ritschl). Es ist also auch zu fragen, welche

Bedeutung, d.h. welchen Sinn medizinische Maßnahmen oder der Verzicht auf solche im Zusammenhang der Biografie des Betroffenen haben.
Auf der strukturellen Ebene zeigt sich, dass Gesundheit und Krankheit, Heilung und Krankheitslinderung abhängig vom System des Gesundheitswesens sind. Ein zentrales ethisches Problem ist die Verteilungsgerechtigkeit (Problem der Allokation auf der Mikro- und Makroebene) und die zwangsweise (!) Beteiligung am (Ver)sicherungssystem im Sinne der Solidar- und Gefahrengemeinschaft. Gesundheit ist nicht nur ein individuelles, sondern auch ein soziales Zukunftsgut. Systembedingte Aporien bestehen u.a. im Missverhältnis zwischen Rationalität von Einzelentscheidungen und Irrationalitäten des Gesamtsystems. Auf der kulturellen Ebene sind allgemeine Wertsätze der abendländischen Kultur zu beachten. An vorderster Stelle steht die Idee der Menschenrechte, welche den Gedanken der Menschenwürde zur Voraussetzung hat. Im Judentum und Christentum wird der Gedanke der Menschenwürde aus der Gottebenbildlichkeit des Menschen abgeleitet, die ihm bedingungslos, d.h. unabhängig von seiner körperlichen und geistigen Verfassung zukommt. Wichtige Grundregeln unseres Kulturkreises, die auch für die medizinische Ethik gelten, lauten:

- Menschliches Leben ist an sich gut.
- Leiden ist zu mindern.
- Besseres Leben ist besser.
- Schaden ist zu vermeiden.
- Nur gemeinsam können wir leben und überleben.

Die letztgenannte Regel hat besonderes Gewicht im Rahmen einer sogenannten Verantwortungsethik: Ziel des auf andere Menschen gerichteten sittlichen – z.B. medizinischen – Handelns besteht nicht primär darin, Möglichkeiten einer egoistisch definierten Selbstverwirklichung zu eröffnen, sondern Menschen ein verantwortliches, d.h. in seiner Selbstbestimmung sittlich gebundenes Dasein für andere zu ermöglichen.
Grundlegende Handlungsregeln speziell der medizinischen Ethik sind:

- Grundsatz der Berücksichtigung des Selbstbestimmungsrechtes (Autonomie) des Patienten.
- Aus ihm wird abgeleitet die Regel der Nichtdirektivität ärztlicher Beratung, die Aufklärungspflicht (*informed consent*) und der Respekt vor der Behandlungsverweigerung. (Autonomie ist freilich von Willkür zu unterscheiden: Sie ist, wie I. Kant dargelegt hat, sittlich bestimmt. Sie ist also dem Gewissen und der Verantwortung verpflichtet.)
- Gerechtigkeitsgrundsatz im Sinne des Gleichheitsgrundsatzes und im Sinne des Fairnessprinzips (J. Rawls).

Aus dem Gerechtigkeitsgrundsatz lassen sich weitere Regeln ableiten:

- Allgemeine Folgenberücksichtigungsregel, wonach alle Betroffenen einer Handlung in ethischen Überlegungen als berücksichtigenswert zu betrachten sind. Dem entspricht der Universalisierbarkeitsgrundsatz. B. Irrgang bezeichnet diese Regel auch als Verantwortbarkeitsregel.
- Gleichbehandlungsregel, die aufgrund des Fairnessprinzips eine Gleichbehandlung aller Betroffenen unter vergleichbaren Umständen nahelegt.
- Nichtschadensregel (*nil nocere*). Verpflichtung zum Heilen und Helfen. Sie besagt, dass die intendierten Handlungsfolgen im Vergleich zu bestehenden Zuständen, Verfahren und Behandlungsmethoden für den Betroffenen eine weitestmögliche Verbesserung darstellen.
- Vorsichtsregel. Sie verpflichtet zu der Handlungsalternative, die am besten prognostiziert werden kann und allen anderen Kriterien genügt.

Hinzu kommen drei Regeln der sogenannten Metaethik (d.h. der Grundlagentheorie der Ethik):

- Regel der Unterscheidung zwischen Sein und Sollen.
- Universalisierbarkeitsregel.
- Realisierbarkeitsregel. Ihr zufolge setzt jedes Sollen ein In-der-Lage-sein voraus, so dass niemand über sein Können hinaus zu etwas zu verpflichten ist. (Wichtig im medizinischen Bereich ist in diesem Zusammenhang die Frage der Zuständigkeiten!).

Dokumente zur Ethik in der Medizin

- Der Eid des Hippokrates.
- Das Genfer Arztegelöbnis (Weltärztebund 1948, 2. Fassung 1968) Helsinki-Tokyo-Deklaration zur biomedizinischen Forschung (Weltärztebund 1975).
- Basic Principles of Nurses des ICN (ÖKV, SBK).

Kodifizierungen der Menschenrechte

- Allgemeine Erklärung der Menschenrechte vom 10.12.1948.
- Internationaler Pakt über bürgerliche und politische Rechte (19.12.1966).
- Internationaler Pakt über wirtschaftliche, soziale und kulturelle Rechte (19.12.1966).
- Europäische Menschenrechtskonvention (Konvention zum Schutze der Menschenrechte und Grundfreiheiten des Europarates vom 4.11.1950).
- Übereinkommen zum Schutz der Menschenrechte und der Menschenwürde im Hinblick auf die Anwendung von Biologie und Medizin des Europarates (1996).
- Allgemeine Erklärung über das menschliche Genom und die Menschenrechte der UNESCO (1997).
- Empfehlung der Parlamentarischen Versammlung des Europarates: Protection of the human rights and dignity of the terminally ill and the dying (1999).

5. Schritte ethischer Urteilsbildung[1]

– Analyse der Situation

  – Vorläufige Benennung des Konflikts (Interessen, Normen, Rollenerwartungen),
  – Feststellung der äußeren Fakten (Erwerb der erforderlichen Sachkenntnis, Diagnose);
  – Verständnis der inneren Situation der Betroffenen (seelische Befindlichkeit, Lebensgeschichte/Sozialisierung, Berufsethos, Gewissensorientierung, religiöse Einstellung).

– Prüfung der subjektiven Bedingungen

  – Möglichkeit und Grenzen
    · des Einfühlungsvermögens;
    · der erforderlichen intellektuellen und praktischen Fähigkeiten;
    · des vorhandenen oder erreichbaren Kenntnisstandes;
    · der seelischen und körperlichen Kraft zu vollem Einsatz der Person;
    · der für einen sachgemäßen Entscheidungsprozess erforderlichen Distanz (die z.B. durch Stress, Befangenheit, egoistische Interessen aufgehoben sein kann);
  – Feststellung von Kooperationsmöglichkeiten.

– Genaue Bestimmung des Konflikt

  – Verknüpfung der bisher bekannten Faktoren;
  – Einordnung der speziellen Situation in die Gesamtsituation der Betroffenen und der Handlungssubjekte (öffentliche Moral, gesellschaftliche Vorurteile, institutionelle Gegebenheiten [z.B. Rahmenbedingungen und »Unternehmensphilosophie« eines Krankenhauses, einer Abteilung], Recht, wirtschaftliche und politische Konstellationen, geistige Lage);
  – Genaue Einschätzung der einander widerstreitenden Kräfte, Interessen usw.

– Abwägen der Verhaltensalternativen

  – Feststellung der tatsächlich bestehenden Handlungsmöglichkeiten;
  – Kalkulation ihrer wahrscheinlichen Folgen (kurz- u. langfristig, begrenzt u. weitreichend);
  – Feststellung der vorhandenen Mittel, Untersuchung ihrer technischen und ethischen (!!) Anwendbarkeit und Verhältnismäßigkeit.

– Reflexion der Maßstäbe

  – Erhebung der relevanten konkreten Normen anhand des Kriteriums des Menschseins und der Menschenwürde:
    · Schutz des Lebens und des Rechtes auf Leben;
    · Seelische und körperliche Unversehrtheit;

1 Nach D. Lange, Ethik in evangelischer Perspektive, Göttingen 1992, S. 508ff.

· Autonomie und Wahrnehmung von Eigenverantwortung (wobei die Hilfsbedürftigkeit kranker Menschen eine asymmetrische Kommunikationssituation erzeugt!);
· Gewichtung der Normen und Bestimmung ihres Verhältnisses zu gesellschaftlich in Geltung stehenden Normen;
· Überprüfung a) der Verallgemeinerbarkeit, b) der Situationsgerechtigkeit;
· Bedenken einschlägiger Regeln kritischer Vermittlung (Vermittlung der Ziele, der Motive, Bestimmung des Verhältnisses von Zweck und Mittel).

– Güterabwägung

– Bestimmung des relativ höchsten erreichbaren Gutes bzw. des relativ kleinsten Übels.

– Entscheidung

– Begründete, d.h. argumentativ rechenschaftsfähige Wahl einer der zur Diskussion stehenden Handlungsalternativen.

– Überprüfung auf

– Angemessenheit zu den Kriterien und Vermittlungsregeln des ethischen Urteils;
– Plausibilität der Begründung;
– Einmischung illegitimer Interessen des Handlungssubjekts.

6. Ausgewählte Themenfelder medizinischer Ethik

– Medizin und Menschenrechte: Inhalt und Probleme der Menschenrechtskonvention zur Biomedizin des Europarates;
– Patientenautonomie und ihre Grenzen, Patientenverfügung;
– Aufklärungspflicht, *informed consent* und Wahrheit am Krankenbett;
– Kommunikations- und Entscheidungsstrukturen im Krankenhaus;
– Berufspflichten, Rollenerwartungen und Gewissensentscheidungen;
– Probleme der Allokation;
– Behandlungsabbruch bzw. -reduktion; kurative und palliative Medizin;
– Die Rechte Sterbender, Sterbehilfe, medizinisch assistiertes Sterben, Euthanasie;
– Hirntod und Organtransplantation;
– Pränatale Diagnostik, Präimplantationsdiagnostik;
– Genanalyse, genetische Beratung und prädiktive Medizin;
– Gentherapie;
– Humanexperimente.

Literatur

E. Amelung (Hg.), Ethisches Denken in der Medizin. Ein Lehrbuch, Berlin u.a. 1992.

U. Eibach, Medizin und Menschenwürde. Ethische Probleme in der Medizin aus christlicher Sicht, Wuppertal 1997.

A.I. Eser, M.I. Lutteroni, P. Sporken (Hg.), Lexikon Medizin, Ethik, Recht, Freiburg/Basel/Wien 1989.

H. Grewel, Recht auf Leben. Drängende Fragen christlicher Ethik, Göttingen 1990.

B. Harris, Der Wert des Lebens. Eine Einführung in die medizinische Ethik, hg. v. U. Wow, Berlin 1995.

S. Huseboe, E.Klaschik, Palliativmedizin. Praktische Einführung in Schmerztherapie, Ethik und Kommunikation, Berlin/Heidelberg/New York 1998.

L. Honnefelder, G. Rager (Hg.), Ärztliches Urteilen und Handeln. Zur Grundlegung einer medizinischen Ethik, Frankfurt a.M./Leipzig 1994.

F.J. Illhard, Medizinische Ethik. Ein Arbeitsbuch, Berlin 1985.

B. Irrgang, Grundriß der medizinischen Ethik (UTB 1821), München 1995.

U. Körtner, Evangelische Sozialethik. Grundlagen und Themenfelder (UTB 2107), Göttingen 1999 (bes. Kap. 8).

Ders., Bedenken, dass wir sterben müssen. Sterben und Tod in Theologie und medizinischer Ethik (Br R 1147), München 1996.

Ders., Dimensionen von Heil und Heilung, EthMed 8, 1996, S. 27–42.

Lexikon der Bioethik, 3 Bde., Gütersloh 1998.

H.-M. Sass (Hg.), Medizin und Ethik, Stuttgart 1990.

H.-M. Sass, H. Wiethues (Hg.), Güterabwägung in der Medizin. Ethische und ärztliche Probleme, Berlin/Heidelberg/New York 1991.

H. Schaefer, Medizinische Ethik, Heidelberg 1983.

E. Schockenhott, Ethik des Lebens. Ein theologischer Grundriss, Mainz 1993.

Teil III

Seelsorge und Beratung in der Krise der Institution Kirche

Uta Pohl-Patalong[1]

Individuum und Gesellschaft in der Seelsorge

1. Einleitung

Seelsorge ist nicht nur ein individuelles Geschehen zwischen zwei Menschen, sondern ihr ist ein gesellschaftlicher Bezug eigen. Zum einen wird sie geprägt von der jeweiligen Gesellschaft, in der sie ausgeübt wird. Das gilt für die Themen und Fragen, die in der Seelsorge verhandelt werden, ebenso wie für die Herangehensweise und die Struktur des seelsorglichen Gesprächs. Zum anderen sind die Größen Individuum und Gesellschaft nicht isoliert voneinander zu betrachten, sondern stehen in engem Bezug zueinander, so dass Themen und Probleme der Seelsorge immer auch eine gesellschaftliche Dimension besitzen. Entsprechend wird und muss sich Seelsorge mit der gesellschaftlichen Situation wandeln, und sie sollte dies unter bewusster Wahrnehmung der gesellschaftlichen Situation tun.

2. Probleme und Chancen für Individuum und Gesellschaft in der Gegenwart

2.1 Strukturmerkmale der gesellschaftlichen Entwicklung

Überdenkt man die gesellschaftliche Situation der Gegenwart, fallen wohl in erster Linie die raschen Veränderungen auf, die sich auf alle Ebenen des menschlichen Zusammenlebens erstrecken. Soziologisch wird dies als eine neue Phase der Moderne beschrieben, die Strukturen der ersten Phase der Moderne aufnimmt, sie jedoch in charakteristischer Weise wandelt. In der komplexen gesellschaftlichen Entwicklung können drei dominante Strukturmerkmale benannt werden, die als ›Individualisierung‹, ›Pluralisierung‹ und ›Ausdifferenzierung‹ bezeichnet werden und eng miteinander verknüpft sind. *Individualisierung* meint die Freisetzung aus vorgegebenen Bindungen jeglicher Art, seien es familiäre, religiöse, regionale, schichtspezifische oder sonstige Bindungen[2]. Soziale Bindungen werden

1 Dr. theol. Uta Pohl-Patalong ist Pastorin der Nordelbischen Kirche, Studienleiterin am Ev. Zentrum Hamburg-Rissen, Bibliodramaleiterin und Herausgeberin der Zeitschrift »Lernort Gemeinde«.

2 Auf dem soziologischen Theorienmarkt betont dieses Strukturmerkmal vor allem das Individualisierungstheorem, das die gegenwärtige Realität insgesamt von dem

zwar nach wie vor eingegangen, sind aber prinzipiell freiwillig und können auch leichter wieder gelöst werden. Vor allem aber unterliegen sie der Verantwortung des Individuums. Es wird zunehmend zur entscheidenden Instanz für die großen und kleinen Entscheidungen des Lebens, ob diese den Lebensstil, die Partnerwahl, den Wohnort, den Beruf, die Religiosität betreffen oder schlicht den Einkauf bestimmen. Entscheidungsfreiheit bedeutet dabei keinesfalls immer bewusste, rationale Entscheidung. Sie ist sowohl von Bindungen innerpsychischer Art abhängig wie von strukturellen Einschränkungen. Ihre Konsequenzen werden jedoch gesellschaftlich den Individuen zugerechnet, und sie müssen die Konsequenzen tragen (in den Konsequenzen wird es z.B. als eigene Schuld gewertet, wenn Sozialhilfe aus Angst vor der Peinlichkeit oder auch aus Unkenntnis nicht beantragt wird).
Als Folge- und Wechselwirkung dieser Freisetzungsprozesse ergibt sich die *Pluralisierung* der Gesellschaft[3]. Denn wenn Lebenslagen, -stile und -wege nicht mehr einheitlich sind und es keine verbindliche ›Normalbiografie‹ mehr gibt, folgt daraus die Pluralisierung von Lebensmöglichkeiten, aber auch von Sinnsystemen und Lebenszielen. Die bloße Existenz dieser vielfältigen Lebensformen stellt Selbstverständlichkeiten in Frage und zerstört Eindeutigkeiten, denn mit ihnen werden unterschiedlichste Möglichkeiten gesellschaftlich und damit auch persönlich legitim. Wenn aber unterschiedliche Sinngestalten und Lebensformen für das Individuum zustimmungsfähig werden und verschiedene Lebensbereiche zum Teil widersprüchliche Ansprüche an das Individuum stellen, muss es selbst vielfältig werden[4].
Die Notwendigkeit der inneren Pluralisierung der Individuen wird noch gesteigert durch die funktionale *Ausdifferenzierung* der Gesellschaft[5]. In der Gegenwart ist die Gesellschaft weniger denn je ein einheitlicher Le-

Aspekt der Individualisierung her zu erfassen sucht. Bekanntester Vertreter dieser Theorie ist Ulrich Beck.

3 Dieser Aspekt wird besonders von der Theorie der Postmoderne betont, die von der grundlegenden Pluralisierung aller Lebensbereiche ausgeht, die es auch normativ zu fördern gilt. Aufgrund seiner breiten und feuilletonistischen Verwendung schien sich der Begriff bis vor kurzem diskreditiert zu haben, erlebt aber gegenwärtig aufgrund der Versachlichung der Debatte um die Postmoderne eine Renaissance. Umfassend und ausgewogen wird diese dargestellt von Wolfgang Welsch.

4 Auch die gegenteiligen Tendenzen der Suche nach Einheit, der Uniformierung und Geschlossenheit von Weltbildern, die sich insbesondere in Fundamentalismus und Rassismus zeigen, sind übrigens im Rahmen dieser Entwicklung zu sehen. In ihnen wird nach Entlastung aus den gesellschaftlichen Zwängen zu Reflexion und Entscheidung gesucht. Diese gegenmodernen Strömungen bilden jedoch im Ganzen der Gesellschaft nur ein weiteres Angebot auf dem ›Markt der Möglichkeiten‹. Sie können jederzeit in Frage gestellt werden und tragen damit faktisch zur Pluralität der Wirklichkeit bei, statt ihr zu entkommen.

5 Dieses Strukturmerkmal wird am prägnantesten von der von Niklas Luhmann entwickelten »Theorie sozialer Systeme« vertreten.

benszusammenhang. Sie präsentiert sich als unterschiedliche Bereiche, deren Zusammenhang kaum noch gesamtgesellschaftlich hergestellt werden kann. Das Individuum ist unterschiedlichen und teilweise sogar widersprüchlichen Anforderungen ausgesetzt, die es in seiner eigenen Person zusammenbringen muss, da die gesellschaftlichen Strukturen keine Rücksicht darauf nehmen. Der gleiche Mensch lebt nicht nur im Laufe seines Lebens, sondern auch am gleichen Tag in unterschiedlichen gesellschaftlichen Systemen mit ihrer jeweils eigenen Logik und muss diese innerlich bis zu einem gewissen Grade mitvollziehen.

2.2 Konsequenzen dieser Entwicklung ...

2.2.1 ... für die Individuen

Die Folgen dieser Entwicklung für den einzelnen Menschen sind äußerst ambivalent. Für die Individuen sind einerseits die *Chancen zur Selbstbestimmung* gestiegen. Die Menschen sind in der Wahl ihrer Lebenswege freier geworden, einengende Bindungen und Zwänge nehmen ab. Menschen haben in größerem Maße als früher die Chance, ihr Leben zu gestalten und zu größerer Subjektivität (verstanden als Zugewinn an Eigenständigkeit im Denken und Handeln) zu gelangen. Während noch vor wenigen Jahrzehnten für viele Menschen der Verlauf des Lebens vorgezeichnet erschien, besitzt das Individuum heute prinzipiell die Möglichkeit, seine Lebensform, Weltanschauung und Ansichten nicht nur selbständig zu wählen, sondern auch zu verändern. Es ist als Entscheidungsinstanz für seine Biografie anerkannt und kann diese – zumindest theoretisch – gestalten.

Gleichzeitig stellt die Individualisierung *hohe Anforderungen an die Individuen*. Sie bietet nicht nur die Chance, Subjektivität zu entfalten und ein ›eigenes Leben‹ (Ulrich Beck) zu führen, sondern fordert sie auch als Voraussetzung, um in der individualisierten Gesellschaft erfolgreich leben zu können. Die Freisetzung aus geprägten Sozialformen, Normen und Orientierungen ist mit Verunsicherung, Orientierungs- und Stabilitätsverlust sowie Sinndefiziten verbunden. Die alten Bindungen engten zwar ein, gaben aber gleichzeitig Sicherheit und Halt.

Individualisierung darf daher keineswegs mit der Entwicklung von Autonomie, Emanzipation oder Subjektivität gleichgesetzt werden, sondern kann allenfalls als eine erhöhte Chance für diese betrachtet werden. Im Gegenteil sind es sogar die gleichen gesellschaftlichen Prozesse, die sich als problematisch für das Individuum darstellen.

Die *Subjektivität* des Individuums wird von den gleichen Strukturen, die sie fördern, auch wieder gefährdet. Denn die vermeintlich freien Entscheidungen sind real extrem abhängig von gesellschaftlichen Strukturen (man denke z.B. an den Einfluss des Arbeitsmarktes oder der Kindergartenplätze auf die Lebensgestaltung). Diese sind wiederum für alle gleich und bieten auch nur ein begrenztes Angebot von Alternativen, so dass die Gefahr einer erneuten *Standardisierung* besteht (so treffen z.B. viele Menschen zur gleichen Zeit eine vermeintlich individuelle Entscheidung für sehr ähnliche Fernsehprogramme). Institutionen und standardisierende Wirkungen können in der Gegenwart ihre Wirkung umso stärker entfalten, als die abpuffernden Strukturen von Klasse/Schicht, Sozialmilieu und Familie schwinden und die Individuen unmittelbarer vergesellschaftet werden. Individuum und Gesellschaft rücken damit wesentlich enger zusammen.

Die *Identität* wird nicht mehr durch die Gesellschaftsordnung vorgegeben und geformt, sondern das Individuum selbst muss sie produzieren und stabilisieren. Ferner erschwert die gesellschaftliche Pluralisierung die Ausbildung einer konstanten und konsistenten Identität, weil die vielfältigen sozialen Beziehungen und Orientierungen keinen einheitlichen Sinnhorizont mehr widerspiegeln, sondern konkurrierende Selbst- und Weltauffassungen anbieten.

Vorstellungen von Identität, die von Ganzheit und Einheitlichkeit geprägt sind, erscheinen in dieser Perspektive überholt. Adäquater erscheint das Modell der *Patchwork-Identität*,[6] das Identität plural und flexibel versteht. Die vielfältigen und teilweise widersprüchlichen Anforderungen machen es nötig, zwischen verschiedenen Teilidentitäten zu wechseln. Dies gilt zum einen für unterschiedliche Lebensphasen nacheinander, wenn sich z.B. Familien- und Singledasein durch Scheidung abwechseln. Es gilt aber auch gleichzeitig, wenn beispielsweise zwischen Elternrolle und beruflichem Dasein gewechselt wird. Patchwork-Identität bedeutet, unterschiedliche Anteile in sich zu vereinbaren und zwischen ihnen wechseln zu können, ohne sich als gespaltene Persönlichkeit zu erleben. Eine Verbindung zwischen den Teilidentitäten bleibt dafür notwendig, aber sie wird nicht durch die Herrschaft einer dominanten Teilidentität erreicht, sondern durch Verknüpfung der Teilidentitäten untereinander. Eine wichtige Rolle spielen hierfür auch die sogenannten ›Identitätskerne‹, die einem selbst besonders wichtig sind und sich durch unterschiedliche Lebensphasen hindurchziehen.

Die Ausbildung einer Patchwork-Identität ist auch für die Stärkung der *Subjektivität* hilfreich. Die immer vorhandenen gesellschaftlichen Zwänge und Anforderungen können auf diese Weise immer nur Teilidentitäten beeinflussen. Der Mensch unterliegt den gesellschaftlichen Anforderungen und Zwängen dann nie mit seiner ganzen Persönlichkeit, sondern kann sich mit anderen Teilidentitäten von ihnen distanzieren.

6 Dieses Modell wurde wesentlich ausgearbeitet von Heiner Keupp, vgl. H. Keupp, Riskante Chancen. Das Subjekt zwischen Psychokultur und Selbstorganisation. Sozialpsychologische Studien, Heidelberg 1988; ders., Die verlorene Einheit oder: Ohne Angst verschieden sein können, in: Universitas 9, 1992, S. 867–875; ders., Identitäten im Umbruch. Das Subjekt in der Postmoderne, in: Initial 7, 1990, S. 698–710.

2.2.2 ... für die Gesellschaft

Darüber hinaus hat die Individualisierung tiefgreifende Konsequenzen für den gesellschaftlichen Zusammenhalt durch die *Auflösung selbstverständlich gegebener sozialer Muster*. Vom Individuum der Gegenwart ist zur Herstellung sozialer Kontakte aktives Arbeiten am eigenen Beziehungsnetz gefordert. Soziale Bindungen können nicht mehr aus traditionellen Vorgaben wie Klassenzugehörigkeit oder Wohnmilieu abgerufen werden, sondern müssen mit einem hohen Energieaufwand individuell immer wieder neu geschaffen und erhalten werden. Für die aktive Gestaltung von Sozialität sind gewisse soziale Kompetenzen nötig, die dem Menschen nicht naturgemäß gegeben sind, sondern erlernt werden müssen, was bisher häufig nicht der Fall ist. Diese Entwicklung kann als befreiend erlebt werden, kann aber auch zur Überforderung werden.

Für das Bild eines künftigen sozialen Zusammenhalts bedeutet dies: Neue Formen von sozialem Zusammenhalt nach dem Ende der traditionellen feststehenden Muster können nicht am Individuum vorbei entworfen werden, sondern müssen durch das Individuum hindurchgehen. Hierfür hat sich das Modell der sozialen Netzwerke als sinnvoller Gedanke bewährt[7]. Menschen nehmen vielfältige Beziehungen zu anderen auf und bilden damit Knoten in einem Beziehungsnetz mit Verbindungsbändern zu anderen Knoten. Soziale Netzwerke sind durch Flexibilität und Unabgeschlossenheit gekennzeichnet und beruhen auf Wahl und Freiwilligkeit. Sie sind eine wichtige psychische und soziale Unterstützung für den Alltag, stellen aber auch Anforderungen an die Kompetenz, solche Beziehungen zu schaffen und zu pflegen.

Als Folge davon erscheint die Wahrnehmung *gesellschaftlicher Verantwortung* weniger selbstverständlich, so dass von einer ›Krise des gesellschaftlichen Handelns‹ oder einer ›Krise der Moral‹ gesprochen wird. Soziales Handeln geschieht heute immer mehr aus Einsicht nach einer ›Moral des eigenen Lebens‹. Es beruht eher auf dem Gefühl von Verantwortung als von Pflicht und ist damit immer krisenanfällig, da die Individuen die Begründungslast tragen. Entstehen kann das Bewusstsein sozialer Verantwortung im Gegenüber zum anderen Menschen, dessen Recht zur Geltung kommen soll, so dass die eigene Freiheit freiwillig begrenzt wird. Wichtig ist hierfür die sogenannte »aisthetische Kompetenz«[8], die dazu befähigt, die Bedürfnisse des anderen Menschen wahrzunehmen und sich für sie einzusetzen, auch wenn kein unmittelbarer Nutzen für einen selbst daraus zu ziehen ist.

7 Vgl. H. Keupp, Soziale Netzwerke – eine Metapher des gesellschaftlichen Umbruchs, in: ders., B. Röhrle, Soziale Netzwerke, Frankfurt, New York 1987, S. 11–53.
8 W. Welsch, Nach welchem Subjekt – für welches andere?, in: H.M. Baumgartner, W.G. Jacobs (Hg.): Philosophie der Subjektivität. Zur Bestimmung des neuzeitlichen Philosophierens. Akten des 1. Kongresses der Internationalen Schelling-Gesellschaft 1989 (Schellingiana 3.1.), S. 45–70, hier: 60.

Das soziale Handeln der Gegenwart entfernt sich zunehmend von formalen Zuständigkeiten z.B. der Parteien und bildet sich neben den institutionellen Formen. Es ist häufig von eher kleinräumigem Handeln nahe am eigenen Lebensbereich geprägt. Seine Ausgangspunkte sind häufig eigene Bedürfnisse und Interessenlagen oder persönliche Betroffenheit vom Leiden anderer. Typisch für diese Form sozialen Handelns sind die sogenannten neuen sozialen Bewegungen mit kurzfristigen Solidaritäten, die keinem gesellschaftlichen Totalentwurf folgen.
Ob für den einzelnen Menschen die gesellschaftlichen Entwicklungen eher als befreiend oder eher als bedrohlich erlebt werden, hängt von verschiedenen Faktoren ab, bei denen materielle, psychische und soziale Ressourcen eine erhebliche Rolle spielen. Die individuellen Fähigkeiten, mit dieser Situation konstruktiv umzugehen, sind häufig in der unter anderen gesellschaftlichen Bedingungen erlebten Kindheit nicht erworben worden. Hier setzen Aufgaben der Seelsorge an.

3. Perspektiven einer Seelsorge für Individuum und Gesellschaft in der Gegenwart

3.1. Das Verhältnis der Seelsorge zur Gesellschaft der Gegenwart

Es ist Aufgabe von Seelsorge, die Chancen der gesellschaftlichen Situation für Individuum und Gesellschaft zu fördern und ihren nachteiligen Konsequenzen und Gefahren entgegenzuwirken. Seelsorge versteht sich dann als Teil der Gesellschaft, statt mit Verfallsthesen eine Gesellschaft von gestern ideologisch zu überhöhen. Dennoch hinterfragt sie die gesellschaftlichen Tendenzen kritisch und muss dafür eine gewisse Distanz wahren, die Reflexion und Kritik von gesellschaftlichen Vorgängen erst ermöglicht. Das Balanceverhältnis zwischen Innenposition und kritischer Distanz kann als eine ›Quadratur des Kreises‹ sicher nie befriedigend gelöst werden. Fruchtbarer als eine endgültige Abgeschlossenheit dieser Problematik erscheint mir denn auch, diese Spannung in selbstkritischer Haltung offen zu halten.

3.2 Individuum und Gesellschaft als Aufgabengebiete der Seelsorge

Sowohl das Individuum als auch die Gesellschaft sind nach diesem Verständnis Aufgabengebiete der Seelsorge. Gegenüber einer individualistisch ausgerichteten Seelsorge muss das gesellschaftliche Umfeld verstärkt wahrgenommen werden – zum einen als mögliche strukturelle Ursache für individuelle Probleme, zum anderen in Form von gesellschaftsverändernden Impulsen. Dies darf jedoch nicht gegen die seelsorgliche Arbeit mit den Individuen an ihren persönlichen Fragen ausgespielt werden. Mit diesem Ansatz wird die gesellschaftliche Verflochtenheit von Individuum und Gesellschaft ernstgenommen. Das Individuum wird von Grund auf als gesellschaftlich verfasst erkannt und andererseits die Bedeutung der Individuen für die gesellschaftlichen Vorgänge hervorgehoben. Dieser Zugang bedeutet jedoch nicht eine Vermischung von individuellen und gesellschaftsstrukturellen Problemen. In der konkreten Seelsorgesituation muss vielmehr die Differenz zwischen persönlichen und strukturellen Problemen deutlich gemacht und offen gehalten werden, um beiden gerecht zu werden. Die Wahrnehmung der Verflochtenheit von Individuum und Gesellschaft wirkt sich dann als Suche nach Berührungspunkten und Analyse der gegenseitigen Auswirkungen individueller und gesellschaftlicher Problemstellungen aus.

3.3 Unterstützung von Identitätsbildung

Seelsorge zielt dann nicht nur auf die Bearbeitung von Konflikten, sondern auf die Förderung grundlegender Fähigkeiten, ein für sich und andere befriedigendes Leben zu führen. Letzteres wird in der Gegenwart besonders wichtig, weil die gesellschaftlichen Veränderungen spezifische Fähigkeiten erfordern, die häufig in der Kindheit nicht erworben wurden. Als entscheidend für eine zufriedenstellende Lebensbewältigung heute war eine flexible und plurale Identität deutlich geworden. Nimmt Seelsorge dies als Herausforderung an, kann sie dem Menschen zunächst bei der Klärung seiner Zielvorstellungen helfen, denn häufig streben Menschen nach wie vor noch eine einheitliche Identität an und werden bei diesem Versuch enttäuscht. Über die Klärung hinaus kann Seelsorge bei der Bearbeitung von Ängsten helfen, die das Aufgeben einer einheitlichen und kontrollierenden Ich-Instanz mit sich bringt.

Seelsorge nimmt dabei Abstand von der Idee einer Normal- oder Idealbiografie. Sie deutet das Vorhandene als Grundlage der Identitätsarbeit, um ›Identitätskerne‹ deutlich werden zu lassen. Deutung heißt dabei nicht Gradlinigkeit und Verleugnung von Brüchen, sondern häufig im Gegenteil, Widersprüche und Brüche zu akzeptieren. Dabei können biblische Symbole in ihrer Ambivalenz und Widersprüchlichkeit eine entscheidende Rolle übernehmen. Das für die Gegenwart typische Bewusstsein, dass alles immer auch ganz anders sein könnte, kann sich mit der religiösen Ahnung von einem anderen, besseren Leben und der Sehnsucht nach diesem treffen.

3.4 Unterstützung von Subjektwerdung

Eine solche Seelsorge versteht es als ihre Ausgabe, die Subjektwerdung von Menschen zu fördern – was in der Gegenwart in besonderer Weise gefordert, zugleich jedoch erschwert erscheint. Sie achtet darauf, Menschen nicht an gesellschaftlich normierte Verhaltenserwartungen anzupassen, sondern zielt darauf, dass sie von gesellschaftlichen Festlegungen zunehmend unabhängiger werden. Subjektwerdung beinhaltet eine religiöse Perspektive, da der Glaube die Selbstverständlichkeiten des Alltags unterbricht und die Distanzierung von traditionellen Lebensformen unterstützen kann.

Seelsorge kann helfen, die Gefahren einer Standardisierung zu erkennen und die Chancen zur Subjektwerdung aufzuzeigen. Sie kann dazu beitragen, zwischen ›objektiven‹ strukturellen Zwängen und ›subjektiven‹ selbst gesetzten oder aus der eigenen Lebensgeschichte stammenden Grenzen zu unterscheiden. Angst vor Überforderung, Unsicherheit oder auch das Unvermögen, mit widersprüchlichen Anforderungen und paradoxen Lebenssituationen umzugehen, können erkannt und bearbeitet werden. Als notwendige Begrenzung der unübersichtlichen Möglichkeiten können sie reflektiert bejaht werden, als Einschränkung von Lebensmöglichkeiten und Behinderung von Subjektwerdung überwunden werden.

Mit diesem Ansatz wird stärker das Potenzial zur Veränderung als zur Bewahrung betont. Seelsorge ermutigt zum Verlassen eingefahrener Gleise und unterstützt die Überwindung von Widerständen gegen Veränderungen, um den Zugewinn an Eigenständigkeit zu ermöglichen. Auch hier bietet die christliche Tradition hilfreiche Potenziale, indem sie die Endlichkeit und Bedingtheit alles Faktischen zeigt und eine andere Perspektive ermöglicht. Insofern geht es Seelsorge auch nicht um eine möglichst rasche Überwindung von Krisen, sondern um die Wahrnehmung ihrer Chancen. Krisen können eine Chance zur Überprüfung von Gewissheiten, Plausibilitäten, Routinen und Normen darstellen. Seelsorge ist dabei nicht auf festgelegte Ziele ausgerichtet, sondern hält die Möglichkeit zur Entwicklung grundsätzlich offen.

3.5 Der gesellschaftliche Hintergrund individueller Probleme

Wenn Seelsorge die Verflochtenheit von Individuum und Gesellschaft erkannt hat, betrachtet sie gesellschaftliche Bedingungen als mögliche Ursachen individueller Probleme und fragt nach diesem Zusammenhang. Eine nur auf das Individuum konzentrierte Seelsorge geht an der gesellschaftlichen Wirklichkeit vorbei und hat nur die Symptome, nicht aber die Ursachen im Blick. Dies gilt in besonderer Weise für die Gegenwart als eine Umbruchszeit, in der viele Institutionen für die gegenwärtigen Probleme unzureichend sind und dadurch Leiden verursachen. Seelsorge stellt sich damit gegen die gesellschaftliche Tendenz, strukturelle Probleme zu individualisieren und Notlagen und Krisen nur als individuelles Scheitern wahrzunehmen.

Konkret kann dies zunächst eine Entlastung für die Betroffenen bedeuten, indem Versagens- oder Schuldgefühle relativiert werden können, wenn z.B. beim Verlust der Arbeitsstelle der gesellschaftliche Zusammenhang klar benannt wird. Dies kann gleichzeitig die Perspektive bei der Suche nach Lösungen erweitern. Realistischerweise werden diese häufig zunächst im individuellen Bereich ansetzen, sie können sich jedoch auf den politischen Sektor ausweiten, ohne dass dies den seelsorglichen Kompetenzbereich überschreiten würde.

3.6 Die faktische gesellschaftliche Wirkung der Seelsorge

Seelsorge wirkt sich auch bei vermeintlicher gesellschaftlicher Abstinenz oder Neutralität faktisch gesellschaftlich aus. Zum einen beeinflusst das seelsorgliche Gespräch (mehr oder weniger direkt) das Handeln des Menschen, das immer in einem gesellschaftlichen Kontext steht. Zum anderen stabilisiert eine ›unpolitische‹, individualistisch konzipierte Seelsorge die gegenwärtig herrschenden Verhältnisse. Vor dem Hintergrund dieser Einsicht erscheint eine bewusste gesellschaftliche Wirksamkeit der Seelsorge sinnvoll. Seelsorge versteht damit Gesellschaft nicht mehr nur als Kontext und Hintergrund der Individuen, sondern als Betätigungsfeld seelsorglichen Handelns.

3.7 Gesellschaftliches Handeln der Seelsorge

Seelsorge hat es mit Menschen zu tun, deren Leiden häufig von gesellschaftlichen Strukturen mitverursacht werden. Ausgangspunkt der gesellschaftspolitischen Arbeit kann die Kenntnis der Seelsorger und Seelsorgerinnen von solchen Lebensgeschichten sein[9]. Psychische Probleme oder Krankheiten können ein verschlüsselter Protest gegen gesellschaftliche Strukturen sein, den die Gesellschaft durch Ausgrenzung der Betroffenen verdrängt. Aufgabe der Seelsorge ist es dann, als Sprachrohr der Ausgegrenzten ihren Protest öffentlich zu artikulieren. Ziel dabei muss aber immer sein, dass die Betroffenen ihre Interessen selbst öffentlich formulieren können.
Der Protest der Seelsorge kann in konkretes gesellschaftliches Engagement übergehen, um wirkliche gesellschaftliche Veränderungen zu erreichen. Zur politischen Wirksamkeit von Seelsorge zählt auch die Bereitschaft zur Übernahme von Machtpositionen seitens der Seelsorger und Seelsorgerinnen in Kirche und Gesellschaft, in denen sie die Leidenserfahrungen aus ihrer seelsorglichen Arbeit artikulieren. Sie erschöpft sich aber nicht in der Nutzung vorhandener Institutionen, sondern schließt auch ihre Kritik ein. Ebenso sucht sie neue Wege des gesellschaftlichen Engagements. Unkonventionelle, persönliche Formen gesellschaftlichen Handelns erscheinen für die Seelsorge aufgrund ihrer Nähe zu den Menschen in besonderer Weise ein sinnvoller Weg politischen Handelns zu sein.

3.8 Motivation der Individuen zu gesellschaftlichem Handeln

Daneben kann Seelsorge Menschen zu sozialem und politischem Handeln motivieren, indem sie nicht nur beschwichtigt und tröstet, sondern zu verantwortlichem Handeln aufrüttelt. Sie nimmt dann den Menschen nicht nur als einen leidenden wahr, sondern als verantwortliches Subjekt, das in der Lage ist, gesellschaftlich zu handeln.

9 Vgl. J. Scharfenberg, Einführung in die Pastoralpsychologie, Göttingen ²1990, S. 148ff.

In diesem Zusammenhang muss Seelsorge ihre Erwartungen an soziales und gesellschaftliches Handeln reflektieren und sich von veralteten Formen lösen. Die Motivation der Individuen kann sich nicht auf überindividuelle Normen oder ein allgemeines Pflichtbewusstsein beziehen, sondern muss von der Abhängigkeit jeglichen Handelns von der freiwilligen Zustimmung der Individuen ausgehen.
Der Durchgang des Politischen durch das Individuelle bildet aber auch gerade eine Chance für die Seelsorge mit ihrer Tradition der Konzentration auf das Individuum. Mit ihrem Ansatzpunkt beim Individuum entspricht sie dem Ansatz der postmodernen Ethik bzw. der ›Moral des eigenen Lebens‹ exakt. Wenn diese von der eigenen Individualität und Freiheit wie der des anderen Menschen ausgeht, kann dieses Bewusstsein seelsorglich um die diesbezügliche christliche Tradition erweitert und unterstützt werden. Seelsorge hat dann die Aufgabe, die ›aisthetische Kompetenz‹, die das Individuum für den anderen Menschen in seiner Individualität und Freiheit sensibel werden lässt, als Ansatzpunkt sozialen und gesellschaftlichen Handelns zu fördern.

Podiumsdiskussion

Seelsorge – und ihre Bedeutung für eine Kirche der Zukunft

Michael Klessmann[1]

Seelsorge – wie immer man sie theologisch begründet und psychologisch-methodisch ausdifferenziert – ist ein Handeln der Kirche – der Kirche nicht nur als Gemeinschaft der Heiligen, sondern auch der Kirche als Institution in Gestalt der Landeskirchen, der Ortsgemeinden, der diakonischen Werke etc. Das ist in den Beiträgen dieses Symposions immer schon angeklungen, aber nicht ausführlicher thematisiert worden.
Diese institutionelle Gestalt der Kirche hat – und damit möchte ich den größeren Rahmen des Themas kurz andeuten – ihre Religionsfähigkeit verloren (so V. Drehsen), d.h. sie ist in den Augen vieler Menschen eine Institution mit einem letztlich abstrakten, nicht mehr auf die Erfahrung, nicht mehr auf die Lebenssituation der Menschen bezogenen Verkündigungsauftrag geworden; über diesem Verkündigungsauftrag hat sie die Fähigkeit verloren, die wirklichen religiösen Erwartungen und Bedürfnisse der Menschen wahrzunehmen, aufzugreifen und sie *mit* den Betroffenen – nicht stellvertretend für sie! – zu bearbeiten.
Religion hat sich in hohem Maß pluralisiert und individualisiert; ihre traditionelle rituelle Dimension reicht nicht mehr aus; Menschen erwarten, dass Religion ihre Relevanz in den individuellen Lebensgeschichten erweist, dass sie etwas beiträgt zur Stabilisierung von Identität, zur Konstruktion von Biografie, zur Sinndeutung einer Lebensgeschichte oder Lebenskrise.
Der katholische Theologe J.B. Metz hat einmal die Frage formuliert: »Wie müsste eine Theologie aussehen, der es gelingt, das Schisma zwischen Dogmatik und Lebensgeschichte zu beenden und in schöpferischer Vermittlungskraft das lang Entzweite wieder zusammenzuführen?«[2] Ich nehme diese Frage auf und formuliere sie für unser Thema um: Wie müsste eine *Kirche* aussehen, der es gelingt, das Schisma zwischen Institution und Lebenserfahrung zu beenden?
Hier scheint mir der Punkt zu liegen, an dem Seelsorge eine große Bedeutung für die Kirche der Zukunft gewinnen kann. Wenn man unterstellt,

1 Prof. Dr. Michael Klessmann ist Professor für Praktische Theologie an der Kirchlichen Hochschule Wuppertal.
2 J.B. Metz, Glaube in Geschichte und Gesellschaft, Mainz [4]1984, S. 196.

dass Lebensdeutung angesichts postmoderner Pluralisierung zugleich notwendiger *und* schwieriger wird, weil es die in sich geschlossenen Weltentwürfe, in die man sich nur einfügen muss, um einen Ort, einen Sinn im Leben zu finden, nicht mehr gibt, dann hat Kirche vielleicht die Chance, Menschen bei diesen Lebensdeutungsprozessen zu begleiten und die religiöse Dimension – die Sinndimension – des Lebens immer wieder mit ins Spiel zu bringen.
Seelsorge führt uns vor Augen, wie dies geschehen kann: Seelsorge, so hat es A. Grözinger einmal definiert, bedeutet Rekonstruktion der Lebensgeschichte – im Horizont der Frage nach dem Leben und seinem Sinn als ganzem. Natürlich geht es dabei nicht um den Anspruch einer Rekonstruktion der gesamten Lebensgeschichte, sondern nur um vielleicht kleine und kleinste Abschnitte – aber auch die sind wichtig, weil sie exemplarisch vor Augen führen, wie im Erzählen ein Stück Biografie entsteht – Biografie verstanden als sinnvolle Verknüpfung von ansonsten eher zufällig erscheinenden Einzelereignissen. Die Erzählinterviews der letzten EKD-Umfrage »Fremde Heimat Kirche« zeigen sehr schön, wie diese Möglichkeit, aus dem eigenen Leben zu erzählen, für manche Menschen geradezu eine religiöse Qualität bekommt.
So verstanden ist Seelsorge ein exemplarischer Modus religiöser Kommunikation, der von der Kirche in seiner exemplarischen Funktion wertgeschätzt und auf andere kirchliche Arbeitsfelder zu übertragen wäre. Seelsorge ist dann nicht nur als spezielles Tätigkeitsfeld der Kirche in der Zukunft bedeutsam; sie wäre – und bliebe – auch so etwas wie eine praktisch-theologische Leitdisziplin: In ihr wird theologisch und methodisch deutlich, wie es in der kirchlichen Praxis möglich ist, der Individualisierung von Religion und damit den veränderten Erwartungen und Bedürfnissen der Menschen gerecht zu werden.
Eine Anbindung der Seelsorge vorrangig an die traditionelle Kirchengemeinde ist damit, das dürfte klar sein, nicht intendiert – ich halte es für einen Rückschritt, wenn dies in der Seelsorge-Theorie wieder gefordert wird (so z.B. I. Karle) oder wenn Landeskirchen Funktionspfarrstellen streichen und meinen, deren Funktion wieder dem Gemeindepfarramt zuschlagen zu können. Vielmehr geht es um die Eröffnung neuer seelsorglicher Arbeitsfelder und Zugangsweisen, die der Pluralisierung der Gesellschaft wie der Religion Rechnung tragen. Die Vielfalt der Berufe im Bereich von Kirche, die hier auf dem Podium versammelt sind, spiegelt diese Zielrichtung und eröffnet hoffentlich kreative Perspektiven für die Zukunft.

Jürgen Ziemer

Seelsorge und Pastoralpsychologie erleben gegenwärtig in der Kirche nicht gerade einen Boom. Die »Seelsorgebewegung« scheint zum Stillstand gekommen zu sein. Das muss nicht nur Nachteile haben. Wir brauchen keine spektakuläre, jedoch eine nüchterne, solide, auf Kontinuität bedachte Seelsorgepraxis. Sie wird nicht zum besonders auffälligen Aspekt einer Kirche der Zukunft gehören, aber zu einem unbedingt notwendigen. Die Kirche der Zukunft, von der ich annehme, dass sie ein bescheideneres und unscheinbareres Aussehen als die heutige haben wird, kann ich mir in unserem Kontext nur als eine »Kirche der Seelsorge«[3] vorstellen. Seelsorge wird jedenfalls zu ihren Basisaufgaben gehören. An ihrer Erfüllung oder Nichterfüllung wird sich für mich, menschlich gesprochen, das Schicksal der Kirche entscheiden.

Drei Aspekte sind mir in diesem Zusammenhang besonders wichtig:

1. Zur Seelsorge in einer Kirche der Zukunft wird es sicher gehören, dass auf differenzierte Anforderungen durch gut qualifizierte spezielle Seelsorgedienste reagiert werden muss. Diese werden aber nur dann sinnvoll und valide sein, wenn sie eingebettet sind in eine Vielfalt seelsorglicher Vollzugsformen. Es ist dafür wichtig, dass auch alltagsseelsorgliche Kommunikationsweisen, wie sie sich bei besonderen Gelegenheiten (z.B. Hausbesuche o.ä.) ergeben, gepflegt werden[4]. Zu wünschen wäre, dass es in unseren Kirchen und Gemeinden so etwas wie ein seelsorgliches »Klima« gäbe und eine seelsorgliche »Kultur« des Miteinander. Kirche der Seelsorge könnte Synonym sein für Orte besonderer persönlicher Aufmerksamkeit und Kommunikation. Sie wäre damit in der Kirche als eine besondere Dimension christlichen Lebens gegenwärtig. Seelsorge sollte in den unterschiedlichen Lebensäußerungen wirksam sein – in Gottesdienst und Predigt, im kasuellen Handeln, aber auch in der Wahrnehmung der religiösen Bildungsaufgaben und bei der diakonischen Praxis. Zwischen der dimensionalen Seelsorge und dem professionellen Seelsorgeangebot (etwa in der Krankenhausseelsorge oder durch Beratungsstellen) gibt es eine wechselseitige Abhängigkeit. Das eine gedeiht nicht ohne das andere.
2. Um die Seelsorgearbeit in den Kirchen lebendig und wirkkräftig zu erhalten, bedarf es kontinuierlicher Ausbildung dafür. Die Seelsorgebewegung war nicht von ungefähr zugleich auch eine Seelsorgeausbildungsbewegung. In der Ausbildung geht es um die Sicherung der Qualität seelsorglicher Arbeit; aber es ist vermutlich kontraproduktiv, sich dabei dauernd an professionellen Höchsterwartungen, sei es therapeutischer, sei es theologischer Art, zu orientieren. Es ist vielmehr wichtig, auch die Chancen von Alltagsseelsorge im Blick zu haben und Ausbildungsformen zu praktizieren, die auch für »Laien« angemessen und zumutbar sind.

3 Richard Riess fragte vor Jahren »Kirche der Seelsorge – ein vergessener Traum?«. Seinen inspirierenden Essay einschließlich der »Sieben Träume von einer Kirche der Seelsorge« empfinde ich auch heute noch als ganz aktuell und überaus lesenswert: R. Riess, Sehnsucht nach Leben, Göttingen 1987, S. 253–287.

4 Dafür hat sich besonders Eberhard Hauschildt in letzter Zeit mehrfach eingesetzt, vgl. seinen Aufsatz: Alltagsseelsorge. Der Alltag der Seelsorge und die Seelsorge im Alltag, in: U. Pohl-Patalong, F. Muchlinsky (Hg.): Seelsorge im Plural, Hamburg 1999, S. 8–16.

Seelsorgeausbildung darf nicht unter den Verdacht geraten, im Wesentlichen der Schulung einer pastoralpsychologischen Elite zu dienen. Durch eine gewisse Exklusivität wird schnell eine Abwehrhaltung provoziert, die dann zu Lasten der seelsorglichen Praxis geht. In den unterschiedlichen Ausbildungsgängen für kirchliche MitarbeiterInnen sollte die Seelsorge von Anfang an im Blick sein; und zwar nicht nur als Theorievermittlung, sondern auch durch einübende und reflektierende Lernprozesse. Das gilt auch für das Theologiestudium mit seiner gegenwärtig wieder zunehmenden Stofforientierung. Seelsorge gehört zur Grundausbildung, sie ist zunächst nicht »Zusatz«qualifikation[5]. Auch zu Gunsten aller in der Praxis stehenden SeelsorgerInnen plädiere ich für niedrigschwellige Fortbildungsangebote (Einführungskurse, begleitende Supervision u.ä.). Es ist wichtig, die Seelsorge für möglichst viele MitarbeiterInnen offen zu halten und bestehenden Ängsten – etwa im Blick auf geforderte (und zweifellos auch notwendige) »Selbsterfahrung« – überzeugend entgegenzuwirken.

3. Für mich hat Seelsorge in der Kirche der Zukunft eine besondere Bedeutung im Hinblick auf die zunehmende Säkularisierung unserer Gesellschaft. Die eher geschlossenen und spezifischen Formen religiöser Kommunikation (z.B. der Gottesdienst) erreichen Menschen an den Grenzen der Kirche und jenseits von diesen immer weniger. Dagegen könnte ein Angebot von Seelsorge, das den Menschen keine Formzwänge auferlegt, für viele leichter zugänglich sein. Ich gehe davon aus, dass viele Menschen sich nach Kommunikationsformen sehnen, bei denen es möglich ist, (sich etwas) »von der Seele reden«[6] zu können. Das Wort »Seele« umfasst vieles, was für den Menschen, sein Verhältnis zu sich selbst und die Verarbeitung der Widerfahrnisse seines Lebens von Bedeutung ist. »Seele« ist der Ort, wo es um Spiritualität und Gewissen, um Wahrheit und um grundlegende Lebenseinstellungen und natürlich um die Beziehung zu Gott geht. Auch jenseits des Glaubens brauchen Menschen so etwas wie den Dialog um Seele[7]. In diesem Sinne könnte Seelsorge gerade für diejenigen von Bedeutung sein, die nur noch wenig Beziehungen zur Kirche und zum Glauben haben. Seelsorge könnte eine Brücke von der Kirche zum säkularisierten Menschen sein, wenn sie ihre kommunikativen Möglichkeiten nutzt. Sie würde so aber vielleicht auch rückwirkend für die kirchliche Arbeit insgesamt von großer Bedeutung sein, weil in ihr

5 Damit wird nicht bestritten, dass es pastoralpsychologische Zuzsatzqualifikationen geben soll und muss – sowohl für spezifische Seelsorgeaufgaben wie dann natürlich auch für die Gewinnung qualifizierter Supervisorinnen und Supervisoren.

6 In Anspielung auf einen Buchtitel: H. von Schubert u.a., Von der Seele reden, Neukirchen-Vluyn 1998.

7 Es berührt mich immer wieder, dass Robert Musil seinen »Mann ohne Eigenschaften« die Einrichtung eines »Weltsekretariats für Genauigkeit und Seele« fordern lässt, »damit die Leute, die nicht zur Kirche gehen, wissen, was sie zu tun haben« (R. Musil, Der Mann ohne Eigenschaften, Band 2, Berlin 1975, S. 99f u.ö.).

am ehesten etwas von dem gelingen könnte, was Dietrich Bonhoeffer mit dem Stichwort von der »nichtreligiösen Interpretation« der christlichen Überlieferung zum Nachdenken aufgegeben hatte. Seelsorge, die sich in diesem Sinne in ihrer Brückenfunktion zur »Welt« versteht, könnte dazu helfen, dass die Kirche für ihre Verkündigung wieder Sprache findet.

Friedrich Schophaus[8]

In dem Positionspapier »Pastoraler Dienst in den v. Bodelschwinghschen Anstalten Bethel« ist zu lesen als allgemeine Aufgabenstellung:

»Aufgrund ihres christlichen Auftrages wenden sich die v. Bodelschwinghschen Anstalten Bethel Menschen in sozialer, leiblicher und seelischer Not zu. Sie fragen nach den Ursachen der Not und versuchen, diese zu beheben und ihre Folgen zu lindern. In diesem Sinne bieten die v. Bodelschwinghschen Anstalten Bethel Hilfe für den einzelnen Menschen sowie Leben in gemeinschaftlichen Zusammenhängen (Wohngruppen, Haus) in Ortschaft und Kirchengemeinde an«.

Das geschieht in vielfältiger Form durch unterschiedliche Menschen. Das geschieht aber auch durch PastorInnen und SeelsorgerInnen. In Bethel geschieht diese Arbeit durch den/die GemeindepastorIn und durch eine große Zahl von HausseelsorgerInnen. Bisher ist diese Hausseelsorge unwidersprochen und hat einen hohen Stellenwert (da die betroffenen MitarbeiterInnen nicht in der Linie sind, sondern Freiräume haben zum Gespräch mit BewohnerInnen und MitarbeiterInnen). Bisher hat die Hausseelsorge eine große Relevanz, weil Menschen im Blick auf ihre religiösen Widersprüche wahrgenommen werden. Das alles verändert sich. – Wie in der Gesellschaft allgemein. Wir wollen aber bei allen Veränderungen in unserem »Leistungskatalog« die seelsorgliche Betreuung weiterhin mit anbieten. Da kommt natürlich die Ökonomie mit ins Spiel. Bisher als »Begleitende Dienste« wurden diese Stellen zu einem Teil refinanziert. Im Blick auf die Zukunft meine ich:

- Wir halten das weiterhin für eine Notwendigkeit für die Betroffenen.
- Wir halten das für unsere Aufgabe aus dem christlichen Auftrag heraus.
- Wir sehen darin ein Qualitätszeichen unserer Einrichtung (»Sinnsuche und religiöse Orientierung« ist ein Stichwort in unseren Qualitätsgrundsätzen).

Das bedeutet: Wir müssen das finanzieren, möglicherweise aus Stiftungsmitteln (Spenden etc.). Natürlich gilt für uns auch das »Allgemeine Priestertum aller Gläubigen«, aber wir müssen diese Arbeit – ich will es so nennen: »ritualisieren«, an Personen festmachen. Dazu gehört

- die Begleitung von in Krisen geratenen Menschen;
- die Begleitung von Menschen, die eine niederschmetternde Diagnose erfahren haben;

8 Pastor Friedrich Schophaus ist Vorsitzender des Vorstands der von Bodelschwinghschen Anstalten Bethel.

- Begleitung Sterbender;
- Aber auch umfassender: Sorge tragen für das Leben.

Diese Haltung äußert sich am deutlichsten im Reden. Das alltägliche Reden prägt entscheidend die Haltung.

Maria Dietzfelbinger[9]

Ich sitze auf diesem Podium als Mitglied im Vorstand der Evangelischen Konferenz für Familien- und Lebensberatung, Fachverband für psychologische Beratung und Supervision. Ich vertrete also psychologische Beratung und nicht Seelsorge. Beides wird oft in einem Atemzug genannt, ich glaube aber, erst wenn man genau wahrgenommen hat, dass es sich um wirklich unterschiedliche Tätigkeitsfelder handelt, kann man auch das Gemeinsame, kann man Berührungspunkte und Schnittmengen, Konvergenzen, strukturelle und inhaltliche Parallelen sehen. An dieser Stelle ist mir wichtig zu sehen, dass es bei dem Bereich, den ich vertrete, um weltliches, nicht spezifisch christliches fachliches Handeln im kirchlichen Kontext geht, während Seelsorge von hier aus gesehen als ein spezifisch kirchliches Handeln im weltlichen Kontext erscheint. Beide Arbeitsfelder sind im Raum der Kirche und der Diakonie dialektisch aufeinander bezogen und einander nicht über- oder unterzuordnen.
Mein Votum heißt daher »Beratung – und ihre Bedeutung für eine Kirche der Zukunft«.
Bedeutung in einer Kirche der Zukunft hat psychologische Beratung in kirchlicher Trägerschaft dann, wenn sie genau das aushält: weltliches fachliches Handeln im kirchlichen Kontext zu sein, wenn sie diese Spannung, diesen Spagat nicht zugunsten einer Seite aufgibt. Wie groß die Gefahr ist, dass dies geschieht, mag ein Blick auf die gegenwärtige Finanzierungsdebatte verdeutlichen, die ja gerade als solche immer auch eine Konzeptionsdebatte ist. Der Parole vieler Träger »Wir bieten nur noch solche Leistungen an, die von der öffentlichen Hand refinanziert werden« steht die Haltung anderer Träger gegenüber »Wir wollen uns aus den lästigen Diskussionen mit Jugendamt und Kommunalverwaltung zurückziehen und mit unsern eigenen Mitteln nur noch das machen, was wir für richtig halten.« – Wenn's gut geht, hat das sehr fragwürdige finanzielle, konzeptionelle und institutionelle Rahmenbedingungen zu Folge. In beiden Fällen wird darauf verzichtet, das Aushalten von Spannungen in offenen Situationen zur Geltung zu bringen. Aushalten von Spannung und Unsicherheit in offenen Situationen aber ist der Psychologischen Beratung in kirchlicher Trägerschaft auf allen Ebenen inhärent – von den Anliegen der Ratsuchenden und dem Umgang damit sowohl auf Seiten der Ratsuchenden selbst wie auch auf Seiten der Beratenden angefangen über

9 Maria Dietzfelbinger ist Ev. Theologin und Beraterin, Supervisorin (DGSV), Vorstandsmitglied der Ev. Konferenz für Familien- und Lebensberatung (EKfuL).

sehr kurzfristige Finanzplanung bis hin zur Wahrnehmung der eigenen Position als weltliches Geschäft und kirchlicher Dienst. Und darin liegt das spezifische Potential, das Psychologische Beratung in eine Kirche der Zukunft einzubringen hätte.
Vielleicht eher am Rande, für den täglichen Umgang mit Ratsuchenden und Trägervertretern aber nicht weniger wichtig eine ganz kleine Vignette aus der Praxis. Eine nicht geringe Zahl von Ratsuchenden beginnt das erste oder irgendein weiteres Gespräch mit dem Satz: »Wissen Sie, das hier ist ja eine kirchliche Einrichtung – ich meine, ich bin schon lange nicht mehr in der Kirche und habe mit der Religion eigentlich nichts mehr zu tun, aber ...« – Ja, was »aber«? Diese Bemerkung hat von Fall zu Fall viele Schichten und Dimensionen. Für hier und das Thema heute ist wichtig, dass darin ein besonderer Hinweis liegt. Ich glaube, viele Menschen, die sich an uns als Psychologische Beratungsstellen in kirchlicher Trägerschaft wenden, beziehen sich dabei auf tief verankerte und gar nicht als solche bewusste innere Bilder von Kirche als Repräsentantin von Respekt, Würde, Ruhe und Verschwiegenheit – am Rand der Kirche. Oft sehr kirchen- und glaubensferne Menschen muten hier der Kirche Kompetenz und Bedeutung zu für die Gestaltung von Lebenszusammenhängen und Beziehungen. Diese Zumutung ist ein Kapital, das die Kirche nicht verschleudern sollte.

Petra Fichtmüller[10]

Zum Thema der Podiumsdiskussion werde ich etwas beitragen unter den Aspekten, wie Seelsorge als Arbeitszweig der Kirche Zuwachs an Kompetenz gewinnen und damit Bedeutung für die Kirche der Zukunft haben kann und wie sowohl dieser Arbeitszweig als auch seine Kompetenzerweiterung gesichert werden können.
1. Seelsorge ist ein akzeptierter und erwünschter Zweig kirchlicher Arbeit. Die Zahlen in der EKD-Kirchenmitgliedschaftsuntersuchung »Fremde Heimat Kirche« zeigen, dass 82% der Befragten von der Kirche erwarten, sich um Alte, Schwache und Kranke zu kümmern, 71% wollen, dass sie sich um die Sorgen der einzelnen Menschen kümmert. Auch die Krankenhausseelsorge (77%), Telefonseelsorge (86%) oder die Ehe- und Familienberatung (83%) haben einen hohen Bekanntheitsgrad. Eine Spannung besteht zwischen dieser Würdigung und der tatsächlichen Inanspruchnahme. Seelsorge und Seelsorgeausbildung werden sich in Zukunft stärker damit auseinandersetzen müssen, wie sie ihre Kompetenz der Lebens- und Glaubenshilfe deutlicher in den Institutionen, in denen sie arbeiten, und in der Öffentlichkeit zur Geltung bringen.
2. Die pastoralpsychologisch orientierte Seelsorge hat einen erheblichen Zuwachs an Kompetenz und inhaltlicher Qualität der seelsorglichen Ar-

10 Petra Fichtmüller ist Oberkirchenrätin im Kirchenamt der EKD.

beit gebracht. Auch wenn sie lange Jahre umstritten war, haben viele ihrer Gegner die positiven Aspekte der klinischen Seelsorgeausbildung bzw. einer pastoralpsychologisch orientierten Seelsorge erkannt. Heute rücken neue Zweige seelsorglicher Arbeit in den Mittelpunkt, wie z.B. die Notfallseelsorge. An diesem Beispiel lässt sich auch zeigen, dass man zwar offen ist für das erworbene Wissen, sich jedoch unabhängig von den bestehenden Konferenzen organisiert. Vielleicht hängt das zusammen mit einer auf berufsständische Qualifikation ausgerichteten Politik im Bereich der Seelsorge. Für eine Kirche der Zukunft wird Seelsorge eine größere Breitenwirkung entfalten müssen. Das sollte auch Ziel der berufsständischen Organisationen von Seelsorgerinnen und Seelsorgern und der Ausbildungseinrichtungen sein.

3. Die soziale und kirchliche Landschaft hat sich gewandelt. Soziale Verteilungskämpfe finden statt. Nicht nur ökonomisch und sozial, sondern auch kirchlich sind z.B. Ost- und Westdeutschland unterschieden. Zudem ist Deutschland eine Region geworden, in der sich Menschen aus vielen Ländern und Kulturen, Christen mit verschiedenen Traditionen und Vertreterinnen und Vertreter anderer Religionen treffen.

Es ist notwendig, dass Seelsorge und Seelsorgeausbildung kompetent werden für die Begegnung mit diesen Menschen. Dazu gehört ein theologisches Nachdenken, das neue Phänomene sieht und einbezieht, das neue Fragestellungen wie die Benachteiligung von Frauen, die Frage der Gerechtigkeit, die Frage des Umgangs mit Menschen aus anderen Kulturen einschließt. Seelsorge wird in einer Kirche der Zukunft relevant sein, wenn sie für Mädchen und Jungen, Männer und Frauen in besonderen Situationen da ist: in sozialer Not, Migration, Flucht, Traumatisierung, sie stärkt, sich um ihr Wohlergehen und ihr Recht zu kümmert, sie sozial und kirchlich integriert.

4. Spiritualität ist für nicht wenige Menschen erneut bedeutsam. Seelsorge und Seelsorgeausbildung haben sich in den letzten Jahren verstärkt für Fragen der Spiritualität geöffnet und damit auch auf eine bisweilen einseitige Orientierung von Seelsorge an therapeutischen Modellen reagiert. Eine Aufgabe von Seelsorge in einer Kirche der Zukunft wird sein, Menschen spirituelle Hilfe zu geben. Das heißt auch, Kriterien zu haben und zu entwickeln für Religiosität. Seelsorge wird bedeutsam sein für eine Kirche der Zukunft, wenn sie Menschen hilft, ihren Alltag aus dem gelebten Glauben zu bestehen und zu gestalten.

5. Unter dem ökonomischen Druck der Finanzsituation wird in den Landeskichen immer wieder die Notwendigkeit von funktionalen Diensten hinterfragt. Die Zuständigkeit der Gemeinde wird dann gern betont und die Qualifikation für das Gemeindepfarramt als ausreichend auch für das Spezialpfarramt angesehen. Karl Wilhelm Dahm hat in der Konferenz der Seelsorgedezernenten der landeskirchlich Verantwortlichen für Seelsorge als Spezifikum des Gemeindepfarramts die »Begleitung im Lebenszyklus« und damit eine Generalistenfunktion genannt. Er hat darauf hin-

gewiesen, dass wichtige Lebensbereiche (Arbeitswelt und Berufsschule, Krankenhausaufenthalt oder Urlaubswelt) aus dem Nahbereich ausgewandert sind und darum von Generalisten nicht mehr erreicht werden können. Hier wird die Notwendigkeit von Funktionspfarrämtern betont. In diesen Zusammenhängen geht es um den Austausch zwischen den Seelsorgebereichen, um die finanzielle Sicherung der Stellen, um Empirie im Hinblick auf tatsächliche Leistungen. Seelsorge in einer Kirche der Zukunft muss das Gespräch zwischen Generalisten und Spezialisten fördern, ihre Leistungen dokumentieren sowie empirisch erforschen.

6. In den Landeskirchen haben sich die Seelsorge und Seelsorgeausbildung weitgehend selbstständig organisiert. Impulse zur Erneuerung der Seelsorge durch die Klinische Seelsorgeausbildung sind vom Seelsorgeinstitut an der Kirchlichen Hochschule Bethel ausgegangen und in den Landeskirchen aufgegriffen worden. Sie haben zu einer Veränderung der Landschaft der Seelsorge und Seelsorgeausbildung geführt. Für besondere Aufgaben der Seelsorge und Seelsorgeausbildung ist ein Institut auf EKD-Ebene zu sichern, um weiterhin Impulse, weiterführende Konzepte zu entwickeln, europäischen und internationalen Austausch zu fördern und Seelsorgerinnen und Seelsorgern einen Ort der Begegnung und Überprüfung zu sichern. Angebote landeskirchlicher Seelsorgeausbildung sollten stärker koordiniert werden. Dadurch würden sicher »Synergieeffekte« erreicht. Seelsorge in einer Kirche der Zukunft wird Synergien fördern in der Seelsorgeausbildung und durch einen internationalen Bezug Qualität sichern.

7. Ich habe bisher von »Kirche der Zukunft« gesprochen, wie es das Thema vorgab, ohne recht Auskunft geben zu können, was für eine Kirche das wohl wäre. Dass es bei diesem Symposion auch um Kirche und deren Zukunft geht, finde ich wichtig. Ich arbeite in der Verwaltung, in der Zuarbeit für Synode und andere Leitungsorgane der EKD. Ich erlebe im Kontakt mit den kirchlichen Arbeitsfeldern viel Konkurrenzen und gegenseitige Abgrenzungen. Ich erlebe viel Leiden an Kirche. Beides verführt zur Abstinenz in Fragen nach der Zukunft der Institution Kirche. Das geschieht, während andere Bereiche zielstrebig etwas für diese Zukunft tun, sei es durch Betonung von Managementkonzepten oder durch Engagement beim Thema Mission. Geht es auch der Seelsorge um Zukunft der Kirche, dann muss sie auch den Weg dahin wollen. Für mich heißt das zu wissen, wo wir überhaupt stehen (Analyse und Empirie), welche Kriterien gelten sollen (innertheologische Debatte) und was wir konkret machen wollen (praktisches und professionelles Handeln). Und zum Schluss: Es müsste eine Debatte darüber geben, wohin die Reise gehen soll und warum sie anzutreten wäre. Die Kommunikation des Evangeliums muss plural Raum greifen. Zu entwickeln wäre das Leitbild einer in ihren Milieus vernetzten ökumenischen Kirche.

Alfred Jäger[1]

Seelsorge als Funktion diakonischer Unternehmenspolitik

Thesen

1. Im diakonischen Führungspatriarchat, das diakonische Einrichtungen von den Anfangen im 19. Jahrhundert zum Teil bis in neueste Zeit in allen Teilen prägte, hatte Seelsorge eine klare Lebensfunktion im Rahmen 1. der Leitung und 2. der Betreuung von Menschen. Über diesem Führungsmodell stand das Leitbild einer ›christlichen‹ Familie, die für die Betreuten therapeutische Funktion haben sollte. Entsprechend war der Chef als Übervater nicht nur Dienstgeber, sondern gleichzeitig für sämtliche Mitarbeiter/innen und Betreuten geistlich-seelsorglich zuständig. Wenn er – zum Beispiel – einmal die Woche in einem Haus senkrecht von oben einfuhr, gab es neben der obligatorischen Andacht zugleich Sonntagsessen. Dem Chef entsprechend gab es in diakonischen Einrichtungen eine Vielzahl von seelsorglich tätigen Theologen, die in der Betreuungsarbeit dessen Stellvertretung einnahmen und darin für das seelische Heil – neben anderen Berufen, die für Heilung sorgten – der Betreuten besorgt waren. Die Lebensfunktion von Seelsorge war somit klar in einem in sich stimmigen Führungsmodell verankert, das in Andacht und Seelsorge problemlos biblisch und theologisch legitimiert werden konnte.
2. Seit den 60er und 70er Jahren ging ein gewaltiger Professionalisierungsschub über diakonische Einrichtungen. Betreuung von Menschen löste sich weitgehend aus der theologisch-patricharchalen Bevormundung. Dieselbe Entwicklung erreichte auch katholische Caritas-Einrichtungen. An die Stelle frommer Diakone und Diakonissen – Nonnen und Mönche – traten vollberufliche Sozialarbeiter/innen, Pädagog/innen, Psycholog/innen etc., die ihre Sinn- und Wertsysteme der eigenen Profession in die Betreuung und – der lange Marsch durch die Institutionen – mit der Zeit auch in die Leitung diakonischer Einrichtungen einbrachten. Das langfristige Ergebnis dieses Funktionärsmodells war, dass Seelsorge in der Leitung von Mitarbeiter/innen obsolet und in der Betreuung von Menschen zunehmend funktionsloser wurde. Der Seelsorger wurde im Alltagsbetrieb zum Störfaktor.

1 Prof. Dr. theol. Alfred Jäger ist Professor für Systematische Theologie an der Kirchlichen Hochschule Bethel.

3. Solche Entwicklungen sind nicht zurückzudrehen, Es muss zukunftsgerichtet nach der neuen Lebensfunktion von Seelsorge in diakonischen Einrichtungen gefragt werden. Wichtig ist an erster Stelle die Liquidation von Vergangenheitsdelikten: 1. Kein Chef – in Zukunft auch keine Chefin – darf sich weiterhin als oberster Seelsorger der Mitarbeiter/innen und Betreuten verstehen. 2. Es muss endgültig Schluss sein mit der kirchenpolitischen Tradition, dass in Diakonie-Einrichtungen Seelsorger/innen entsandt werden, die in Gemeinde und Kirche nicht mehr taugen. 3. Die Funktionslosigkeit von Seelsorge in der Führung und Betreuung ist zu überwinden.
4. Aus der Tradition der Diakoniegeschichte ist jedoch zu lernen, dass sich Seelsorge als Konzept besonderer Betreuung von Menschen in ein integrales Gesamtkonzept einer diakonischen Einrichtung und damit ein entsprechendes Führungskonzept einzuklinken hat. Seelsorge-Lehre (Poimenik) hat diese Verbindung von Führungskonzept und Seelsorgekonzept bis heute noch nicht wahrgenommen. Die Überwindung des Konzepts von Seelsorge als eines blossen Vier-Augen-Gesprächs – womöglich mit Krise, Bekehrung und Dankgebet (Thurneysen) – ist ein Fortschritt. Für diakonische Einrichtungen aber ist in Zukunft auch eine pastoralpsychologische Orientierung nur noch begrenzt oder gar nicht mehr tauglich, da sie sich zu sehr an therapeutischen Paradigmen anstatt an Paradigmen des Alltags, der Rolle und der Lebenssituation festhalten. Selbst »systemische« Ansätze einer Poimenik schaffen bisher den Sprung in ein zukunftsgerichtetes Führungskonzept des diakonischen Managements nicht. Psycholog/innen und Pastoralpsycholog/innen sind bis heute in der Regel Management-unfähig.
5. Diakonische Einrichtungen haben aus Überlebensgründen seit den 80er Jahren fast flächendeckend gelernt, sich als Unternehmen zu verstehen und sich managementmäßig entsprechend nach innen und aussen zu gestalten. Das war ein gewaltiger Sprung in der *Corporate Identity* vieler Institutionen. Darin wurde es – gemäss dem St. Galler Management-Modell – entscheidend, dass sich die diakonische Unternehmenspolitik auf möglichst breiter Abstützung langfristig neu definiert. Die theologische Achse, um die sich alles dreht, musste in zahllosen »Leitbild-Prozessen« von solchen Unternehmen für die Zukunft bestimmt werden. Neben dem Führungs-, Personal-, Finanz-, Betreuungs-, Bau-Konzept etc. hatte darin immer auch die Frage nach einem tauglichen Seelsorgekonzept eine wichtige Rolle. Dahinter stand u.a. die Einsicht, dass sich Diakonie zunehmend mehr als eigenständige Gestalt der Kirche Jesu Christi verstehen muss, je mehr die verfasste Kirche an allen Ecken und Enden erodiert. Seelsorge kann zu einem wesentlichen Markenzeichen solcher Unternehmen werden.
6. Ich empfehle diakonischen Geschäftsführungen aus diesen Gründen, nicht mehr darauf zu warten, dass Kirchenleitungen irgendjemand als Seelsorger/in »entsenden«, sondern dass sie aus hauseigenen, diakonie-

politischen Interessen selber einen Spiritual / eine Spiritualin als Angestellte einstellen und mit den Leistungs- und Krankenkassen über den Titel »Unternehmenskultur/Krankenhauskultur« abrechnen.
7. Auf der Basis zeitgemässer, pastoralpsychologischer Einsichten, zugleich jedoch in enger Verzahnung mit zeitgemässem und zukunftsweisendem *Management-Knowhow*, ist ein unternehmenspolitisch brauchbares Seelsorgekonzept zu erstellen, das die unternehmerische Lebensfunktion von Seelsorge neu definiert. Seelsorge ist Hege und Pflege der Seele und des Geistes, der Ethik und Kultur, der Spiritualität und Religiosität des diakonischen Unternehmens.
8. Es gibt kein theologisches Monopol auf Seelsorge mehr. Reformatorisch gilt statt dessen der Grundsatz des »allgemeinen Seelsorgertums aller Gläubigen und Ungläubigen«. Darin erfüllt der Spiritual / die Spiritualin folgende Funktionen:

- Er/sie fördert durch interne und externe Angebote die zwischenmenschliche Kompetenz sämtlicher Mitarbeiter/innen, die in der Regel in Grenzsituationen des Lebens und des Todes stehen und dafür Sinn-, Wert- und Handlungsorientierung benötigen. Dafür ist ein eigenes Budget zu sichern.
- Er/sie handelt darin im Auftrag der Geschäftsführung und wird einem passenden Controlling unterstellt. Anderseits steht er/sie ausserhalb der direkten Linie – Jokerfunktion – und kann sich nach innen und aussen frei bewegen.
- Er/sie bereitet den nächsten, unausweichlichen Sprung in der *Corporate Identity* vor: »Als diakonisches Unternehmen sind wir Kirche«. Dafür sind passende Leitbild-Prozesse für das ganze Unternehmen und für Teilbereiche durchzuführen.
- Er/sie ist damit Seelsorger/in nicht nur für die einzelnen Betreuten, sondern auch für die Belegschaft und damit informell für das ganze Unternehmen, auch für die Geschäftsführung und den Aufsichtsrat, ohne darin Sitz und Stimme zu haben. Dafür werden passende Gesprächsrunden angesetzt, die obligatorisch sein können.

9. Seelsorge erhält auf diesem Weg die Funktion einer konzeptionell durchdachten Hege und Pflege des Soft-Management im Unternehmen: Management-Theologie, Management-Ethik, Unternehmens-Kultur, Unternehmens-Design, Unternehmens-Stil etc. Seelsorge ist damit unternehmenspolitisch fest verankert und hat für die Lenkung und Gestaltung in Zukunft viel zu tun.
10. Seelsorge hat damit eine doppelte Lebensfunktion: 1. Als zwischenmenschliche Kompetenz der Mitarbeiterschaft ist sie Alltags- und Lebensberatung für Betreute; das pastoralpsychologische Paradigma »gesund-krank«, Therapeut/in-Patient/in/Klient/in ist durch das Paradigma »gelungenes/misslungenes Leben« zu erweitern und/oder abzulösen. 2. Als Soft-Management des ganzen Unternehmens erfüllt sie unternehmenspolitisch eine integrale Funktion, die in nächster Zukunft noch verstärkt werden muss.

Heinz Streib[1]

Seelsorge im Kontext fundamentalistisch-neureligiöser Gruppierungen[2]

1. Ausgangsperspektiven und Kontexte: die Wahrnehmung neuer Religiosität und ihre Bedeutung für Beratung und Seelsorge

Die vom 13. Deutschen Bundestag eingesetzte Enquête-Kommission »Sogenannte Sekten und Psychogruppen« hat sich nach eingehender Auseinandersetzung mit dem Problem in ihrem Endbericht glücklicherweise zu einer moderaten Stellungnahme entschlossen. Das Entwarnungssignal, dass gesamtgesellschaftlich gesehen die neuen religiösen und weltanschaulichen Gemeinschaften und Psychogruppen »keine Gefahr für Staat und Gesellschaft oder für gesellschaftlich relevante Bereiche« darstellen, hat die Schlagzeilen bestimmt. Unter den Empfehlungen jedoch finden sich problembewusste Zukunftsperspektiven, die immer noch auf ihre Realisierung warten: eine Stiftung zu gründen, die wissenschaftliche Forschung an den Universitäten sowie die Aufklärung in den Schulen auszubauen und, *last but not least*, die Beratung und ihre Professionalisierung zu verstärken[3].

Die Mahnung des Endberichts zur Zusammenarbeit der nichtstaatlichen Beratungs- und Informationsstellen allerdings erscheint wie ein Schlichtungsversuch, hinter dem ein Konflikt erkennbar ist. »Die Brille vieler Sektenkritiker, die häufig als Berater arbeiten, ist zwar alles andere als rosarot, sie hat aber oft eine andere Funktionsstörung: Sie engt den Blickwinkel ein. Viele Sektenkritiker achten im Gespräch mit den Betroffenen nur auf die Hinweise, die in das sektentypische Bild passen ...«, sagt Beate Roderigo, eine der GutachterInnen für die Enquête-Kommission, in einem

1 Prof. Heinz Streib, Ph.D./Emory Univ., Professor für Ev. Theologie (Religionspädagogik, Ökumenische Theologie) an der Universität Bielefeld, Pastoralpsychologe.

2 Dieser Text geht auf Impulsreferate in einem Workshop und ein Statement in der Podiumsdiskussion zurück, die auf der Tagung »Seelsorge 2010« am 28.10.99 im Seelsorge-Institut, Bethel vorgetragen worden sind.

3 Deutscher Bundestag, Referat Ö, Endbericht der Enquête-Kommission ›Sogenannte Sekten und Psychogruppen‹. Neue religiöse und ideologische Gemeinschaften und Psychogruppen in der Bundesrepublik Deutschland, Bonn, 1998.

kontrovers[4] diskutierten Vortrag[5] und folgert: Psychologische Beratung sollte aus spezialisierter Sektenberatung herausgenommen und »in das Aufgabenspektrum der allgemeinen psychosozialen Beratungsstellen übernommen werden«[6].

Dies ist ein Hinweis auf eine auch hierzulande aufkeimende konflikthafte Polarisierung in der Beratung an Menschen aus dem Umfeld neureligiöser Bewegungen (*New Religious Movements*, NRM): dem Konflikt zwischen der Ausrichtung an »klassischen« Gesprächs- und Interventionskonzepten einerseits und einer Übernahme »manipulationsorientierter«, anti-kultistischer Beratungskonzepte andererseits. Weil im deutschsprachigen Raum kaum Beiträge in Sicht sind[7], an denen sich die Beratung in diesem Bereich orientieren könnte, hat griffige Anti-Kult-Literatur[8] aus den U.S.A. auch hierzulande Konjunktur.

Margaret Singer, eine Psychotherapeutin in der Antikultszene der U.S.A., deren Buch *Cults in Our Midst*[9] nun auch in deutscher Übersetzung vorliegt, propagiert *deprogramming* oder *exit counseling* als Interventionsmaßnahme, in der zunächst bis zu drei Tage lang ein Team von *exit counselors* die Ratsuchenden informiert und mit ihnen diskutiert (nebenbei: übliches Honorar: 500 – 1.000 $ pro Tag); bei Erfolg solcher »Beratung« wird dann eine ein oder zwei Wochen dauernde Rehabilitation angeboten. Dass sich als *exit counselors* besonders diejenigen eignen, die als frühere Sektenopfer selbst deprogrammiert worden sind, versteht sich für Singer von selbst: »*those who have been deprogrammed or counseled out make the easiest, best, and quickest return to normal life*«[10]. Als Vorteile dieser Methode gegenüber herkömmlichen Formen therapeutischer Intervention sieht Singer darin: »*exit counselors understand how coercive persuasion works and how group influence and social pressure affect people's thinking, behaviors, spirit, and emotions*«[11] und fügt speziell für

4 H. Baer, Mittel- und längerfristige Beratung im weltanschaulichen Bereich, in: Materialdienst 61, 1998, S. 371–376.

5 B. Roderigo, »Sektenberatung als gesellschaftliche Herausforderung, in: Materialdienst 59, 1996, S. 324–331.

6 B. Roderigo, Gutachten zur Qualifizierung von Beratungsarbeit im Spannungsfeld sogenannter Sekten und Psychogruppen: Kriterien und Strategien«, in: Deutscher Bundestag Enquête Kommission »Sogenannte Sekten und Psychogruppen« (Hg.), Neue religiöse und ideologische Gemeinschaften und Psychogruppen. Forschungsprojekte und Gutachten der Enquête-Kommission ›Sogenannte Sekten und Psychogruppen‹, Hamm, 1998, S. 458–525.

7 H. Hemminger, Die Attraktivität von Sekten: Konversion, De-Konversion und Beratung, in: Zeitschrift für Individualpsychologie 23, 1998, S. 311–322.

8 S. Hassan, Combatting Cult Mind Control, Rochester 1998; M. D. Langone (Hg.), Recovery from Cults: The Dynamics of Defection, New York 1993.

9 M. Singer, J. Lalich, Sekten. Wie Menschen ihre Freiheit verlieren und wiedergewinnen können, Heidelberg 1997.

10 A.a.O., S. 293.

11 A.a.O., S. 291.

die Geistlichen an: »*In particular, clergy need to be aware that many people suffer spiritual abuse in cults and need special education when they seek to reconnect with nonmanipulative spiritual and religious groups*«[12]. Selbstverständlich weiß die Psychotherapeutin auch, dass es (eine Minderheit von) Ratsuchenden gibt, die therapeutischer Behandlung bedürfen. Doch als Standardweg der Beratung schlägt sie das Modell des *exit counseling* vor.

Unverkennbar ist das Modell des *deprogramming, exit counseling* oder *thought reform counseling* mit einer bestimmten Sicht neureligiöser Gruppen verbunden, über die sich streiten lässt: Es finde dort Manipulation statt, die Parallelen zur »Gehirnwäsche« aufweise, oder, wie Singer im Blick auf die Psychoszene etwas behutsamer sagt: »*thought reform*«[13]. Gegen diese Sicht der neureligiösen Szene ist Widerspruch angemeldet worden, der sich jedoch nur allmählich Gehör verschafft hat. Die ›*Cult-Controversy*‹ – die Behauptung eines im neureligiösen Bereich weitverbreiteten psychischen Zwangs, bis hin zur Vermutung, dass bereits Zugehörigkeit psychisch krank machen könne, einerseits, und die Behauptung der Harmlosigkeit neureligiöser Gruppen, ja ihrer teilweisen therapeutischen Wirkung, sowie die Warnung vor »neuen Inquisitoren«[14] andererseits – liegt wie ein Schatten über der Diskussion über neureligiöse Bewegungen – und darum auch über der Diskussion um die angemessene Form der Beratung und Intervention.

Aus der empirischen Forschung[15] ergibt sich ein in der Tendenz übereinstimmendes, gänzlich anderes Bild: Die psychosoziale Situation und der psychische Gesundheitszustand bei Mitgliedern und Ex-Mitgliedern in neureligiösen Gruppierungen ist nach empirischer Evidenz nicht schlechter oder gefährdeter als im Querschnitt der Bevölkerung. Dies freilich widerspricht der weitverbreiteten öffentlichen und durch Aussteiger-Einzelfallportraits belegten anti-kultistischen Meinung, die Zugehörigkeit zu einer neureligiösen Gruppierung sei *eo ipso* ein Anzeichen psychischer Gefährdung: entweder weil diese Gruppen besonders für psychisch labile und gefährdete Menschen attraktiv seien oder weil die Gruppenstrukturen

12 A.a.O., S. 292.

13 M. Singer, Therapy, Thought Reform, and Cults, in: Transactional Analysis Journal 26, 1996, S. 15–22.

14 G. Besier, E. Scheuch, Die neuen Inquisitoren. Religionsfreiheit und Glaubensneid, Teil I, Zürich 1999; dies., Die neuen Inquisitoren. Religionsfreiheit und Glaubensneid, Teil II, Zürich 1999.

15 J.T. Richardson, Psychological and Psychiatric Studies on New Religious Movements, in: L. Broen (Hg.), Advances in the Psychology of Religion, Oxford 1985, S. 209–223; L. Lilliston, G. Shepherd, New Religious Movements and Mental Health, in: B.R. Wilson, J. Cresswell (Hg.), New Religious Movements: Challenges and Responses, New York/London 1999, S. 123–139; D. Kraus, Psychological Studies of New Religious Movements: Findings from German-Speaking Countries«, in: International Journal for the Psychology of Religion 9, 1999, S. 263–281.

und manipulative Einwirkungen psychisch gefährlich seien. Je systematischer psychologische Untersuchung betrieben wurde, kam zum Vorschein, dass die These von der größeren psychischen Labilität und psychischen Gefährdung durch NRM-Mitgliedschaft nicht haltbar ist[16]. James T. Richardson[17] zieht aus seiner Durchsicht der Untersuchungen den Schluss, dass sich die neureligiösen Gruppen und Organisationen von den etablierten religiösen Gruppen und Institutionen kaum unterscheiden, was die Effekte auf die psychische Gesundheit angeht. Die generelle Tendenz der Forschungsergebnisse, die eine positive Beziehung zwischen Religion und psychischer (und auch physischer) Gesundheit belegen, hat sich offenkundig auch für den Bereich der NRMs weiter etabliert[18].

Den empirisch durchaus breit belegten positiven Wirkungen der Mitgliedschaft in NRMs auf die psychische Gesundheit haben eine Entsprechung in den Motiven, warum sich Menschen für das Engagement in einer NRM entscheiden: Suche nach einer Gemeinschaft und Suche nach Heilung. Bei Kilbourne und Richardson[19] heißen diese zwei Motive *communalization*, das Verlangen, die eigene Spiritualität und Religiosität nicht in Privatisierung und Unsichtbarkeit zu belassen, sondern in sichtbaren und manifesten Sozialformen zu leben, und *healing*, die mehr oder weniger bewusste Suche nach Heilung – ähnlich und entsprechend der Erwartung, die viele Menschen einer psychotherapeutischen Beziehung und Behandlung entgegenbringen. Und offensichtlich finden die meisten NRM-Kon-

16 Interessant ist in diesem Zusammenhang auch ein Detailergebnis der Hare Krishna-Studie von Arnold Weiss und seinen MitarbeiterInnen: A.S. Weiss & R. H. Mendonza (Effects of Acculturation into the Hare Krishna Movement on Mental Health and Personality«, in: Journal for the Scientific Study of Religion 29, 1990, S. 173–184) berichten, dass – entgegen der zuweilen vorgetragenen These, dass psychische Gesundheit abnimmt, je mehr die Einbindung in die neureligiöse Gruppe vollzogen ist – ihre Ergebnisse das Gegenteil belegen: Stärkere Akkulturation in Hare Krishna geht mit besseren Werten für »*subjective well-being*« einher.

17 J.T. Richardson, Clinical and Personality Assessment of Participants in New Religions, in: International Journal for the Psychology of Religion, 5, 1995, S. 145–170.

18 Ein überraschendes Gegen-den-Strich-Lesen ist der Vergleich der therapeutischen Effekte in Psychotherapie und neureligiösen Bewegungen, wie dies Brock Kilbourne und Richardson (Psychotherapy and New Religions in a Pluralistic Society«, in: American Psychologist 39, 1984, S. 237–251) vorgetragen haben. Mit Verweis auf eine Reihe empirischer Untersuchungen werden wir hier auf funktionale Äquivalente aufmerksam gemacht und auf eine vergleichbare positive, therapeutische Wirkung.

19 B. Kilbourne, J.T. Richardson, The Communalization of Religious Experience in Contemporary Religious Groups, in: Journal of Community Psychology 14, 1986, S. 206–212; dies., A social psychological analysis of healing, in: Journal of Integrative and Eclectic Psychotherapy 7, 1988, S. 20–34; J.T. Richardson, Religion, Mental Health and the Law: Assessing the Cult Controversy, in: H. Grzymala-Moszcnska, B. Beit-Hallahmi (Hg.), Religion, Psychopathology and Coping, Amsterdam/Atlanta 1996, S. 107–136.

vertiten, was sie suchen. Wenn man diese Ergebnisse ernst nimmt, liegt die Schlussfolgerung nahe, dass der Bedarf an Intervention, Beratung und Seelsorge eher zu den Ausnahmen gehört und die meisten Konvertiten und Dekonvertiten selbst gut zurecht kommen.
Sowohl die eben beschriebene Motivlage als auch die breit belegte positive, ja therapeutische Wirkung einer Mitgliedschaft kann auch durch eine ganze Reihe von Fällen aus der Untersuchung im Rahmen der Enquête-Kommission belegt werden, etwa durch die hier vorgestellte Fallanalyse von ›Thomas‹. Allerdings ist diese positive Auswirkung bei den Typen der aus freien Stücken oder experimentell neureligiös Engagierten anzutreffen, für Menschen also, die der ›*social experimenter role*‹[20] entsprechen und die somit eine spezifische kognitive und emotionale Grundhaltung, einen spezifischen Stil bereits erworben haben und in ihrem Verhalten umsetzen. Es gibt jedoch auch ganz andere Fälle: Biografieverläufe in christlich-fundamentalistischen Gruppen mit Anzeichen von psychischer Dekompensation und Langzeitfolgen, an denen die AussteigerInnen noch lange zu leiden und zu arbeiten haben. Die unten skizzierte Biografie ›Sarahs‹ ist dafür der exemplarische Fall aus unserer Untersuchung.
Es ist also davon auszugehen, dass sowohl die antikultistische Perspektive mit ihrem vorgefertigten und unerschütterlichen Vorurteil der Manipulation und psychischen Gefahr als auch die pauschale Übertragung der statistischen Ergebnisse psychischer Unauffälligkeit oder etwaiger therapeutischer Effekte in NRMs auf alle Einzelfälle kritisch hinterfragt werden müssen. Vertiefung und Weiterarbeit an der empirischen Forschung sind notwendig – und zwar mit drei Schwerpunktsetzungen. Erstens ist typologische Differenzierung notwendig. Um die Vielfalt von religiösen Biografieverläufen in den Blick zu bekommen, ist eine Öffnung der psychologischen und soziologischen Perspektive für die Varianz verschiedener Typen, für die Varianz der Einzelfälle erforderlich, was durch die quantitativen Untersuchungsmethoden nicht leicht gemacht wird. Zweitens ist diachrone Perspektiverweiterung notwendig. Denn mit synchronen ›Momentaufnahmen‹ können biografiedynamische Folgen, an denen die untersuchten Menschen möglicherweise zu leiden oder zu arbeiten haben, nicht erfasst werden. Der übliche Weg, diese Momentaufnahmen diachron zu erweitern, sind Längsschnittstudien; diese sind zwar vereinzelt auch durchgeführt worden, bilden aber immer noch die Ausnahme. Ein anderer Zugang zu den biografiedynamischen Entwicklungen sind biografisch-rekonstruktive Analysen. Schließlich verdienen religiöse Orientierungen größere wissenschaftliche Sorgfalt und trennschärfere Differenzierung. Besonders die im neureligiösen Umfeld manifeste Vielfalt religiöser Orientierungen erfordert Unterscheidungskriterien für verschie-

20 B. Kilbourne, J.T. Richardson, Social Experimentation: Self Process or Social Role?, in: International Journal of Social Psychiatry 31, 1985, S. 13–22.

dene Varianten von Religion, für verschiedene religiöse Stile – im Extrem: für pathogene und befreiende Formen von Religion. Solche Unterscheidungskriterien erwachsen freilich nicht aus der Psychologie oder Soziologie selbst – desto weniger, je mehr diese funktionalistisch orientiert sind[21]. Dies ist nur im Dialog mit sozialethischen, identitätstheoretischen und religionsphilosophischen Theorien zu begründen und zu klären. Religionswissenschaft und Theologie sind hier zu einem anschlussfähigen Beitrag herausgefordert.
Jedoch sind solche typologischen, diachronen und religionstheoretischen Differenzierungen nicht allein für die empirische Forschung relevant, sondern – und dies ist hier meine Ausgangsperspektive – auch im Blick auf psychotherapeutische und psychosoziale Intervention, und nicht zuletzt im Blick auf eine Konzeption von Seelsorge im Kontext neuer Religiosität. Einen Beitrag hierzu möchte ich im Folgenden skizzieren, und dieser stützt sich nicht allein auf neue theoretische Überlegungen, die ich hier zur Diskussion stelle, sondern kann sich auf eigene empirische Ergebnisse berufen, die vom Versuch geprägt sind, jenen typologischen, diachronen und religionstheoretischen Differenzierungsnotwendigkeiten Rechnung zu tragen.

2. Fallanalytische Innenansichten – Zwei Biografieverläufe im Kontext neureligiös-fundamentalistischer Gruppierungen

Empirische Forschung im Bereich der NRMs hat, wie bereits skizziert, wertvolle Einsichten zutage gefördert. Meist wurde – dies liegt nicht zuletzt in der Natur der quantitativen Untersuchungsinstrumente – ein möglichst repräsentatives und umfassendes Gesamtbild einer bestimmten, meist spektakulären Gruppierung erhoben. Die Varianz der Einzelschicksale angesichts der möglichen Ambivalenz der Auswirkungen einer Mitgliedschaft und angesichts der Trends und Veränderungen der Sozialisationsverläufe, Einstellungen und Zugangsweisen zu Religion in der Gegenwart können dabei jedoch meist nicht hinreichend profiliert werden. Traumatisierungen und Langzeitfolgen sowie Lernerfolge und Entwicklungschancen sollten jedoch präzise herausgearbeitet werden.
Im Blick auf die Gefahr einer einseitig ›manipulationsorientierten‹ Praxis ist es zudem die Aufgabe der Forschung, die durch sporadische Aussteigerberichte geprägte Außenansicht auf NRMs durch eine Innenperspektive zu ergänzen und zu korrigieren. Für die Lösung dieser Aufgabe

21 Gelegentlich wird diese Problematik angesprochen, wie etwa bei Richardson und Kollegen (J.T. Richardson u.a., Organized Miracles. A Study of a Contemporary, Youth, Communal, Fundamentalist Organization, New Brunswick 1979), und mit Verweis etwa auf Fromms Unterscheidung von autoritärer und humanistischer Religion zu lösen versucht.

eignet sich das narrative Interview in besonderer Weise. Die Methodologie des biografisch-rekonstruktiven Verfahrens geht davon aus, dass aus der Textstruktur des Interviews auf die Fallstruktur und von der Erzähldynamik der narrativen Interviewpassagen auf die Entwicklungsdynamik der Lebensgeschichte Rückschlüsse gezogen werden können.
Die beiden Fälle aus unserer Forschung im Rahmen der Enquête-Kommission, die ich hier vorstellen möchte, eröffnen solche biografiedynamischen Innenansichten und repräsentieren zugleich kontrastive Eckpunkte einer Typologie christlich-fundamentalistischer Biografieverläufe. Darin sind sie für unsere Überlegungen zur Beratung und Seelsorge von Bedeutung.

2.1 Sarah

Sarah, mit 21 Jahren eine der jüngeren Versuchspersonen, die wir interviewt haben, hat sechs Geschwister und befindet sich in der Mitte der Geschwisterreihe. Sarahs Mutter ist Hausfrau, ihr Vater ist Bürokaufmann, mit dem sich, wie Sarah berichtet, wegen seiner seelischen Unterdrückung und Grausamkeit gegenüber ihr und ihren Geschwistern viele negative, aber kaum positive Erinnerungen verbinden. Als Mitglieder einer christlich-fundamentalistischen Sondergemeinschaft erziehen Sarahs Eltern ihre Kinder nach den Glaubensauffassungen und Regeln dieser Gemeinschaft.
Nach dem Schulabschluss mit der Fachoberschulreife hat Sarah eine Ausbildung zur Kinderkrankenschwester begonnen, während der sie erstmals nicht zu Hause wohnen muss. Sarah hat diese Ausbildung jedoch abgebrochen, als psychische Probleme ihr die Arbeit im Krankenhaus allzu sehr erschwert haben. Danach wohnte Sarah 5 Monate lang wieder zu Hause und entwickelt immer stärkere Ablehnung sowohl gegen ihren Vater als auch gegen seine Religiosität. Sarah gerät immer mehr unter Druck.
Darauf folgt der Bruch sowohl mit dem fundamentalistischen Milieu als auch mit dem Vater. Zwar haben sowohl Sarah als auch ihre Eltern nahezu gleichzeitig die Gemeinde verlassen, allerdings in verschiedener Richtung: Während der Vater die Gemeinde nicht christlich und nicht biblisch genug gefunden hat und für sich und seine Frau eine neue strengere Gemeinde gesucht hat, verlässt Sarah das christlich-fundamentalistische Milieu insgesamt. Es kommt zum Eklat: Sarah wird aus dem Elternhaus verwiesen, zieht zunächst zu einer Freundin, dann zu ihrem Freund. Darauf hat Sarah eine Ausbildung zur Ergotherapeutin begonnen.
Das vitale Bedürfnis von Sarah nach einer anregenden, warmherzigen und vorbehaltlos annehmenden Gemeinschaft wird von ihrer Familie nicht erfüllt. Sie berichtet nur von Ablehnung durch das rigide Erziehungskonzept und das abweisende Beziehungsverhalten ihres Vaters, ja von Prügelstrafen und Hausverbot für die eigenen Kinder. Gefühlskälte und Angst werden Sarah als belastende lebensthematische Hypothek mit auf ihren Lebensweg gegeben.
Sarah weiß dennoch im Rückblick von positiven und für sie förderlichen Aspekten ihrer Religiosität zu berichten. Dabei steht das Gemeinschaftsgefühl im Vordergrund, das sie in den Versammlungen erlebt hat und durch das sie die Defizite in der gefühlskalten, repressiven und zur Gewalt neigenden Familiensituation

teilweise kompensieren konnte. Lange Jahre hat Sarah sich in diesem fundamentalistischen Milieu bewegt und wohlgefühlt. Sie war damals selbst überzeugt davon, den richtigen Weg zu gehen. Sarah haben wir im Rahmen unserer Typologie dem traditionsgeleiteten Typ christlich-fundamentalistischer Biografieverläufe zugeordnet.
Wenn wir nach der Funktion von Religiosität für Sarah fragen, ist zunächst auf den repressiven Effekt des Amalgams von patriarchal-autoritärer und fundamentalistischer Religiosität hinzuweisen. Bereits die Erzähldynamik der Eingangssequenz des Interviews drückt die für Sarah aktuell belastenden Problematiken der Lebensuntüchtigkeit und Angstbewältigung aus: der auffällig schleppende Redefluß und Sarahs skeptische Abwehrhaltung lassen auf eine aggressive, ja hasserfüllte Einstellung gegenüber ihrer eigenen bisherigen Lebensgeschichte schließen. Nachdem sich Sarah nach dem zögernden Beginn dann doch in großer Offenheit auf den biografischen Rückblick einlässt, kommen die lebensfeindlichen Elemente einer einengenden Religiosität, wie sie vom Vater vermittelt wurde, deutlich zum Vorschein.
In vielen für sie bedeutsamen Lebensbereichen erlebt sich Sarah unterdrückt, nicht gefördert und ausgenutzt. Als Beispiele für die gesetzliche Durchdringung bis hin zu Fragen der Kleidung und Haartracht erzählt Sarah:

»... ähm also n ganz großer Punkt den ich da kritisiere ist das das ist alles nur Theorie ne' es gibt sehr viele Gesetze die eingehalten werden müssen (holt Luft) [...] ... aber es ist überhaupt nichts was gelebt wird und es ist überhaupt keine Menschlichkeit dadrin überhaupt keine [I.: mhm] Menschlichkeit. (holt Luft) wenn wenn die entscheiden müssten zwischen Menschlichkeit und ihrem Gesetz dann gehen die nach dem Gesetz und verletzen die Menschlichkeit ne' (holt Luft) und ganz praktisch hat das so ausgesehen, äh dass wir Mädchen haben nie die Haare geschnitten bekommen die mussten lang sein. wir mussten Röcke t- wir mussten Röcke tragen durften keine Hosen tragen wir durften keinen Schmuck tragen also auch nicht schminken ...«

Beispiel für den dekompensatorischen Effekt dieser Sozialisation ist der Abbruch der ersten Ausbildung. Sarah erzählt:

»... und dann ist die Ausbildung gescheitert; ... (schnalzt) bin ich nicht mit klargekommen weil ich äh ... hatte nicht die Fähigkeit selbständig zu arbeiten hatte nicht die Fähigkeit zu organisieren ... öh und total vergesslich ich konnte mir nix merken gar nix (holt Luft) also öh also wirklich erhebliche Merkschwächen oder Gedächtnisprobleme ... und halt immer dann die Unsicherheit mit Menschen umzugehen ne' ...«.

Sarah konnte lange Jahre kaum Eigeninitiative und Konfliktbereitschaft entwickeln, um sich der einengenden Macht dieser Religiosität entgegenzustellen. Als sich der Konflikt zuspitzt, findet Sarah keinen anderen Weg als den, die Aggression gegen sich selbst zu richten. Als depressive Dekompensation mit suizidaler Tendenz lässt sich bezeichnen, was Sarah folgendermaßen ausdrückt:

»... und ähm .. hatte irgendwie einfach nur den Wunsch dass alles vorbei ist dass ich einfach tot bin und nicht lebe ne' (holt Luft) obwohl ich niemals den Gedanken hatte Selbstmord zu machen ne' also [I.: mhm] sozusagen passiv das ist war son passiver Wunsch tot zu sein aber nicht aktiv Selbstmord zu begehen ne' [I.: ja] nur passiv (holt Luft) weil dafür, war der Mut nicht da und durfte auch gar nicht sein weil Selbstmord ist Sünde und dann landeste ja wieder in der Hölle ne'...«

Angeregt durch Gespräche und Diskussionen in der Schule und durch das protestierende Beispiel ihres älteren Bruders, der wegen seiner kritischen Haltung gegenüber der religiösen Familientradition des Hauses verwiesen wurde, lernte Sarah allmählich, das weltabgewandte Denken ihrer Familie und ihrer religiösen Gemeinschaft zu hinterfragen. Nicht unerheblich für diesen religiösen Ablösungs- und Ausstiegsprozess ist die Simultaneität mit Sarahs – um Jahre verzögerten, aber desto vehementeren – adoleszenten Ablösung von ihrem Vater, der eine leitende Position in der religiösen Gemeinschaft innehatte. Die Diskrepanz von Rede und Handlung bei ihm, seine Starrheit und sein Defizit an Menschlichkeit waren für Sarah Grund genug, sich zugleich gegen den Vater und seine repressive Religion radikal aufzulehnen. War sie bisher ›mitgeschwommen‹ und hatte sich den Eltern gebeugt, unternimmt sie nun Schritte in die Selbständigkeit.

Während Sarah lange Jahre nicht das Durchsetzungsvermögen hatte, das durch den patriarchalischen Vater und die fundamentalistisch-christliche Gruppe geprägte Weltbild kritisch zu hinterfragen und sich davon zu distanzieren, haben sowohl intellektuelle Unstimmigkeiten im Weltbild ihrer christlichen Gruppe als auch die emotionalen Defizite im Beziehungsgeflecht zu anderen Gruppenmitgliedern sowie die harsch-ablehende Reaktion ihres Vaters Sarah dazu geführt, mutiger zu werden und ihren eigenen Weg zu suchen. Bei zunehmender Autonomie und eigenen Ideen blieb jedwede Zuwendung in Familie und religiöser Gemeinschaft aus, Sarah gelangte mehr und mehr ins Abseits – bis hin zur seelischen Isolation. Erst durch diesen Leidensdruck, durch massive Beziehungskonflikte, Selbstzuschreibungen eigener Beziehungsunfähigkeit und erst, als deutliche Symptome einer depressiven Phase mit suizidalen Tendenzen eingetreten waren, gelang es Sarah, sich weiteren Repressionen zu entziehen. Ihr Leidensdruck ist so groß geworden, dass sie in konfrontative Offensive ging. Dass Sarah sogleich des Hauses verwiesen wird, bei Freunden Zuflucht suchen und noch bis zum Zeitpunkt des Interviews um finanzielle Unterstützung durch den Vater streiten muss, zeigt die Brisanz der Ablösung, aber auch die beginnende Transformation in der Ablösung.

Sarah hat verschiedene Wege des Umgehens mit ihren Lebensthematiken Angst, Selbstunsicherheit, Gefühlskälte und mit der religiösen und patriarchalischen Repression versucht: War es ihr in Kindheit und früher Adoleszenz selbstverständlich, die Glaubenssätze ihrer fundamentalistischen Gemeinschaft nachzusprechen und die Regeln der dominanten Bezugsfiguren (Vater, Gemeindeleiter) fraglos zu befolgen und – als positiven Nebeneffekt – im Milieu der Gemeinschaft die familiale Gefühlskälte teilweise zu kompensieren, so nehmen bei ihr in der späteren Adoleszenz die kritischen Fragen und drängenden Emotionen zu. Erst als es Sarah gelingt, der eigenen Kritikfähigkeit und Wahrnehmung zu trauen, werden die Grundlagen für Unabhängigkeit, Selbständigkeit und eine eigenständige Persönlichkeitsentwicklung gelegt. Sarah ist der Fall eines traditionsgeleiteten Typs, dem es gelingt, Ich-Stärke in den Auseinandersetzungen im

Ausstiegsprozess zu entwickeln. Zum Zeitpunkt des Interviews sind für die spätadoleszente Aussteigerin die Weichen für Transformation und eine konstruktive Weiterentwicklung gestellt, wenn auch weiterhin Bedarf an Verarbeitung der dekompensatorischen Folgen der einengenden Religiosität besteht.

2.2 Thomas

Thomas ist Jahrgang 1949 und zur Zeit des Interviews 48 Jahre alt. Er erlebt seine Jugend- und Ausbildungszeit Ende der 60er und in den 70er Jahren in einer norddeutschen Großstadt. Nach dem Abitur studiert Thomas auf Lehramt, absolviert danach das Referendariat. Der Lehrerberuf jedoch bleibt ihm verschlossen, vielmehr schlägt er sich mit verschiedenen Gelegenheitsjobs wie Taxifahrer, Wochenmarktverkäufer usw. immerhin 20 Jahre durch. Zur Zeit des Interviews lebt er mit einer Frau, deren zwei Kindern sowie einem weiteren gemeinsamen acht Monate alten Kind zusammen. Aus der religiösen Biografie von Thomas sollen im Folgenden einige Stationen kurz anhand von Interviewzitaten nachgezeichnet werden.
Thomas' Erzählung darüber, wie und warum er sektenähnliche oder fundamentalistische Gruppen gesucht und gefunden habe, beginnt in der Zeit seines Studiums, als er, durch einen Mitbewohner seiner Wohngemeinschaft angeregt, Meditation kennenlernt und, wie er sagt, seine »Suche nach mehr Intensität, nach ner bestimmten Befreiung von Belastungen« in Meditation eine erste Antwort findet.
Jahre später, Thomas hatte das Studium abgeschlossen, kommt er über einen befreundeten Menschen in Kontakt zu Bhagwan. Er erzählt:

»Ich glaub ich war jetzt in der Referendarzeit öh es ging dem Ende zu es war also sehr viel Druck also man musste jedenfalls so die Sachen bestehen und und (holt Luft) da s- sehnte ich mich so und der machte so befreiende öh Meditation bei Bhagwan (...) und öh davon hatt ich so gehört der ging auf n Bauernhof und (holt Luft) ja machte solche solche Meditation dynamische Meditation ...«
Aufgrund eigener Erstbegegnungen sagt er sich:
»jo Mensch das machst du auch da möchtest du auch, irgendwas loswerden. (...) war natürlich auch ne gewisse Neugier (holt Luft) diese Asiatische Meditation öh (holt Luft) und das dass so mit dynamisch und dann Stille das war mir irgendwie sympathisch ...«

Thomas bleibt 3 bis 4 Jahre im Kontext der Bhagwan-Bewegung und lebt in dieser Zeit in verschiedenen Kommunen im süddeutschen Raum. Für das Verlassen dieses Milieus führt Thomas zwei Gründe an: erstens, dass die Ideologie der Bhagwan-Anhänger ihm zu eng geworden sei und er sich zu sehr eingebunden und unterdrückt fühlte, und zweitens, dass Sexualität für ihn mit Treue verbunden war und er mit offener Sexualität nicht zurecht kam.
Nach einigen Jahren – Thomas zieht wieder zurück in seine norddeutsche Heimatstadt, nachdem ihn seine Freundin verlassen hatte und nach Indien reiste und er zurückgezogen im Schwarzwald lebend ein älteres Bauernehepaar versorgte – findet Thomas über eine alte Freundin Kontakt zu einer Gruppe, die er Bioenergetik-Gruppe nennt, die aber in Wahrheit eine extreme Form von Gruppendynamik praktiziert. Er berichtet darüber:

»... und da machten wir denn harte Übungen fasten eingeschlossene Gruppe fünfzig sechzig Leute in eine Turnhalle einschließen für eine Woche (holt Luft) drei Tage nichts essen und ni- also drei Tage nichts trinken (holt Luft) und eine Woche nichts essen (holt Luft) Tag und Nacht durchmachen nicht schlafen ... öh also richtige I- freiwillige Internierung, sozusagen ...«
Außer diesem jährlich stattfindenden Workshop, so berichtet er, »machte man einmal in der Woche oder zweimal solche Übungen abends in soner Gruppe«. Trotz dieser negativen Schilderungen im Rückblick hat Thomas auch schöne Erlebnisse in Erinnerung behalten:
»Man feiert Feste man feiert Silvester das ist ne große Familie (holt Luft) man kennt sich man tanzt zusammen man ... erlebt viel also, da wieder diese Gruppe war man massiert sich zusammen man (holt Luft) könnte auch vielleicht öh ne Partnerin finden (holt Luft) öh (atmet aus) ja also das ist das was einen zieht«.

Nach dem Tod des Gruppenleiters verlässt Thomas diese Gruppierung und lebt einige Jahre ein etwas ruhigeres Leben, er singt in einem evangelischen Kirchenchor, lebt vom Taxifahren und von Marktgeschäften. Da trifft er auf der Straße Scientology-Werber und macht einen Persönlichkeitstest. Und im Gegensatz zu einem Bekannten, der zu Scientology ging, aber ganz schnell wieder weg war, berichtet Thomas über sich:

»Ja ich machte denn diese Tests und blieb da irgendwie hängen obwohl ich eigentlich gar nicht hinwollte (...) (holt Luft) aber als ich da war hab ich gesagt, na was ist n [...] an denen dran denn dann hat mich auch sone gewisse Neugier gepackt und natürlich diese (holt Luft) dieser Wunsch wieder nach diesem, (schnalzt) öh Erlösung Befreiung von der Vergangenheit von einer sehr belastenden Vergangenheit. ... ja das wars und die versprachen mir da etwas, die machten auch ne Art Therapie (...) die Anfangserfahrung ist natürlich n eine Hilfe eine Befreiung erstmal (holt tief Luft) öh wenn man n gewisses Defizit in seinem Leben, Leben spürt.«

Thomas erzählt, dass er mit einer distanziert-pragmatischen Grundhaltung zu Scientology hingegangen ist: »ist interessant genau was kann was könnt ihr mir bieten«, sagt er und »ihr wollt was über Geld was könnt ihr mir bieten, so so bin ich darangegangen äh mit immer dieser Reserve guck mal ... gucken«. Und in der Tat erfährt Thomas in dieser Gruppierung eine Befreiung von einem kindlichen Falltrauma in intensiver therapeutischer Bearbeitung und weiß dies lobend immer noch zu erwähnen. Thomas setzt sich im Interview intensiv mit seiner Scientology-Mitgliedschaft auseinander und streicht immer wieder das unangenehme Durchschautwerden durch den Lügendetektor heraus. Das ist ihm aber offensichtlich nicht so lästig geworden, dass er die Gruppe selbständig verlassen hat. Denn dies gelingt ihm erst in einer weiteren Etappe seiner religiösen Karriere; und diese beginnt wiederum zufällig:

»Dann las ich irgendwie mal Gospelmeeting dann bin ich dahingegangen und das war eben [...] eine freie Evangelische Kirche [...] in der Innenstadt (schnalzt) und da bin ich hingegangen ...«

Von einer ihm sehr sympathischen jungen Frau, die Thomas von ihren Jesus-Erfahrungen und der Hilfe durch ihren Glauben erzählt, fühlt sich Thomas so sehr angesprochen, dass er wieder hingeht. Und die Erfahrungsdichte steigert sich durch die Atmosphäre in dieser Gospelkirche. Thomas erzählt:

»... tanzende lockere Menschen erhobene Hände oder auch sin- laut singend und öh nicht nur so wie ich vorher so mit- mitgesungen habe nur (holt Luft) also man sang [...] es war eine Atmosphäre da es roch sogar nach Schweiß dacht ich huch was ist denn hier los wie im Bodybuildinginstitut warum riecht das hier so; öhm, jedenfalls hat mich diese, diese Atmosphäre so umgehauen dass ich aufs Klo musste weil ich dachte da kann ich ja nicht einfach losheulen.«

Und erst auf Empfehlung einer Frau, die er dort kennenlernt und die ihm die Scientology-Bewegung als gefährliche Sekte vor Augen führt, entschließt sich Thomas, am folgenden Tag ein Abschiedsgespräch zu führen, einen Scheck zu sperren und die Scientology-Angebote nie wieder zu besuchen.
Zur Zeit des Interviews ist Thomas' Leben und seine Religiosität in ruhigere Fahrwasser gekommen. Er lebt mit einer Frau zusammen, und die beiden haben außer den von ihr mitgebrachten Kindern zusammen ein acht Monate altes gemeinsames Kind. Thomas macht sich Gedanken um die religiöse Erziehung der Kinder, liest ihnen aus der Kinderbibel vor, redet von Verantwortung in der Familie und Treue in der Partnerschaft und kann in einer biblisch-theologischen Sprache sowohl seine charismatische Zeit als auch die Bhagwan-Zeit begründet ablehnen. Anhand des Paulus-Zitates, ein Gefangener Christi zu sein, kann er ausführen, dass er sich dagegen entschieden habe, Gefangener Christi zu sein:

»Insofern bin ich öh wenn das n Christ und wenn ich das jetzt als Christ begreife dann bin ich keiner mehr. also ich bin kein Jünger Jesu in dem Sinne. (holt Luft) öh ... ich würde aber jetzt nicht sagen Christentum das ist das Schlimmste was es gibt sondern ich würde sagen dass da ich hab ja gesagt da hab ich Befreiung erlebt ich hab aber auch gesagt (holt Luft) öh kann aber auch sagen bei dieser, Se- wo ich wirklich sage ne Sekte die Scientology [wie?] hat mir das geholfen und bei Bhagwan hat mir das geholfen denn bei jeder und ich hab ne gute Freundin die sagt (holt Luft) ich hab überall mir son Pünktchen rausgezogen von den Anthroposophen das von Bhagwan das und das (holt Luft) öh ... [...] ... man sammelt ja so mosaikhaft auch öh seine Lebenserfahrung und (holt Luft) Erkenntnis und und mhm (holt Luft) und öh da hab ich überall was gelernt und möchte das nicht missen (holt Luft) und öh das sch- Schlechte würd ich einfach sagen sind öh ... sind einfach die Gruppenzwänge wenn man denen erliegt und wenn die zu stark werden wenn die ... die Persönlichkeit vereinnahmen.«

Thomas hat in seiner bunten religiösen Karriere, die durch Meditationsgruppen, durch Bhagwan-Kommunen, durch eine harte Form von Gruppendynamik, durch Scientology-Mitgliedschaft und schließlich durch eine charismatische Gemeinde führt, ständig eine Antwort gesucht auf seine zentralen lebensthematischen Fragen: die Suche nach Geborgenheit und Anerkennung, nach bedingungslosem Geliebtwerden und das Gefühl von ›Belastetsein‹, das nach Heilung und Befreiung suchen lässt; dabei zeigt er ein vehementes Sträuben gegen Gruppenzwänge und ideologische Vereinnahmung.
Thomas wurde im Rahmen unserer Typologie dem Typus des ›akkumulativen Häretikers‹ zugeordnet. Thomas hat in seinem Religionstourismus durch die verschiedenen religiösen Orientierungen keinen Schaden genommen; Dekom-

pensation ist in seinem Biografieverlauf nicht erkennbar. Im Gegenteil, Thomas hat viel profitiert, gelernt, in der Bearbeitung seiner Lebensthemen eine Transformation durchgemacht – als wichtigstes dies, dass er mit dem Hunger nach bedingungslosem Geliebtwerden nun weit realistischer umgehen kann und sich bereits im Vorfeld von Gruppenzwängen fernhält. Wenn Thomas selbst-reflexiv resümiert, »ich hab mir überall so ein Pünktchen rausgezogen«, fasst er mit eigenen Worten zusammen, was in der Erzähldynamik des Interviews Bestätigung findet. Thomas' Suche nach bedingungslosem Geliebtwerden und sein vehementes Sträuben gegen Gruppenzwänge werden bearbeitet und transformiert im Rahmen seiner akkumulativ-häretischen Wanderbewegungen, die doch immerhin 20–25 Jahre seines Lebens in Anspruch genommen haben.

3. Fallvergleichende Einsichten: Ergebnisse des Projekts Christlich-fundamentalistische Biografieverläufe

Sarah und Thomas sind Fälle aus unserem Forschungsprojekt im Rahmen der Enquête-Kommission[22], dessen Ergebnisse bestimmte Erwartungen enttäuschen, aber neue Perspektiven eröffnen. In vier Punkten können diese Ergebnisse zusammengefasst werden:

22 Unser Projekt gehört in den Kontext von vier Forschungsprojekten, die die Enquête-Kommission in Auftrag gegeben hat und die Ende 1997 abgeschlossen und im Februar 1998 der Enquête-Kommission vorgestellt wurden. Untersuchungsfelder waren: 1. Die Psychomarkt- und Esoterik-Angebote (vgl. W. Fuchs-Heinritz, Ch. Kolvenbach, Psychokulte/Esoterik. Aussteiger, Konvertierte und Überzeugte – kontrastive Analysen zu Einmündung, Karriere, Verbleib und Ausstieg in bzw. aus neureligiösen und weltanschaulichen Milieus oder Gruppen, Teilprojekt 4, in: Deutscher Bundestag. Enquête-Kommission »Sogenannte Sekten und Psychogruppen« [Hg.], Neue religiöse und ideologische Gemeinschaften und Psychogruppen a.a.O. [Anm. 2], S. 231–295); 2. die fernöstlich orientierten Gruppen und Milieus (A. Schöll, Fernöstliche Gruppen, Bewegungen und Organisationen. Aussteiger, Konvertierte und Überzeugte – kontrastive Analysen zu Einmündung, Karriere, Verbleib und Ausstieg in bzw. aus neureligiösen und weltanschaulichen Milieus oder Gruppen, ebd., S. 159–230), 3. Die radikalen christlichen Gruppen der ersten Generation (vgl. W. Veeser, Radikale christliche Gruppen der ersten Generation. Aussteiger, Konvertierte und Überzeugte. Kontrastive Analysen zu Einmündung, Karriere, Verbleib und Ausstieg in bzw. aus neureligiösen und weltanschaulichen Milieus oder Gruppen sowie radikalen christlichen Gruppen der ersten Generation, Teilprojekt 1, ebd., S. 40–105; und 4. die christlich-fundamentalistischen Gruppen und Organisationen (vgl. H. Streib, Milieus und Organisationen christlich-fundamentalistischer Prägung. Aussteiger, Konvertierte und Überzeugte. Kontrastive Analysen zu Einmündung, Karriere, Verbleib und Ausstieg in bzw. aus neureligiösen und weltanschaulichen Milieus oder Gruppen sowie radikalen christlichen Gruppen der ersten Generation, Teilprojekt 2, ebd., S. 108–157). In den vier Projekten zusammengenommen wurden innerhalb weniger Monate insgesamt über 80 Personen interviewt und daraus 54 narrative Interviews für die Analyse ausgewählt. In unserem Projekt »christlich-fundamentalistische Biografien« haben wir aus einem Pool von 22 geführten narrativen Interviews 12 für die Analyse kontrastiv ausgewählt.

1. Wir konnten keine Anhaltspunkte dafür finden, dass einzelne Variablen der Sozialisation allein verantwortlich sind für die Neigung zu den entsprechenden fundamentalistischen Gruppen[23]. Weder psychologische noch soziologische Erklärungsvariablen sind determinierend für eine sog. ›Sektenkarriere‹. Somit kann negativ behauptet werden: Es lässt sich keine typische ›Sektenbiografie‹ identifizieren, die durch typische Motive kausal determiniert wäre. In den Fallanalysen waren keine psychischen Krisen und Problematiken erkennbar, die nicht ebenso in Normalbiografien vorzufinden wären. Somit sind unsere fallanalytischen Ergebnisse in Übereinstimmung mit den zahlreichen Untersuchungen zur Frage der Persönlichkeitsveränderung und psychopathologischen Wirkung der Mitgliedschaft in neureligiösen und fundamentalistischen Gruppen (siehe oben).

2. Wohl aber können retrospektiv und fallbezogen eine Reihe spezifischer Motivlagen rekonstruiert werden, die für die Affinität zu bestimmten Gruppen verantwortlich sind. Dies ist eines der wichtigsten Ergebnisse der Untersuchung. Hinter der Affinität zu neureligiösen und fundamentalistischen Gruppierungen stehen Lebensthemen[24]. Diese Lebensthemen sind nicht in der Zeit der Mitgliedschaft erworben, sondern sind lebensgeschichtlich älter. Sie werden in die gesuchte und gefundene Gemeinschaft mitgebracht. Dies gilt auch für Menschen, die in einer neureligiösen oder fundamentalistischen Gemeinschaft aufgewachsen sind: Spätestens mit der Identitätsproblematik der Adoleszenz tritt die Frage des Umgangs mit den mehr oder weniger pertinenten Lebensthemen in den Vordergrund. Ein markantes Beispiel dafür ist Sarahs Ausstiegsprozess in der Adoleszenz. Die Konvertiten bringen ihre Lebensthemen mit, entwickeln

23 Dies ist übereinstimmendes Ergebnis aller vier Projekte.

24 Unter ›Lebensthema‹ verstehen wir ein Bündel von lebenspraktischen Fragen und Herausforderungen, das die Individuen in verschiedenen, teils aufeinanderfolgenden Kontexten zu bearbeiten suchen. ›Lebensthemen‹ sind tiefgehende (teilweise enkapsulierte) Prägungen, die wiederholt oder gar pertinent die Aufmerksamkeit der Person erfordern und zu Bearbeitungsversuchen, zu therapeutischen oder selbst-therapeutischen Maßnahmen Anlass geben. Von ›Lebensthemen‹ oder ›themata‹ als tiefgehenden, teilweise enkapsulierten, Prägungen spricht auch Gil Noam (G.G. Noam, Stufe, Phase und Stil: Die Entwicklungsdynamik des Selbst, in: F.K. Oser u.a. [Hg.], Transformation und Entwicklung. Grundlagen der Moralerziehung, Frankfurt a.M. 1986, S. 151–191; ders., A Constructivist Approach to Developmental Psychopathology, in: E. D. Nannis, Ph.A. Cowan [Hg.], Developmental Psychopathology and its Treatment, San Francisco, London 1988, S. 91–121; ders., Self-complexity and Self-integration: Theory and Therapy in clinical-developmental psychology, in: Journal of Moral Education 17, 1988, S. 230–245; ders., The Theory of Biography and Transformation. Foundation for Clinical Developmental Therapy, in: S.R. Shirk [Hg.], Cognitive Development and Child Psychotherapy, New York, London 1988, S. 273–317; ders., Beyond Freud and Piaget: Biographical Worlds – Interpersonal Self«, in: Th. Wren [Hg.], The Moral Domain, Cambridge 1990, S. 360–399; ders., Selbst, Moral und Lebensgeschichte«, in: W. Edelstein, G. Nummer-Winkler, G. Noam [Hg.], Moral und Person, Frankfurt a. M. 1993, S. 171–199).

aufgrund dieser Prägungen ihre Erwartungen, ihr Interesse und ihre Affinität gegenüber der Gruppierung. Wie stark die Bindung an die gefundene Gruppe sein wird und wie stabil darum die Mitgliedschaft, ist vor allen Dingen eine Frage einer »Passung« – ob das mitgebrachte Lebensthema im Kontext der Gruppe Resonanz findet oder nicht. Dabei geht es nicht um Bearbeitung oder Aufarbeitung der mit den Lebensthemen gestellten zuweilen schwierigen und krisenhaften Aufgabe, sondern zunächst allein um die Frage, ob die lebensthematische Disposition in der ideologischen und rituellen Ausstattung der religiösen Gemeinschaft Resonanz findet und in dort ermöglichten Erfahrungen und in dort geltenden moralischen Regeln gut aufgehoben ist. Dann stellt sich eine gewisse »Passung« ein. Wenn dies nicht der Fall ist, ist mit großer Wahrscheinlich damit zu rechnen, dass die Gemeinschaft wieder verlassen wird, eine neue, passendere gesucht wird (›Umsteiger‹) oder das neureligiös-fundamentalistische Umfeld gänzlich verlassen wird (›Aussteiger‹).

3. Ein weiteres zentrales Ergebnis unserer Untersuchung ist eine Typologie christlich-fundamentalistischer Biografieverläufe. Diese Typisierung greift ein an der Oberfläche des Falls liegendes und darum leicht erkennbares, für das Feld des christlichen Fundamentalismus aber trennscharfes Unterscheidungsmerkmal auf: die ›Zugangsmodi‹ zur jeweiligen fundamentalistischen Orientierung. Auf dieser Grundlage haben sich drei Typen herauskristallisiert:

a) erstens der traditionsgeleitete Typ, der, ohne viel Alternative wahrzunehmen, in einem fundamentalistischen Milieu aufgewachsen ist bzw. sich dort einnistet.

b) Davon hebt sich ein zweiter Typ ab, der Monokonvertit. Dieser konvertiert einmal und mit einem Bewusstsein des Ein-für-Allemal in christlich-fundamentalistische Religiosität, in der er zuvor nicht zuhause gewesen ist.

c) Neben die bislang typischen Biografieverläufe von ›Sektenkindern‹ und Mono-Konvertiten tritt ein dritter und neuer Typus, der ›akkumulative Häretiker‹[25]. Akkumulativ übernimmt dieser die verschiedenen religiösen Orientierungen. Konversion ist für ihn keine einmalige, sondern eine wiederholte Neuorientierung, bei der die Inhaltsdimensionen der jeweiligen Lehre in den Hintergrund treten. Es ist zu vermuten, dass wir im Typus des akkumulativen Häretikers einen neuen Typ religiöser Biografieverläufe vor uns haben, der zunehmend eine Rolle spielt und darum auch für die Konzeption von Seelsorge zu bedenken ist.

4. Schließlich hat die Analyse der biografischen Folgeprozesse zu Erkenntnissen darüber geführt, ob sich christlich-fundamentalistische Ori-

25 In der Bezeichnung ›Häretiker‹ soll nichts Abwertendes mitschwingen, vielmehr ist in Anlehnung an Peter Bergers *Heretical Imperative* (P.L. Berger, The Heretical Imperative. Contemporary Possibilities of Religious Affirmation, New York 1979) der Wahlzwang als Signum dieses Typus bestimmt.

entierungen problemverstärkend oder heilsam auswirken. Von der Möglichkeit psychischer und sozialer Dekompensation über die Stillegung oder Sistierung der Lebensthematik bis hin zur entwicklungsdynamischen Transformation und heilsamer Verarbeitung der Lebensthematik reicht das Spektrum der Fälle. Dabei waren auch Transformationen in einer Reihe von Fällen erkennbar. Dabei – und dies war zunächst überraschend – fällt im Vergleich der Fälle auf, dass positive biografische Entwicklungsverläufe (Transformation) und negative, krisenhafte Entwicklungsverläufe (Dekompensation) sich ungleich auf die drei Typen verteilen: Die traditionsgeleiteten Typen weisen viel eher Dekompensationsprozesse auf, die akkumulativen Häretiker vollziehen eher Transformationsprozesse. Diese Ergebnisse stimmen mit einer ganzen Reihe empirischer Untersuchungen überein, die ebenfalls eine transformatorische oder therapeutische Wirkung der Mitgliedschaft in neureligiösen und fundamentalistischen Gruppen belegen – allerdings ebenso wie in unserer Untersuchung besonders für den Typus des ›*social experimenters*‹[26].
Um zusammenzufassen: Die Ergebnisse aus unserem Forschungsprojekt im Rahmen der Enquête-Kommission widerstreiten einem schlichten Schubladendenken, sie zeigen eine Vielfalt von Biografieverläufen, und sie bekräftigen, was mit Sarah und Thomas exemplarisch markiert werden kann: dass es außer krisenhaften und dekompensatorischen Verläufen auch positive Entwicklungen und Transformation im christlich-fundamentalistischen Kontext geben kann, die eher bei den akkumulativen Häretikern auftreten.
Allerdings bleibt erklärungsbedürftig, was solche Transformationsprozesse ausmacht, wie sie zustande kommen und wohin sie führen können. Religionssoziologische, religionspsychologisch-entwicklungspsychologische und religionsphilosophische Perspektiven können einen Beitrag zum Verständnis der Entstehungs- und Entwicklungsbedingungen der neureligiösen und fundamentalistischen Formen von Religion leisten. Dies soll nun skizziert werden, nicht zuletzt deshalb, weil sich daraus Folgerungen für die Zielperspektive von Beratung und Seelsorge ergeben.

3.1 Deutungsperspektiven für neureligiös-fundamentalistische Orientierungen

Wenn Fundamentalismus als radikaler Bruch mit modernen wissenschaftlichen, besonders modernen theologischen Veränderungen verstanden wird, als Verweigerung und Verwahrung gegen *secular humanism*, gegen Relativismus und Pluralismus, Autoritätskritik und kritisches Denken überhaupt, liegt seine Interpretation als Anti-Modernismus nahe, der die Welt in vormoderne Zeiten zurückzuführen will[27] und als »Gespenst in der modernen Welt« umgeht. Diese schlichte Antimodernismus-These ist

26 Vgl. B. Kilbourne, J.T. Richardson, a.a.O. (Anm. 19), S. 13–22.
27 Th. Meyer, Fundamentalismus. Aufstand gegen die Moderne, Reinbek 1989.

in Gefahr zu übersehen, dass der Fundamentalismus selbst ein Ergebnis der Moderne ist. Mit Küenzlen[28] ist daher Fundamentalismus als »moderner Antimodernismus« zu bezeichnen. Ausgesprochen moderne Züge zeigen sich augenfällig in der nach außen, auf Missionierung und kulturelle Geltung gerichteten Aktivitäten des Fundamentalismus. Auf diese ambivalente Gleichzeitigkeit von Modernität und Anti-Modernität hinzuweisen ist auch darum wichtig, weil sie auch in der entwicklungspsychologischen und der psychoanalytischen Erklärung zum Tragen kommt. *Revival* und Regression sind Begriffe und Denkmodelle, die ich für meine Deutungsperspektiven auf neureligiös-fundamentalistische Orientierungen fruchtbar machen kann.

3.1.1 Neureligiös-fundamentalistische Orientierung als ›*Revival*‹

Eine biografisch-entwicklungpsychologische Perspektive auf den Fundamentalismus eröffnet sich, wenn man folgende rätselhafte Frage aufgreift: Wie reimt es sich, dass fundamentalistisch orientierte Menschen einerseits lebenstüchtig und versiert alltagspraktische Problemfelder durchschauen, am Arbeitsplatz hochkomplexe Geräte bedienen, also entwicklungpsychologisch erworbene Kompetenzen nicht nur zur Lösung von Gleichungen mit mehreren Unbekannten, sondern auch zum abwägenden Lösen von Alltagsfragen aufweisen, dass dieselben Menschen jedoch in Fragen der gesellschaftlichen und persönlichen Zukunft, in Fragen des Sinns und letzter Werte die einfachsten Lösungen bevorzugen, einem Prediger oder Guru zu Füßen sitzen? Man kann hier von einer Flucht in die Kindheit sprechen, genauer von einem *Revival*, einer Revitalisierung von lebensgeschichtlich früheren Stadien. Fundamentalismus erscheint als Wiederkehr eines wortwörtlichen Verständnisses von Texten und Erzählungen, eines mythisch-wörtlichen Glaubens in Fowlers[29] Terminologie und eines unentrinnbaren Tun-Ergehen-Zusammenhangs, einer »*do-ut-des*«-Orientierung in Osers Begrifflichkeit[30] oder einer angsterfüllenden unerbittlichen Übermacht des Göttlichen, die Oser »*deus-ex-machina*« Orientierung nennt und Fowlers intuitiv-projektivem Glauben entspricht. Es ist nicht daran gedacht, Kinder auf diesen Entwicklungsstufen Fundamentalisten zu nennen. Aber wenn nach Entwicklungsfortschritten auf konventionelle und individuierende Stufen, die die meisten Menschen in der Adoleszenz oder im Erwachsenenalter vollzogen haben, diese früheren Orientierungen wieder auftauchen, legt es sich nahe, von einem *Revival* zu sprechen.

28 G. Küenzlen, Fundamentalismus: Moderner Antimodernismus. Kultursoziologische Überlegungen, in: Praktische Theologie 29, 1994, S. 43ff; ders., Religiöser Fundamentalismus – Aufstand gegen die Moderne«, in: H.J. Höhn (Hg.), Krise der Immanenz. Religion an den Grenzen der Moderne, Frankfurt a.M. 1996, S. 50–71.
29 J.W. Fowler, Stages of Faith, San Francisco 1981.
30 F.K. Oser, P. Gmünder, Der Mensch – Stufen seiner religiösen Entwicklung. Ein strukturgenetischer Ansatz, Zürich, Köln 1984.

Im Rahmen einer behutsamen, stärker an interpersonalen Strukturen orientierten und in einem ›archäologischen‹ Aufschichtungsmodell vorgestellten Revision der Glaubensentwicklung schlage ich vor, von religiösen Stilen und ihrer Entwicklung zu sprechen, deren Bezeichnung sich an Fowlers, teilweise an Osers, vor allem aber an Noams Bezeichnungen anlehnt: Auf einen ›subjektiven religiösen Stil‹ folgt, wobei sich dieser ›ablagert‹, ein ›instrumentell-reziproker‹ Stil. Jeweils nach Ablagerung der vorangehenden Stile folgt die Entwicklung eines ›mutuellen‹ Stils, der durch den ›individuierend-systemischen‹ Stil und schließlich durch den ›dialogischen‹ Stil abgelöst werden kann.

In diesem Modell von religiösen Stilen können fundamentalistische und viele neureligiöse Orientierungen als *Revival* lebensgeschichtlich längst überholter Erfahrungen und Handlungsmuster, und damit als religiöser Stil-Bruch, gedeutet werden[31]. Die Überwindung dieses Stil-Bruchs setzt eine Konsolidierung der gegenwärtigen Entwicklungskompetenzen sowie die (narrative) Integration früherer Orientierungen voraus. Hieraus ergeben sich Handlungsoptionen für Seelsorge und Beratung von fundamentalistischen Aussteigern, die weiter unten zu entfalten sind.

3.1.2 Neureligiös-fundamentalistische Orientierungen als Regression

Während das Interpretament Stil-Bruch eher auf die kognitiven und interpersonalen Strukturen fokussiert, bietet sich aus psychoanalytischer Perspektive eine Deutungsmöglichkeit des Entstehens und der Entwicklung neureligiöser und fundamentalistischer Orientierungen, die gewissermaßen die tiefenpsychologische Parallelentwicklung beschreibt. Hier steht die Psychodynamik im Mittelpunkt und darum besonders der Begriff der Regression. Fundamentalistische und neureligiöse Milieus scheinen für ihre Mitglieder die Umgebung zu sein, in der sie regredieren und in frühere psychohistorische Erfahrungen und Verhaltensweisen wiedereintauchen können.

Thomas etwa spricht dies selbst ziemlich offen aus und erklärt damit auch die auf den ersten Blick nicht leicht verständliche Rastlosigkeit seiner religiösen Karriere. In der fundamentalistischen Gruppe – und zuvor in einer ganzen Reihe anderer Gruppierungen – hat Thomas nicht primär nach Wahrheit gesucht, Inhaltsdimensionen standen bei der Serie von Konversionen und Dekonversionen nicht im Vordergrund; vielmehr ist es eine »Suche nach mehr Intensität, nach ner bestimmten Befreiung von Belastungen« und ein Hunger nach bedingungslosem Geliebtwerden, das ihn

31 H. Streib, Fundamentalismus als religiöser Stil-Bruch (Antrittvorlesung an der Universität Bielefeld am 21.05.97). URL: *http://www.tgkm.uni-bielefeld.de/hstreib/Literatur/antritt.htm;* ders., Faith Development Theory Revisited: The Religious Styles Perspective«, in: International Journal for the Psychology of Religion 2000 (under review); ders., Fundamentalism as Challenge to Religious Education, in: Religious Education 2000 (accepted for publication).

von einer Gruppe zur nächsten treibt. Dies sind Bedürfnisse und Suchbewegungen, die auf Regression zielen. Diese regressiven Suchbewegungen und wiederholtes Wiedereintauchen in regressives Verhalten war für Thomas jedoch erstaunlicherweise nicht nur blockierend, sondern hat ihm Entwicklungsschritte ermöglicht, so dass er am Ende des Weges durchaus ohne fundamentalistische, neureligiöse oder Psycho-Gruppenzugehörigkeit mit seinen Lebensthemen umgehen kann.

Mit dieser Deutung kann an die Erkenntnis angeschlossen werden, die im psychoanalytischen Diskurs sich erst allmählich und gegen Widerstände entfalten konnte, dass Regression nicht in jedem Fall die Entwicklungsmöglichkeiten blockieren muss, sondern auch voranbringen kann. Schließlich hat die Rede von einer »Regression im Dienste des Ichs« die ältere negative Sicht einer ausschließlich bösartigen Regression ergänzt und differenziert[32]. In seinem Buch »Werden wie die Kinder? Christlicher Glaube und Regression«[33] unterscheidet etwa Klaus Winkler mit Berufung auf Michael Balint von einer malignen eine benigne Regression. Freilich ist nicht die eine gegen die andere Form der Regression auszuspielen, und Winkler weist mit Nachdruck darauf hin, dass auch Balint nicht eine veraltete Regressionsauffassung durch seine neue ersetzen wollte. Vielmehr folgt daraus, dass sowohl theoretisch als auch in der analytischen Praxis präziser zwischen beiden Formen unterschieden werden sollte.

Für unsere Deutungsperspektive auf fundamentalistisch-neureligiöse Orientierungen legt sich aus dieser psychoanalytischen Erkenntnis die These nahe, dass nicht nur die Religion im Allgemeinen[34], sondern auch neureligiöse und fundamentalistische Varianten im Besonderen sich als progressive, benigne Regression auswirken können, wenn auch maligne Formen der Regression nicht selten sind und maligne Anteile nicht übersehen werden dürfen. Aus beiden Deutungen der Entstehung und Entwicklung neureligiös-fundamentalistischer Orientierungen, Revival und Regression, eröffnen sich neue Perspektiven auf Therapie, Beratung und Seelsorge, die an vorliegende Ansätze anschließen, diese jedoch innovativ gestalten und fortentwickeln.

32 Die Rede von einer »Regression im Dienste des Ich« geht vor allem auf Ernst Kris zurück, der mit dieser Perspektive einen Ausweg aus dem konflikthaften Dissens zwischen Freud und Ferenczi anbahnte. Michael Balint hat eben an dieser Perspektive weitergearbeitet (M. Balint, Therapeutische Aspekte der Regression. Die Theorie der Grundstörung, Stuttgart ²1997).

33 K. Winkler, Werden wie die Kinder? Christlicher Glaube und Regression, Mainz 1992.

34 H. Henseler, Religiöses Erleben – eine Regression im Dienste des Ich? Überlegungen zur Psychogenese der Religion, in: G. Klosinski (Hg.): Religion als Chance oder Risiko, Bern, Göttingen, Toronto, Seattle 1994, S. 169–178.

4. Praxisperspektiven: Seelsorge im Kontext fundamentalistischer und neuer Religiosität

4.1 Grundentscheidungen: Toleranz, Verstehen und Empathie

Gegen die eingangs skizzierte radikale Einseitigkeit des Konzepts des *exit counseling* sollten zunächst und zumindest moderate Vorschläge in Erinnerung gerufen werden, etwa die Empfehlungen von Gunther Klosinski[35]. Obwohl er aus eigenen empirischen Studien über die Transzendentale Meditation (TM) und die Bhagwan-Bewegung neben einer Mehrzahl von Konvertiten, bei denen »eine Stabilisierung und positive Entwicklung« festzustellen war, auch die Gefahren der Abhängigkeit und der Gefahr von Ich-Störungen herausstellt[36], spricht sich Klosinski dafür aus:

»Zunächst anhören, Vertrauen aufbauen, die religiöse Haltung des Gegenübers akzeptieren und nicht verurteilen. ... Auf keinen Fall soll der Berater oder Therapeut überzeugen wollen, dass der Betreffende auf einem Irrweg ist. Vielmehr geht es darum, seine Konversion zu verstehen, dem Betreffenden zu vermitteln, dass seine Umkehr und Abwendung, sein Ausstieg aus seiner Konfession in die neue Sekte eine innere Notwendigkeit für ihn war, für ihn stimmig und richtig.«

Ein weiterer moderierender Beitrag schlägt ähnliche Töne an, führt jedoch im Detail weiter und trägt damit zur Klärung eines Konzepts der Seelsorge und Beratung für Mitglieder und Aussteiger neureligiöser und fundamentalistischer Gruppierungen Entscheidendes bei: der Beitrag von John A. Saliba, eines der wenigen Kollegen, der sich seit längerer Zeit mit diesem Themenfeld befasst und außer einer Bibliografie einige Texte und ein Buch, *Understanding New Religious Movements*, vorgelegt hat[37]. Saliba unterscheidet nicht nur sorgfältig verschiedene Typen von Ratsuchenden: Eltern von Mitgliedern, freiwillige Aussteiger, unfreiwillige Aussteiger, *religious seekers*, die in gewisser Unentschlossenheit einen neureligiösen Lebensstil erkunden wollen, und NRM-Mitglieder, die einen Ausstieg erwägen und dies klären wollen.
Mit Nachdruck empfiehlt Saliba weitestmögliche Neutralität der beratenden Person, die sich weder von ihrer eigenen Besorgnis noch von den El-

35 G. Klosinski, Handlungsmöglichkeiten und -hilfen aus psychiatrischer und jugendpsychiatrischer Sicht für Betroffene und Angehörige«, in: G. Gehl (Hg.), Zwischen Psyche und Chaos: Einfluss von Psychokulten auf Politik, Wirtschaft, Gesellschaft und Kirche, Saabrücken 1994, S. 93–107.

36 G. Klosinski, Warum Bhagwan? Auf der Suche nach Heimat, Geborgenheit und Liebe, München 1985; ders., Psychokulte. Was Sekten für Jugendliche so attraktiv macht, München 1996.

37 J.A. Saliba, Psychiatry and the New Cults: II«, in: Academic Psychology Bulletin 7, 1985, S. 361–375; ders., Psychiatry and the Cults. An Annotated Bibliography, New York 1987; ders., Social Science and the Cults, New York 1990; ders., Dialogue with the New Religious Movements: Issues ..., in: Journal of Ecumenical Studies 30, 1993, S. 51–80; ders., Understanding New Religious Movements, Grand Rapids 1995.

tern dazu hinreißen lassen sollte, ein NRM-Mitglied von der Verkehrtheit seiner Orientierung überzeugen zu wollen und zur Dekonversion zu bewegen.

»Counselors and therapists are not the judges of the lifestyles and religions of their clients. Their objective is certainly not to try and ›deconvert‹ or dissuade individuals from their commitments. Judgments about belief systems are never appropriate in a counseling context. Counselors who dwell on the fantastic and irrational nature of cult beliefs, who ridicule the rituals that cult members practice, and who cite select examples of weird or criminal behaviors as evidence against new religions in general, are not offering counseling services but expressing their own personal theological positions and ethnocentric viewpoints or, worse still, passing condemnatory judgment on religion as a whole«[38].

Nicht zuletzt also spielt die eigene Toleranz des Seelsorgers und der Seelsorgerin bzw. seine oder ihre Ethnozentrizität eine entscheidende Rolle für die Qualität von Beratung und Seelsorge an Mitgliedern und Aussteigern aus neureligiösen Gruppen. Was für jede beraterische, therapeutische und seelsorgliche Beziehung gilt, gilt auch und besonders für diese Fälle: Empathie muss entstehen und gefördert werden.
Empathie, Verständnis und Toleranz zu entwickeln, sollte auch in der Beratung von Eltern berücksichtigt werden, die Kinder an neureligiöse Gruppen ›verloren‹ haben. Ratschläge mit dem Ziel, dass Eltern ihre ›verlorenen‹ Kinder retten oder entführen wollen, führen eher dazu, die Notlage der Eltern zu vergrößern, als produktives Verständnis für die Situation und deren bewusste und unbewusste Entstehungsbedingungen zu eröffnen. Ein wirklicher Dialog mit den ›verlorenen‹ Söhnen und Töchtern kann auf diese Weise kaum entstehen. Die teilweise mühsam erarbeiteten und erstrittenen Grundlinien des interreligiösen Dialogs sollten auch im neureligiösen Bereich der Seelsorge Anwendung finden; wenn es darum geht, dass Seelsorge theologisches Profil zeigt, dann hier im besonderen Maße durch den Einschluss interreligiöser Semantik und Grammatik. Dialog aber hat auch in diesem Feld zur Voraussetzung, den Pluralismus der Religionen und die prinzipielle persönliche Wahlfreiheit in Sachen Religion zu akzeptieren – und somit die Tatsache, dass die eigenen Kinder von solcher Wahlfreiheit Gebrauch gemacht haben. Im günstigen Falle gelingt es, im Erkennen von Parallelen zwischen der eigenen und der neuen Religiosität intellektuelle und emotionale Grenzen zu überschreiten.
Jedenfalls ist nichts gewonnen, wenn Angst, Zweifel, Selbstvorwürfe oder Wut der Mitglieder und Ex-Mitglieder geschürt werden. Zielperspektive der Seelsorge sollte hier die Förderung einer positiven, integrierenden Haltung gegenüber den gegenwärtigen bzw. der Vergangenheit angehörenden religiösen Erfahrungen in der neureligiösen Gruppe sein:

38 J.A. Saliba, Understanding New Religious Movements, a.a.O. (Anm. 36), S. 210.

»The counselor should skillfully steer (1) members of new religions to reflect upon and assess their faith commitments without fear of being threatened; and (2) ex-cult members to reach insightful and profitable appraisal of their past experiences, rather than indulge in morose recollections of their foolish mistakes and in angry tirades against their former spiritual guides or gurus. Moreover, counselors should not participate in, much less initiate, attacks – verbal or otherwise – against fringe religions, no matter how reprehensible their behavior might appear to be«[39].

Daran kann eine Konzeption von Seelsorge anschließen, die im oben skizzierten Modell das Entstehen neureligiöser und fundamentalistischer Orientierungen als lebensgeschichtliches *Revival* früherer religiöser Entwicklungsstadien und religiöser Stile deutet. Denn in der euphorischen Überhöhung oder Verabsolutierung früherer Orientierungen, wie wir sie in ›klassischen‹ Konversionserzählungen vorfinden, wird die stilbruchartige Prävalenz dieser Orientierungen ebenso wenig biografisch integriert wie in wütender Distanzierung oder (auto-)aggressiven Ausgrenzungsanstrengungen. Zielperspektive von Seelsorge wäre darum, dass diese *Revivals* und Regressionen und deren Entstehungsbedingungen einsichtig und nachvollziehbar werden und dass diese eher positiv gewürdigt und als Entwicklungschancen integriert – und dies heißt zunächst und insbesondere: dass sie erzählt werden können. Dass dies stattfindet, erscheint besonders im Blick auf Sarah von großer Bedeutung. Ja, man kann das gesamte Interview mit Sarah (und vielen anderen *Interviewees*) unter diesem Aspekt noch einmal neu lesen: Die Lebensgeschichte und dabei besonders die widerspenstigen Dimensionen und Erfahrungen werden in einer lebensgeschichtlichen Erzählung erinnert und in einen narrativen Zusammenhang gebracht. In der Seelsorge und besonders in der Therapie wird damit und daran im Detail gearbeitet.

4.2 Seelsorge, heilsames Erzählen und die Bearbeitung von Lebensthemen, *Revival* und Regression

Für die Frage der psychotherapeutischen Intervention, psychosozialen Beratung und die Frage der Seelsorge – und ich beschränke mich hier weiterhin auf die Ratsuchenden, die sich im Ausstiegsprozess befinden oder einen Ausstieg hinter sich haben – ist besonders eines der Ergebnisse unserer empirischen Untersuchung bedeutsam: dass für die Affinität zu neureligiösen und fundamentalistischen Gruppierungen Lebensthemen verantwortlich sind. Ist einerseits die Bindung an eine Gemeinschaft meist mit der unproduktiven Stillegung der Lebensthemen verbunden, kann andererseits der Ausstieg der Anfang einer produktiven biografischen Wende sein. Die Lebensthematik kann schließlich und endlich bearbeitet werden. Somit lässt sich das Projekt von Therapie, Beratung und Seelsorge genauer bestimmen: Es geht um die Bearbeitung der unbearbeiteten, weil

39 A.a.O., S. 210f.

stillgelegten Lebensthemen. Diese tiefer liegende Ebene zu erreichen ist das primäre Ziel, das bei aller Aufarbeitung von Erfahrungen, Traumatisierungen, aufgestauter Wut, Selbstvorwürfen und Selbstzweifeln nicht aus dem Auge zu verlieren ist.

An die von Saliba entworfene Perspektive anschließend, aber dergestalt an einem entscheidenden Punkt weiterführend, kann Seelsorge an Aussteigern aus fundamentalistischen und neureligiösen Gruppierungen folgendermaßen charakterisiert werden: Wenn man Seelsorge als Hilfe zu narrativer Integration sperriger, widerspenstiger und zuweilen unheilvoller lebensgeschichtlicher Erfahrungen und Episoden versteht, dann bedeutet dies im Blick auf fundamentalistische und neureligiöse Aussteiger, dass auch jene sperrigen lebensgeschichtlichen Episoden, etwa die damalige Konversion und ihre Folgen, in einfühlendem, selbstverstehendem und zuweilen selbstironischem[40] Stil erzählt werden können und nicht von Selbstverachtung und wütender Beschuldigung eingefärbt bleiben müssen[41]. Seelsorge an (Ex-) Mitgliedern neureligiöser Gruppierungen kann in diesem Sinne als »heilsames Erzählen«[42] profiliert werden.

Dies ist nun von besonderer Bedeutung für den Umgang mit den Orientierungen eines instrumentell-reziproken oder ›*do-ut-des*‹-Stils sowie eines subjektiven Stils, die als *Revival* die Charakteristika des neureligiös-fundamentalistischen Stil-Bruchs ausmachen. Diese Orientierungen haben ihre Macht und Übermacht verloren, sobald sie erzählt werden können – als Episoden oder Phasen, die zur eigenen Lebensgeschichte gehören, aber Vergangenheit sind. Dementsprechende ›Erzähl-Übungen‹ in der Seelsorge sind die zuweilen schmerzhaften, aber heilsamen Wege der Zähmung des Widerspenstigen; denn sie erfolgen in dem Stil (mutuell,

40 Pointiert könnte man mit Rühmkorf wünschen, dass auch im Blick auf die von Aussteigern nicht selten als Katastrophe empfundenen neureligiösen Episoden es darum geht, eine als traurige erlebte Geschichte als lustige weiterzuerzählen. Oder auch mit Verweis auf Bergers »erlösendes Lachen« (P.L. Berger, Redeeming Laughter. The Comic Dimension of Human Experience, New York/Berlin 1997) kann die Bedeutung des Ironischen als Einbruch von Transzendenz und einer eschatologischen Perspektive verdeutlicht werden, die auch für die zunächst schweren und bitterernsten Geschichten, die zuweilen in der Seelsorge erzählt werden, eine Lösungsperspektive aufzeigt.

41 Vgl. dazu auch den anregenden Ansatz von Gina Schilber und Christoph Morgenthaler, »Gott und die Wut«, in: WzM 52, 2000, S. 78–94; vgl. auch den Buchbeitrag von G. Schibler, Kreativ-emanzipierende Seelsorge. Konzepte der intermedialen Kunsttherapien und der feministischen Hermeneutik als Herausforderung für die kirchliche Praxis, Stuttgart 1999), die eine Kurzzeitberatung mit Einschluss von systemischen, kunsttherapeutischen und feministischen Orientierungen eine Perspektive des Umschreibens und Umerzählens im Seelsorgeprozess beschreibt, die die Wut der Ratsuchenden nicht ausklammert, sondern in den Prozess mit hinein nimmt.

42 H. Streib, Heilsames Erzählen. Pastoraltheologische und pastoralpsychologische Perspektiven zur Begründung und Gestaltung der Seelsorge, in: WzM 48, 1996, S. 30–44. URL: http://www.tgkm.uni-bielefeld.de/hstreib/literatur/Erzähl.htm.

individuiernd oder dialogisch), der für die Ratsuchenden lebensgeschichtlich *up-to-date* ist.
Entsprechendes ist im Blick auf die Interpretation fundamentalistischer und neureligiöser Präferenzen als Regression zu sagen: Sowenig es darum gehen kann, die Wut und Aggression auf die eigene Regression zu verstärken (wie im *exit couseling*), kann es auch darum nicht gehen, die meist mit Scham und Wut erinnerte Regression vergessen zu machen oder herunterzuspielen. Vielmehr geht es darum, gemeinsam jene Lebensthemen auszugraben und zu erinnern, die hinter den regressiven Bedürfnissen stehen und – selbst nach jahrelangem ›Ausleben‹ in der ›passenden‹ Gruppe – immer noch auf Bearbeitung warten.
Die potenzielle Heilsamkeit und die Entwicklungschancen der neureligiös-fundamentalistischen Regression, von der oben die Rede war, ist nun auch im Blick auf Therapie, Beratung und Seelsorge wichtig, um die für die rat- und hilfesuchenden (Ex-) Mitglieder bereits greifbaren oder realisierten progressiven Entwicklungsmöglichkeiten nicht zu verkennen, sondern diese zu verstärken. Denn es gehört zur Praxis der helfenden Beziehung, Prozesse der Regression und ihrer Bearbeitung zu begleiten – sei es als Begleitung des Wiederaufsuchens von psychohistorisch früheren Erfahrungen im seelsorglichen Gespräch[43] oder als therapeutische oder psychoanalytische Beziehung, in der Regression zur Arbeitsweise gehört und, wenn wir Balint folgen, darauf zu achten ist, dass maligne Formen ausgeschlossen und gutartige Formen gesichert und entwickelt werden.
Hoffnung und Ziel von Seelsorge an Ex-Mitgliedern fundamentalistisch-neureligiöser Gruppen wäre es, dass nach allem mühevollen und schmerzhaften Erinnern und Durcharbeiten von Regression und *Revival* sich Menschen aus der seelsorgerischen Beziehung verabschieden können, die neue Ich-Stärke, neue Ich-Integrität und eine neue retrospektive Interpretation gefunden haben, die die benignen Dimensionen der fundamentalistisch-neureligiösen Regression verstärkt und, jedenfalls in Ansätzen, diese als ›Regression im Dienste des Ich‹ versteht bzw. ›um-erzählt‹.

4.3 Ausblick: typenspezifische Selbstheilungskräfte?

Der Fall ›Thomas‹ ist für das generelle Bild von neureligiös-fundamentalistischer Mitgliedschaft, aber auch für eine zeitgemäße Konzeption von Seelsorge und Beratung im neureligiös-fundamentalistischen Umfeld darum von Bedeutung, weil – zur Verblüffung oder Enttäuschung antikultistischer Erwartung – in seinem Lebensweg durch verschiedene neureligiöse, fundamentalistische und Psycho-Szenen ein Charakteristikum der ›Sektenmitgliedschaft‹ gänzlich fehlt: Thomas erleidet keine psychischen Beschädigungen, sondern hat sich »überall ein Pünktchen

43 Vgl. dazu auch die Empfehlung Fowlers a.a.O. (Anm. 28), frühere Stufen »wieder zu besuchen«, um in der Glaubensentwicklung weiterzuschreiten, was er besonders am Fall ›Mary‹ expliziert.

rausgezogen« und ist dabei gewachsen, ausgeglichener und lebenszufriedener geworden.
Der akkumulative Häretiker hat dabei offenkundig seine Lebensthematik schrittweise bearbeiten können. Daraus könnte man im Kontrast zu den oben ausgebreiteten Überlegungen zur Seelsorge vermuten, dass Thomas eigentlich nichts ›fehlt‹ und er an keiner Stelle Bedarf an therapeutischer, psychosozialer oder seelsorglicher Intervention hatte – und *exit counseling* gänzlich deplaziert gewesen wäre. Doch geht aus der sorgfältigen Rekonstruktion seines neureligiösen Globetrotts auch dies hervor: Thomas nimmt seine Lebensthemen von einem Gruppen-Aufenthalt in den nächsten mit. Daher kann man mutmaßen, dass an einigen Wendepunkten seines Biografieverlaufs ihm in einer seelsorglichen oder therapeutischen Intervention möglicherweise weitere Wiederholungen erspart geblieben wären. Thomas hatte das Glück oder die Disposition, akkumulativ-häretisch und zugleich produktiv und transformatorisch damit umzugehen und eine für ihn tragbare Lösung zu finden.
Die selbsttätigen Transformationsprozesse bei Thomas können als Hinweis darauf genommen werden, dass es biografische Entwicklungschancen gibt, die in der Seelsorge nicht übersehen werden dürfen, weil an diese angeknüpft werden kann. Es ist mit Selbstheilungskräften zu rechnen, die gelegentlich eine therapeutische, beraterische oder seelsorgliche Intervention wenn auch nicht überflüssig erscheinen lassen – und das wäre nicht die schlechteste Variante! –, so doch andere Vorzeichen setzen. Wenn dies auch längst nicht auf alle Fälle zutrifft, sondern eher für die *social experimenters*, die akkumulativen Häretiker, so sollte sich eine Seelsorge, die der religiösen Lage in einem neuen Jahrtausend gerecht werden will, auch auf diesen neuen Typ im Ensemble neureligiös-fundamentalistischer Biografieverläufe einstellen.

Teil IV

Methodische Entwicklungen in Seelsorge und Beratung

Gábor Hézser[1]

Familienrekonstruktion
Eine Methode der systemischen Seelsorge und der Seelsorgeausbildung

1. Etwas Altes wird zum Neuen

Familienrekonstruktion ist grundsätzlich nichts Neues. Alle therapeutischen und seelsorglichen Richtungen arbeiten schon immer spontan und akzidentiell mit Ansätzen der Rekonstruktion der Familienbiografie. Ereignisse, Zusammenhänge aus der eigenen und Herkunfts-Familie der Hilfesuchenden wurden mit unterschiedlichen Methoden, verbal und dramatisiert, aufgegriffen.
Die Familientherapie[2] setzte die Familienrekonstruktion als methodisch eigenständiges Gruppenverfahren ursprünglich in der Ausbildung von Therapeuten ein. Später ging diese Vorgehensweise in die therapeutische Praxis über[3].

2. Die Grundidee

Einflüsse aus der Herkunftsfamilie als angelernte Muster wiederholen sich im weiteren Leben. Sie beeinflussen nicht nur das Verhalten des Einzelnen, sondern auch sein gesamtes Norm- und Wertesystem, sein Welt- und Menschenbild.
Die Rekonstruktionsarbeit verfolgt mehrere Ziele:

- solche Einflüsse zu entdecken und bewusst wahrzunehmen,
- bis jetzt ungenutzte konstruktive Ressourcen für das Leben zu nutzen,
- sich mit hinderlichen Einflüssen zu versöhnen,
- alte, schmerzhafte und lähmende Erlebnisse im erweiterten Kontext und als Wechselwirkungen zu verstehen und dadurch
- die Mehrdeutigkeit bislang einseitiger Deutungen in der Lebensgeschichte zu verstehen, das Erlebte neu zu konnotieren und
- teilweise zu neuer Lebensdeutung zu gelangen.

1 Dr. theol. Gábor Hézser ist Pastor in den von Bodelschwinghschen Anstalten Bethel, Supervisor am Seelsorgeinstitut an der Kirchlichen Hochschule Bethel und Familientherapeut.
2 Zunächst entwickelt und angewandt von V. Satir (V. Satir, M. Baldwin, Familientherapie in Aktion, Paderborn [3]1990).
3 Vgl. A. v. Schlippe, J. Schweitzer, Lehrbuch der systemischen Therapie, Göttingen 1997, S. 219ff.

Das Arbeiten mit diesem Ansatz, in vollem Umfang oder Elementen der Methode ist immer indiziert. Voraussetzung dafür ist eine entsprechende Schulung der HelferInnen.

3. Die Relevanz für die Seelsorge

Die Seelsorge, sowohl in parochialer Praxis als auch in ihren Spezialformen, kann die systemische Bezogenheit ihrer Klienten nicht außer acht lassen[4]. Entweder hat sie ummittelbar mit Familien zu tun, wie in der Kausalseelsorge, oder sie bekommt die Geschichte Einzelner im familiären Kontext erzählt. Sie bewegt sich dabei in einem Bereich, der von FamilientherapeutInnen als »Familientherapie ohne Familie« längst konzipiert und praktiziert wurde[5]. De facto geschieht dabei jedesmal und unbemerkt eine Teil-Rekonstruktion von Familiengeschichten. Von speziellem Interesse kann für die Seelsorge die Tatsache sein, dass die individuelle Religiosität sich durch das Wirken von Beeinflussungssystemen, allen voran durch die Herkunftsfamilie, entwickelt[6]. Im Anschluss an K. Winkler ist nicht nur von einem »persönlichkeitsspezifischem Credo«, sondern auch von einem »familienspezifischen Credo« auszugehen[7]. Daher ist für SeelsorgerInnen eine Rekonstruktion der eigenen Familienbiografie, fokussiert auf diesem Aspekt, unabdingbar[8].

4. Einige Methodenelemente der Rekonstruktionsarbeit

4.1 Genogramm

Genogramme[9] sind die elementarsten Werkzeuge der Familienrekonstruktion. Es handelt sich dabei um eine systematisierte Form des Familienstammbaums, die mit international festgelegten Zeichen arbeitet. Genogramme helfen denen, die von ihrer Familie und Lebensgeschichte erzählen, und den Helfenden, komplexe Informationen über mehrere Generationen hinweg zu verfolgen, familiäre Zusammenhänge festzuhalten und genauer zu verstehen. Die Familienmuster werden meist unbewusst vollzogen und sind das Ergebnis der emotionalen Reaktionen der Familienmitglieder untereinander. Spezifische Familienmuster sind eine Art und

4 Vgl. G. Hézser, Seelsorge mit Angehörigen und Mitbetroffenen, in: M. Klessmann (Hg.), Handbuch der Krankenhausseelsorge, Gütersloh 1996, S. 161ff.

5 Z.B.: Th. Weiss, Familientherapie ohne Familie, München 1989.

6 Vgl. Chr. Morgenthaler, Systemische Seelsorge, Stuttgart, Berlin 1999, S. 97ff.

7 So auch bei H. Stierlin, Delegation und Familie. Beiträge zum Heidelberger familiendynamischen Konzept, Frankfurt a.M. 1978.

8 Vgl. Morgenthaler, a.a.O. (Anm. 3), S. 253ff.

9 Ausführlich M. McGoldrick, R. Gerson, Genogramme in der Familienberatung, Bern, Stuttgart, Toronto 1990.

Weise, wie eine Familie unter bestimmten Bedingungen überlebt. Sie können dysfunktional werden.
Ein Beispiel für ein Genogramm:

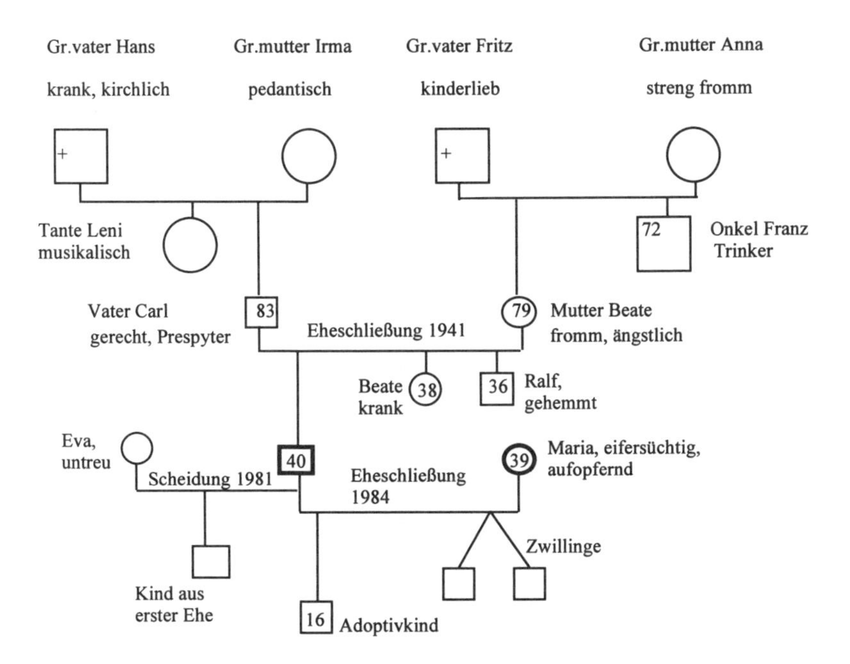

Auch in seelsorglichen Situationen, die nicht das Ziel und den Anspruch einer Rekonstruktion haben, ist es hilfreich, beim Zuhören einen »Stammbaum« zu malen. Wenn die Erzähler in einem Kausalseelsorgegespräch z.B. mit auf das Blatt schauen können, kann dadurch die Kommunikation oft intensiviert werden. Es empfiehlt sich, bei dem Erzähler oder der Erzählerin und ihrer jetzigen Familie anzufangen und die Herkunftsfamilie, manchmal mehrere Generationen umfassend, darüber zu zeichnen. Man bedient sich eines einfachen Zeichensystems: Es ist hilfreich, in die Quadrat-Symbole für Männer bzw. Kreis-Symbole für Frauen die Geburtsdaten oder das Alter einzutragen, das Datum der Eheschliessungen bzw. Scheidungen oder Trennungen anzugeben. In der Rekonstruktionsarbeit für die Ausbildung von Seelsorgern werden die Personen mit bestimmten Charakteristika versehen. In der Seelsorgearbeit können nach Bedarf Thema und Eigenschaften stichwortartig aufgeführt werden. Bei der Betrachtung kann z.B. auf folgendes geachtet werden:

- Wie ist die Verteilung/Dominanz der Geschlechter?
- Im welchen Alter werden Ehen/Partnerschaften geschlossen oder geschieden, Kinder geboren etc.?

- Gibt es auffällige Unterschiede zwischen den Generationen (z.B.: Geschwisterkonstellationen, Berufe) usw.?
- Wo hat der Erzähler, die Erzählerin Informationslücken? Weist das auf ein Familiengeheimnis hin?
- Welche Eigenschaften, Krankheiten, Berufe etc. wiederholen sich?
- Wie sind die religiösen bzw. religiös relevanten Einstellungen verteilt?
- Welche Funktion und Dysfunktion hatte Religion für die einzelnen Generationen?
- Welche Muster wiederholen sich?

4.2 Zeitlinie

Das Genogramm bietet einen Überblick über die mehrgenerationelle Struktur und wiederkehrenden Muster einer Familie. Die »Zeitlinie« hilft, Familienereignisse und bedeutsame Fakten im Leben einzelner Familienmitglieder in einer Synopse zu erfassen und zu verstehen. Dadurch können bis dahin »feststehende« Deutungen und Wertungen, die Konnotation des einzeln oder gemeinsam Erlebten, sich qualitativ verändern. Es ist eine Art »Stockwerksarbeit«: Unterhalb einer Linie mit den Jahreszahlen wird dabei das Ereignis im eigenen Leben angegeben, darunter in Folge werden die persönliche Reaktion, die gewünschte Reaktion sowie die eigene Wertung und die gewünschte Wertung aufgeführt. Oberhalb der Jahreszahlen stehen die zu diesem Zeitpunkt aktuellen sonstigen Ereignisse in der Familie und, wie wichtige familiäre Bezugspersonen darauf reagiert haben. Es folgen außerfamiliäre Ereignisse, die auf das Klima in der Familie Einfluss haben könnten. Jede Spalte zeigt dann ein Lebensereignis in seinem Komplexität, was neues Verständnis möglich macht. Einige weitere Aspekte zur Betrachtung einer Zeitlinie sind:

- Gibt es typische Zeitfrequenzen?
- Typische Reaktionsmuster?
- Welche Lebensereignisse kommen häufig bzw. gar nicht vor?
- Welche Lebenserfahrungen fehlen?

Familienkonstruktionen

Reaktionen, Wertungen der Eltern, Geschwister				
Ereignisse außerhalb der Familie (politische, wirtschaftliche etc.)				
Reaktionen, Wertungen der Eltern, Geschwister				
Ereignisse in der Familie				
Jahreszahl				
Ereignisse im eigenen Leben				
eigene Reaktion				
gewünschte Reaktion				
eigene Wertung				
gewünschte Wertung				
Bedeutung für die Arbeit heute?				

4.3 Familienskulpturen

Diese Methode geht auf das Psychodrama zurück. Sie bietet die Möglichkeit, Schlüsselereignisse der Familiengeschichte so darzustellen, dass sie primär nicht an sprachliche Ausdrucksmöglichkeiten gebunden sind. Aus der Sicht eines Familienmitglieds, das nicht im Zentrum des Konflikt steht, wird mit der Familie oder mit Hilfe anderer GruppenteilnehmerInnen das damalige Beziehungsgefüge wie ein Gruppenbild dargestellt. Die emotionalen Beziehungen werden durch Nähe und Distanz sowie durch Zu- und Abgewandtsein ausgedrückt, die hierarchischen Strukturen werden durch die Größe der Skulptur-Figuren veranschaulicht.

Die Betroffenen können körperlich spüren, wie sie in den Konflikt verwickelt waren. Die Familienskulptur, eigentlich eine Metapher, hilft, das einst Erlebte besser, oft auch anders wahrzunehmen, als es in der realen Situation möglich war. So entsteht retrospektiv eine veränderte, umfassendere Sichtweise und ein anderes Problemverständnis. Bei der Suche nach Lösungen wird auch deutlich, dass es nicht ohne Auswirkungen auf die anderen bleiben kann, wenn einer sich bewegt. Skulpturen können hilfreich sein bei besonders hoher oder niedriger Sprachkompetenz, wenn die Familie »alles zerredet« oder »nicht die Worte findet«.

4.4 Dekonstruktion von Familiengeheimnissen

Bestimmte Themen unterliegen in Familien einem generationsübergreifenden Tabu und sind oft mit starken Schuld- und Angstgefühlen verbunden. Über sie darf nicht gesprochen werden, obwohl meistens jeder davon weiss. Normalerweise schützt die Familie so das Selbstwertgefühl einzelner Mitglieder. Wenn Geheimnisse dyskfunktional werden, können sie für die Interaktionen in der Familie lähmend sein. Vermutet der Helfer ein Geheimnis, muss er nicht (unbedingt) nach dem Inhalt fragen, was in der Familie (meistens) massiven Widerstand auslöst. Hilfreicher ist es, mit der sogenannten zirkulären Vorgehensweise die Funktion des Geheimnisses deutlich zu machen. Zum Beispiel mit Fragen an jeden einzelnen, wie

- Wer weiß vieles vom Geheimnis, wer nichts?
- Was würde passieren, wenn X davon erführe?
- Wie würde sich das Familienleben verändern, wenn ein Geheimnis, das Ihre Familie belastet, verschwinden würde?
- Für wen würde das am wichtigsten sein? Wer leidet wohl am meisten darunter?
- Wer würde sich am wenigsten wundern, wenn das Geheimnis ausgesprochen würde?
- Mit wem könnte wer über ein Geheimnis reden? usw.

4.5 Neudeutung von alten Geschichten

Es gibt immer mehrere mögliche Sichtweisen von Ereignissen. Die Betroffenen halten meistens an einer Deutung fest. Das führt zu Blockierungen und hindert sie an der Versöhnung mit schmerzhaften Erlebnissen. In einer Familienrekonstruktion kann ermöglicht werden, mit Hilfe anderer neue Zusammenhänge zu entdecken. Nicht das Erlebnis wird verändert, sondern die individuelle Deutung. Es kann zum Beispiel entdeckt werden, dass ein Täter in anderem Gesamtsammenhang auch Opfer war, dass schmerzhaft erlebte Distanz für jemanden die einzige Möglichkeit war, den anderen vor sich zu schützen etc.
So kann der Einzelne eine *neue* Distanz und inneren Frieden finden.

5. Drei Beispiele für die Anwendung von Familienrekonstruktion in der Seelsorge

5.1 Aus- und Fortbildung in der Spezialseelsorge

Niemand wählt zufällig ein Arbeitsfeld in der Spezialseelsorge im Krankenhaus, in der Kurseelsorge, im Justizvollzugsanstalten, beim Militär, bei der Polizei oder in der Katastrophenseelsorge. Für die Aus- und Fortbildung ist es unerlässlich, dass die familiäre Verwurzelung solcher Arbeitsplatzwahlen eruiert wird. In welchem familienbiografischen Zusammenhang steht eine solche Entscheidung, welchen Delegationen wird damit Genüge getan, und mit welchen steht sie in einem Loyalitätskonflikt? Mit welchen Kompetenzen stattet die Familienerfahrung diese Seelsorgerinnen und Seelsorger aus, und welche Erfahrungen fehlen, die im Arbeitskontext notwendig wären? Entsprechende Kurswochen helfen bei der professionellen Identitätsfindung und Kompetenzklärung.

5.2 Theologenausbildung

An der lutherischen Fakultät in Budapest/Ungarn leite ich ein ausbildungsbegleitendes Projekt zur Unterstützung der professionellen Identitätsentwicklung von Theologiestudierenden.

Die fünf berufbezogenen Selbsterfahrungswochen, die auf die ganze Studienzeit verteilt sind, begleiten die dort üblichen, natürlichen Krisenpunkte der Ausbildung. Die Vorgehensweise ist grundsätzlich rekonstruktions-orientiert. Die Teilnehmenden eignen sich auch die Grundelemente systemischen Arbeitens an. Der Aufbau:

1. Seminar (nach dem 1. Semester): »Hinter mir und vor mir ...«; Ziel ist die Unterstützung bei der Ablösung aus der Herkunftsfamilie.
2. Seminar: (nach dem 4. Semester, nach Abschluss des Grundstudiums) »Ich und mein Glauben und wir beide unterwegs ...; Ziel ist Begleitung der Konflikte zwischen Familien- und Kinderglauben und Theologiestudium.
3. Seminar: (nach dem 7. Semester) »Wer (alles) bin ich?« Ziel ist die Koordination der verschiedenen Identitäten, Rollen und Funktionen (im Studium, in der Partnerschaft, in der Herkunftsfamilie).
4. Seminar (nach dem 9. Semester und dem Gemeindepraktikum) »Wessen PastorIn bin ich?« Ziel ist die Klärung der professionellen Identität und der diesbezüglichen herkunftsfamiliären Delegationen und Wertesysteme.
5. Seminar: (nach dem Vikariatsjahr) »Am Ende: ein Anfang ...«; Ziel ist die Auseinandersetzung mit der familiären Leitungstradition und dem individuellen Gemeindeleitungsstil.

5.3 Der Rekonstruktionsansatz in der interkulturellen, therapeutischen Seelsorge

Aussiedlerfamilien geraten in ihrer neuen Umgebung oft in eine Identitätskrise, die so gravierend sein kann, dass sie psychiatrische Behandlung benötigen. Sie erkranken an ihrer Doppeltidentität. In solchen Fällen machen wir gute Erfahrung in der therapeutischen Seelsorge mit einer längeren Familienrekonstruktion[10]: Die Betroffenen rekonstruieren den, manchmal Jahrhunderte langen Weg ihrer Familien von der Auswanderung bis zur Rücksiedlung. Oft wird es so möglich, die unterschiedlichen Identitäten zu integrieren.

10 Ausführliche Darstellung: G. Hézser, Wenn die Verbundenheit entzweit, in: WzM 47, 1995, S. 417.

Maria Dietzfelbinger

Qualitätsmanagement in psychologischen Beratungsstellen evangelischer Träger

1. Einleitung

Die folgenden Darstellungen und Gedanken resultieren aus meiner Beschäftigung und Auseinandersetzung mit der Thematik auf drei Ebenen: Ich saß dem *Fachausschuss »Qualitätssicherung«* (1996–1998) der Evangelischen Konferenz für Familien- und Lebensberatung (*EKFuL*) vor. Die Arbeit dieses Ausschusses ist umfangreich dokumentiert in den beiden Bänden »Qualitätsentwicklung – eine Option für Güte«, die über das Evangelische Zentralinstitut für Familienberatung in Berlin bezogen werden können. Weiterhin war ich Mitglied der *»Projektgruppe Qualitätssicherung«* der Psychologischen Beratungsstellen in der Evangelischen Landeskirche in Württemberg – ein Arbeitsergebnis dieser Gruppe werde ich später vorstellen. Drittens war und bin ich natürlich als Mitglied im *Team der Psychologischen Beratungsstelle in Tübingen* beteiligt am Qualitätsentwicklungsprozess dieser Einrichtung, und da es sich hier um eine ökumenische Stelle mit je einem katholischen und einem evangelischen Träger und den jeweils sich daraus ergebenden Vernetzungen und QE-Rahmenprogrammen handelt, ergibt sich hier eigentlich noch einmal eine vierte Ebene! Wenn ich im Folgenden von »Beratungsstellen« spreche, so meine ich damit in aller Regel *integrierte Psychologische Beratungsstellen* in kirchlicher oder diakonischer Trägerschaft. Der integrierte, also Eheberatung, Erziehungsberatung, Lebensberatung, Schwangeren- und Schwangerschaftskonfliktberatung umfassende Ansatz ist ein *Spezifikum* der Beratungsarbeit in evangelischer Trägerschaft und vom Grundgedanken und den Synergieeffekten her mehr als die Summe einzelner Arbeitsfelder.

2. Widerstände gegen das Qualitätsmanagement in Psychologischen Beratungsstellen

Qualitätsmanagement (QM), Qualitätssicherung (QS), Leistungsbeschreibung, Kunden, Produkte – dies und noch viele andere sind neue, ungewohnte Termini im Wortschatz von MitarbeiterInnen Psychologischer Beratungsstellen nicht nur, aber eben auch in kirchlicher Trägerschaft.

Nur langsam und gegen zähe, vielfach durchaus berechtigte Widerstände lernten und lernen Leitungen und Teams damit umzugehen – wenn's gut geht: sich die Begriffe offensiv anzueignen, zu gestalten und zu füllen und aktiv nach außen zu vertreten. Diese *Widerstände* haben zunächst einmal einen guten Grund. Hinter der Forderung nach »Qualitätssicherung« steht das *uneingeschränkt ökonomische Konzept* »Bessere Arbeit zu niedrigeren Kosten«. Darüber, wie diese Optimierung zu geschehen habe, ist damit zwar noch nichts gesagt. Und auch wenn in den verschiedenen ISO-Normen – für verschiedene Wirtschafts(!)bereiche festgelegte Standards und Checklisten von ISO 9000 bis ISO 9004 – durchaus differenziert wird, das *Total Quality Management* (TQM)-Konzept sich nicht nur kunden-, sondern auch mitarbeiterInnen- und prozessorientiert präsentiert: QS kann ohne Weiteres »von oben« angeordnet werden, die inhaltlichen und formalen Ziele der Qualitätskategorien *Struktur-, Prozess- und Ergebnisqualität* können der Organisationseinheit »*top down*« vorgegeben werden. Das gilt keineswegs nur etwa für die Filiale einer Parfümeriekette oder den berühmten Schwimmring aus Beton-Bestrebungen. Bereits getroffene Anordnungen, so auch im psychosozialen Bereich zu verfahren, sind bekannt und in ihrem Widersinn, etwa in der Altenpflege, offensichtlich.
Auf Widerstände bei den Psychologischen Beratungsstellen stieß dies Konzept nicht nur aus *fachlichen und theologisch-prinzipiellen Gründen*, sondern weil es in dieser Form auch bewährten *Traditionen* dieser Einrichtungen entgegensteht:

1. *Prozessorientierung* ist hier prinzipielle Voraussetzung nicht nur in der fachlichen Arbeit mit Ratsuchenden, sondern – Form und Inhalt müssen zueinander passen – in der Gestaltung der Abläufe an der Beratungsstelle, im Umgang zwischen den KollegInnen und zwischen Leitung und MitarbeiterInnen. Daraus folgt:
2. Ein *partizipatorischer Leitungsstil* ist – im Gegensatz zu rein anordnender *top-down*-Leitung – die Basis für personale Autorität und geteilte Verantwortlichkeiten, für offene Rückmeldung und gemeinsame Zielfindung, ebenso wie
3. die *Teamarbeit*, und zwar nicht nur prozess- und ergebnisorientiert im Fallteam bzw. der gemeinsamen Supervision, sondern auch im Strukturen und Abläufe regelnden Organisationsteam. An dieser Stelle ist auch die externe Teamsupervision als Form der »Systempflege« zu benennen.
4. Die hohe *Identifikation der MitarbeiterInnen mit der Arbeit* und der Arbeitsstelle, die permanente kreative Auseinandersetzung mit fachlichen und trägerorientierten Leitbildern.

3. Methoden für die Qualitätsentwicklung in Psychologischen Beratungsstellen.

Meines Erachtens bieten sich daher *Methoden der Organisationsentwicklung* (OE) als Methoden der Wahl für QE an Psychologischen Beratungsstellen an. Sie folgen Prinzipien, sie nutzen Instrumentarien, die die bewährten Traditionen der Stellen mühelos aufnehmen. Ich kann dies hier nur schlagwortartig andeuten:

1. Ganzheitliche Sichtweise und ganzheitliches Vorgehen.
2. Beteiligung der Betroffenen, *ownership* beim System.
3. Veränderungsdruck und Energie.
4. Prozesshaftes Vorgehen, Prozessphantasie versus lineare Lösungsorientierung.
5. Arbeit am Leitbild.

Mittlerweile gibt es bundesweit genügend Erfahrungen, die belegen, dass da, wo entsprechend den Methoden und Prinzipien der QE vorgegangen wurde, die QE ihren defensiv-legitimatorischen Charakter weitgehend verloren hat, Engagement und Kreativität von Teams wuchsen, die Konzeptentwicklung befördert und die Verankerung im kirchlichen und kommunalen Umfeld verstärkt wurden – letzteres unerlässlich für den ökonomischen Fortbestand einer solchen Einrichtung.
Denn natürlich geht's letztendlich um Geld. Und so kam es zu der teilweise extrem schwierigen finanziellen Situation der Beratungsstellen – bundesweit:
Mit dem *Kinder- und Jugendhilfegesetz (KJHG)* als gesetzlicher Grundlage für Eltern-, Jugend- und Erziehungsberatung und somit großer Teile der an Psychologischen Beratungsstellen kirchlicher und diakonischer Träger geleisteten Arbeit im subsidiären Kontext mussten die Einrichtungen mit den örtlichen Trägern der Jugendhilfe, vielfach fachlich nicht sehr kundig, Finanz- und Leistungsvereinbarungen erhandeln. Sie erlebten es oft erstmals, in Konkurrenz mit anderen freien Trägern der Jugendhilfe zu geraten, fanden sich samt Trägerverantwortlichen in ungewohnten Verhandlungs-, ja Rechtfertigungspositionen vor; die seitherige Orientierung an den einheitlichen Richtlinien der Landesjugendämter oder Landesministerien, die jetzt entweder entfallen waren oder nur noch die Bedeutung von Eckdaten hatten, hatte dies nicht verlangt. Ein Gefühl, fremdbestimmt zu werden, dem eigenen, »eigentlichen« Auftrag nicht mehr folgen zu können, machte sich vielerorts breit.
Zeitgleich griff in den staatlichen und kommunalen Verwaltungen die Einsicht, dass sie einerseits ihre Leistungen – auch die psychosozialen – flexibler, schneller und kundenfreundlicher erbringen müssten, andererseits dies »verschlankt« und preiswerter zu leisten hätten, und dies auch für die subsidiären Kooperationspartner zu gelten habe. Das *»Neue Steuerungsmodell« (NSM)* der Kommunalen Gemeinschafts-

stelle für Verwaltungsvereinfachung (KGSt) ist hier wegweisend geworden.
Diese beiden neuen Rahmenbedingungen für die Arbeit der Beratungsstellen führten dort zu zunächst von außen geforderten QS- oder QE-Prozessen. Bevor jedoch die inhaltlichen Intentionen dieser neuer Rahmenbedingungen begriffen und umgesetzt werden konnten, wurde unter dem Druck des radikalen Sparkurses der neunziger Jahre vor allem im Sozialbereich aus prozesshaft-partizipativen Ansätzen eine schlichte *Umsteuerung finanzieller und personeller Ressourcen.* So entstand der vielfach berechtigte Eindruck, QS diene nur als Vorwand für noch radikalere Einschnitte ins soziale Netz und sei mit den sich abzeichnenden finanziellen Restriktionen nur »alter Wein in neuen Schläuchen«. Denn – hatten nicht gerade die Psychologischen Beratungsstellen kirchlicher und diakonischer Träger schon immer großen Wert auf Qualität ihrer Arbeit gelegt? Hatte nicht der Rat der EKD schon im Jahr 1982 dazu allgemein anerkannte *Leitlinien* verabschiedet?
Nichtsdestoweniger bedeuten die skizzierten Veränderungen, dass die kirchlichen und diakonischen Träger von Beratungseinrichtungen, und das heißt in der Praxis die LeiterInnen und MitarbeiterInnen, in der Situation sind, *die Qualität ihrer Arbeit neu zu beschreiben und offensiv zur Geltung zu bringen.* Schmerzhafte Einschnitte in Personalbestand und Organisationsform der Einrichtungen lassen sich dadurch nicht einfach vermeiden. Aber eine klare, engagierte und bewusste Haltung der eigenen Arbeit gegenüber sowie deren offensive Darstellung gegenüber Trägern und öffentlichen Finanziers kann helfen, mit Kürzungen sachgerechter und menschlicher umzugehen.
Soviel in aller Kürze zu den methodischen und politischen Rahmenbedingen der QE an Psychologischen Beratungsstellen. Was ist nun aber konkret und im Einzelnen darunter zu verstehen, und wie sehen die einzelnen Schritte aus?

4. Qualitätsdimensionen

Allgemein anerkannt in QE-Prozessen sind die *drei Qualitätsdimensionen der Strukturqualität, der Prozess- und der Ergebnisqualität.* Im evangelischen, teilweise auch im katholischen Bereich wurden darüber hinaus die *Dimensionen der Konzept- und darin der feldspezifischen Qualität* entwickelt.
Unter *Strukturqualität* werden die Organisation und alle Rahmenbedingungen verstanden, die es überhaupt erst möglich machen, *dass Beratung stattfinden kann.* Dazu gehören etwa ausreichende und zweckmäßige Räume, Möbel und Arbeitsmaterial, eine zentrale und zugleich diskrete Lage, »kundenfreundliche« Öffnungszeiten, telefonische Erreichbarkeit der Institution, Zuständigkeits- und Kooperationsregeln, vertragliche

Rahmenbedingungen und vieles mehr. Schon hier zeigt sich, was generell gilt: Beschreibung und Gestaltung der Qualitätsdimensionen werden und müssen je nach regionalen und örtlichen Bedingungen sehr verschieden ausfallen. Eine zentrale Erkenntnis der QE-Arbeit an Psychologischen Beratungsstellen evangelischer Träger besteht darin, dass es keine generellen, einfach abhakbaren QS-Checklisten geben kann, sondern allenfalls Leitfragen und Rahmendaten.

Der Begriff *Prozessqualität* bezieht sich auf alle konkreten Durchführungsmodalitäten und Arbeitsabläufe, etwa Umgang mit Wartezeiten, Gestaltung der Empfangssituation, Umgang am Telefon, Verfahren bei Verweisungen und Vermittlungen von Ratsuchenden, Regelungen bezüglich Vertrauensschutz und Schweigepflicht, Darstellung der fachlichen Orientierungen, Team- und Fallsupervision sowie Fortbildung. Hierher gehören auch alle Aspekte der Arbeit des vor allem an integrierten Beratungsstellen obligatorischen *multiprofessionellen Teams*. Gelegentlich wurde daraus eine eigene Qualitätsdimension, die der *Teamqualität*, entwickelt.

Die *Ergebnisqualität* umfasst die Überprüfung der Resultate beraterischer Arbeit unter Einbeziehung der *Rückmeldung von Ratsuchenden*. Wenn Qualität eine »geschätzte, anerkannte Eigenschaft« von etwas darstellt, dann wird bei der Ergebnisqualität danach gefragt, ob die Beratung einerseits von den Ratsuchenden als hilfreich, unterstützend, problemlösend und entwicklungsfördernd erlebt wird und ob sie andererseits bestimmten *fachlich anerkannten Standards* entspricht, also an fachimmanenten professionellen Gütekriterien überprüft werden kann. Träger und Zuschussgeber erwarten hier Aussagen zum *Zusammenhang von Wirkungen, Leistungen und Kosten.*

Wie oben schon gesagt, spielt an kirchlichen Beratungsstellen eine zentrale Rolle der Gesichtspunkt der *Konzeptqualität,* und zwar in der Weise, dass Struktur-, Prozess- und Ergebnisqualität durch die Zielbestimmung und die Leitbilder seelsorglich-diakonischen Handelns ihr spezifisches Profil und ihre besonderen Schwerpunkte erhalten *(»visionäre Qualität«).* Auch *Leitbilder* bzw. Leitbildprozesse sind hier umfasst. Aus drei Komponenten setzt sich die Konzeptqualität zusammen:

1. aus fachlichen, 2. aus trägerspezifischen Komponenten, die untereinander durchaus in einem gewissen produktiven Spannungsverhältnis stehen können. Diese wären in dreierlei Hinsicht weiter zu entfalten, nämlich:

- nutzerinnen- und nutzerbezogen,
- einrichtungsbezogen und
- mitarbeiterinnen- und mitarbeiterbezogen.

Weiterhin gehören zur Konzeptqualität *3. feldspezifische Qualitätskomponenten*, die sowohl die einzelnen Arbeitsfelder beschreiben, also Ehe- und Lebensberatung, Erziehungs- und Familienberatung, Trennungs- und Scheidungsberatung, Mediation, Schwangeren- und Schwangerschaftskonfliktberatung als auch, und das ist eben besonders wichtig, speziell den *integrierten, ganzheitlich-beziehungsorientierten Ansatz* als spezifisch evangelisches Leistungsangebot institutioneller Beratung ausweisen.

5. Leitfragen zur Qualitätsentwicklung

Um diese etwas trocken-theoretische Darstellung anschaulich zu machen, präsentiere ich im Folgenden die *Leitfragen zur Qualitätsentwicklung*, die eine Arbeitsgruppe von MitarbeiterInnen von *Psychologischen Beratungsstellen in der evangelischen Landeskirche in Württemberg* erarbeitet hat, um damit den Stellen in der Region einen Rahmen, eine Grundidee für ihre je eigenen regionsspezifischen QE-Prozesse zur Verfügung zu stellen. Alle dreizehn Beratungsstellen im Bereich der württembergischen Landeskirche haben sich an der gemeinsamen QE-Arbeit beteiligt, durchwegs mit guten Ergebnissen und positiver Resonanz.

A Fragen zur Konzeptqualität

Leitfrage: Wie beschreiben wir das Ziel unserer Arbeit allgemein und zusammenfassend (Leitbild)?

Konkretionen:

1. Wie beschreiben wir die Ziele unserer Arbeit im einzelnen?
    1. in der Lebensberatung
    2. in der Erziehungsberatung
    3. in der Eheberatung
    4. in der Schwangeren- und Schwangerschaftskonfliktberatung
    5. in der Mediation
    6. in der Supervision
    7. in der Bildungsarbeit
    8. in der Öffentlichkeitsarbeit

2. Wie zeigen sich die Ziele und Leitgedanken?
    1. in den alltäglichen strukturellen und inhaltlich-fachlichen Abläufen unserer Arbeit
    2. in der Wahl der beraterisch-therapeutischen Methoden
    3. im kollegialen Umgang
    4. im Sekretariat
    5. in der Supervision
    6. in der Fortbildung
    7. in der Intensität und Gestaltung von Vernetzungen
    8. im Kontakt mit Zuschussgebern

3. Wie antworten wir auf die Frage »Warum arbeiten Sie ausgerechnet in einer kirchlichen Beratungsstelle«?
   Wie antworten wir auf die Frage »Was ist anders in Ihrer Einrichtung als in der eines nichtkirchlichen Trägers?«

Geben wir verschiedene Antworten an FragerInnen aus dem kirchlichen/nichtkirchlichen Bereich?
Wie würden wir unser Angebot beschreiben im Unterschied zu anderen vergleichbaren Einrichtungen vor Ort?
4. Wie sind wir mit unserem Träger über Fragen von Konzept und Leitbild unserer Stelle im Kontakt: gar nicht – defensiv – kontrovers – rivalisierend – oder gar in gemeinsamer Arbeit?

B Fragen zur Strukturqualität

Leitfrage: Entsprechen die Arbeitsstrukturen der Beratungsstelle den Zielen der psychologischen Beratungsarbeit?

Leitsätze:
1. Strukturqualität soll *dienende Funktion* haben und die eigentliche Beratungsarbeit erleichtern.
2. Gute Strukturqualität ermöglicht der/dem BeraterIn, den Ratsuchenden ohne Störfaktoren *eigenverantwortlich und fachgerecht gestaltend* zu begegnen.
3. Die *Erlebnisweisen der Ratsuchenden* im Umgang mit der Beratungsstelle sollen mitbedacht werden. Für die Arbeit förderliche Gesichtspunkte sollen sich in der Organisation der Stelle und den Arbeitsabläufen widerspiegeln.
4. Nur so wenig Formalitäten wie nötig, so viel Flexibilität wie möglich.

Konkretionen:
1. Haben wir genügend und angemessen eingerichtete Räume? Sind die Sekretariate offen (Kontakt zu den Ratsuchenden) und hinreichend abgegrenzt (Telefonate usw.)? Haben wir genügend angemessen ausgestattete und auch hinreichend verschiedene (z.B. reizarme) Spielzimmer? Haben wir einen Gruppenraum? Wie sind die Wartezimmer eingerichtet? Ist die Beratungsstelle behindertengerecht?
2. Wie starr/flexibel sind die Arbeitszeiten? Wird Flexibilität genutzt?
3. Liegen wir zentral/diskret? Sind wir leicht erreichbar? Kommen die Ratsuchenden entsprechend den Einwohnerzahlen aus dem Einzugsgebiet?
4. Sind wir hinreichend bekannt? Sind Zielgruppen unterrepräsentiert? Sollte die Öffentlichkeitsarbeit neue/zusätzliche Akzente haben? Ist unser Angebot transparent?
5. Wer verweist bzw. wer nicht? Erfolgt Rückmeldung? Mit wem kooperieren wir konkret? Wo sollten wir kooperieren und tun es noch nicht? Ist unsere Gremienpräsenz verbesserungsfähig?
6. Sind wir ausreichend im kirchlichen Umfeld verankert? Strukturell, persönlich, inhaltlich?
7. Werden wir gefragt zur Orientierung in der psychosozialen Vielfalt? Sind unsere Antworten exakt und gut recherchiert?
8. Welche Aspekte erschweren die Anmeldung für welche Zielgruppen? Wie würden wir als Ratsuchende unser Anmeldeverfahren erleben? Wer bekommt kurzfristig einen Termin, wer wartet länger? Wie wird das begründet? Wie gehen wir mit Wartezeiten um, und was hören/erleben die Ratsuchenden?

9. Wann sehen wir die Notwendigkeit einer Krisenintervention? Was bieten wir dann an? Werden die Sekretärinnen schnell entlastet?
10. Besteht Konsens über die finanzielle Eigenbeteiligung der Ratsuchenden? Ist ein Modus beschlossen? Wie vermitteln die BeraterInnen die Erwartung der finanziellen Eigenbeteiligung? Wie wird sowohl bei den BeraterInnen wie den Ratsuchenden nachgefragt?
11. Ist unsere Prophylaxe reaktiv (Anfragen), und/oder haben wir ein Konzept? Beteiligen sich alle BeraterInnen, oder gibt es hier brachliegende Ressourcen?
12. Wie gehen wir mit Datenschutz und Schweigepflicht um?
13. Welche Dokumentationsmethodik und -systematik haben wir? Wie schätzen wir ihre Effektivität ein? Wie wird sie kontrolliert? Wieviel Transparenz im Team gibt es dazu?

C Fragen zur Prozessqualität

Leitfrage: Entsprechen die Beratungsformen und -inhalte und das Beratungsgeschehen den Zielen psychologischer Beratungsarbeit?

Konkretionen:
1. Für welche KlientInnen ist unser integriertes Angebot konzipiert, werden sie tatsächlich erreicht?
2. Sind die Anforderungen des KJHG in unserer Arbeit ausreichend berücksichtigt?
3. Sind wir kinderfreundlich und jugendfreundlich?
4. Fallverteilung: Wer bekommt warum welche Fälle?
5. Welches Modell von dem/der BeraterIn haben wir: »Experte« – »BegleiterIn« – »IdeenlieferantIn« – »*Coach*«? Welche Rolle spielen Diagnostik, Dokumentation, Evaluation?
6. Wie transparent machen wir unsere Arbeit gegenüber KlientInnen – Datenschutz, Fallbesprechung, Schweigepflicht?
7. Wie sehen wir die Verteilung und Gewichtung unseres Angebots – Beratungen, Gruppen, Prävention, Vernetzung?
8. Bieten wir von uns aus Projekte an?
9. Wie gehen wir mit Abbruch von Beratungen, Terminabsagen, Nichterscheinen um?

D Fragen zum Team und zur Teamentwicklung

Leitfrage: Welchen Stellenwert hat das Team in unserer Beratungsarbeit?

Konkretionen:
1. Wie erleben wir die Kooperation und Information im Team?
2. Wie nutzen wir unser Team?
3. Welchen Stellenwert haben Fallbesprechungen und Supervision in unseren Teambesprechungen? Haben wir ein allgemein diskutiertes, akzeptiertes und praktiziertes Konzept, oder handeln wir eher »intuitiv«?

4. Gibt es bei uns externe Supervision? Wozu – z.B. mit dem Ziel der Teamentwicklung oder als Fallsupervision?
5. Wie ist es um unsere Teamkultur bestellt? Wie »pflegen« wir unser Team? Wie gehen wir mit Differenzen und Konflikten im Team um? Welche Tabus gibt es bei uns?
6. Wie erleben wir das Verhältnis zwischen der Eigenverantwortlichkeit der einzelnen MitarbeiterInnen und der Verantwortlichkeit des Teams/der Teamleitung bzw. der Stellenleitung? (Funktions- und Aufgabenverteilung, Entscheidungsbefugnis und -struktur)?
7. Welche Stellung haben die Sekretärinnen in unserem Team – offiziell und inoffiziell?
8. Welche Professionen bzw. fachlichen Orientierungen gibt es in unserem Team? Wie gehen wir damit um: Wird Multiprofessionalität eher als Bereicherung erlebt, oder ist sie Anlass zu Rivalität?
9. Welche Gruppierungen aufgrund persönlicher oder biografischer Merkmale gibt es bei uns (Männer und Frauen, Alte und Junge, Familienmütter und -väter und Kinderlose usw.)? Welche Auswirkung hat das auf unser Team – und die Ratsuchenden?
10. Wie erleben wir die formellen Regeln unserer Teamsitzungen: Zeit, Ort, Verbindlichkeit der Teilnahme, Regelmäßigkeit, Tagesordnung, Protokollierung, Verbindlichkeit und Überprüfung von Teamentscheidungen?
11. Wie erleben wir die informellen Regeln in unserem Team: Untergruppen, Tratsch, »Gespräche in der Küche«?
12. Haben die einzelnen MitarbeiterInnen verschiedene Schwerpunkte? Werden diese ausreichend genutzt?
13. Was tut jeder MitarbeiterIn für die Entwicklung und Verbesserung der eigenen Kompetenzen? Wie fließt das ins Team ein? Wieweit sind wir offen für neue fachliche Entwicklungen?
14. Fühlt sich jede/r MitarbeiterIn ihren/seinen Fähigkeiten und Schwächen angemessen wahrgenommen und unterstützt bzw. wertgeschätzt: vom Team, von der Stellenleitung?
15. Haben wir den Eindruck, dass unsere berufliche und persönliche Entwicklung ausreichend gefördert wird: vom Team, von der Stellenleitung?

E Fragen zur Ergebnisqualität

Leitfrage: Wie wirksam ist unsere Beratung?

Konkretionen:

1. Was erfahren wir über die Wirkung unserer Arbeit und von wem?
2. Was unternehmen wir, und was tun wir nicht – mit welcher Begründung –, um Wirkung und Erfolg unserer Arbeit mit mehr System zu erfassen?
3. Wann sind unsere KlientInnen mit unserer Arbeit zufrieden?
4. Wann sehen wir selbst unsere Arbeit als erfolgreich an?
5. Sind unsere Erfolgskriterien von unserm Träger und/oder Zuschussgebern abhängig? Inwiefern? Wie beurteilen wir das?
6. Wie gehen wir mit weniger erfolgreichen Beratungen um? Wie machen wir evtl. Misserfolge für uns fruchtbar?

7. Haben wir Kriterien für Kunstfehler? Welche?
8. Wie gehen wir mit Abbrüchen, unentschuldigtem Wegbleiben, Stundenabsagen von KlientInnen um?
9. Nach welchen Gesichtspunkten und welchem System betreiben wir Öffentlichkeitsarbeit, Bildungsarbeit und Prävention?

Ich habe diese Rahmen-Leitfragen zur Qualitätsentwicklung der württembergischen Beratungsstellen in vollem Umfang wiedergegeben: Denn sosehr sie einerseits lokalen Bedingungen und lokaler Beratungs- und Beratungsstellen-Historie entsprechen, so sehr scheinen sie mir doch auch partiell verallgemeinerbar und unter Umständen auch für andere – kirchliche – Einrichtungen anregend und hilfreich zu sein. Dieser Eindruck entstand jedenfalls unter den TeilnehmerInnen meines Workshops. Ich hätte großes Interesse, von MitarbeiterInnen und Leitungen anderer (kirchlicher) Arbeitsfelder zu hören, ob und wieweit sie von der Arbeit der Beratungsstellen in Hinblick auf ihre eigene Qualitätsentwicklung profitieren konnten.

Helmut Weiß[1]

Den Fremden bei uns begegnen

Probleme interkultureller Seelsorge in Deutschland

1. Einleitung

Bis vor kurzem wandten sich Seelsorge und Beratung nahezu ausschließlich an Mitglieder von christlichen Kirchen und/oder an deutsche MitbürgerInnen. So war es – scheinbar – möglich, dass sich SeelsorgerInnen und BeraterInnen wenig um das kulturelle und religiöse Umfeld der Ratsuchenden oder der Besuchten zu kümmern brauchten. Das jeweilige Umfeld schien bekannt zu sein, differenzierte sich eher durch Schulbildung, sozialen Status und ökonomische Möglichkeiten der Betroffenen. Aber auch mit diesen Differenzierungen konnten Seelsorge und Beratung kaum arbeiten. Sie fanden in erster Linie bei Menschen der Mittelschicht Zuspruch. Immer wieder wurde beklagt, dass eine »Unterschichtberatung« kaum gelänge. Die zunehmende kulturelle und religiöse Ausdifferenzierung unserer Gesellschaft in Deutschland macht die Frage dringlich, wie jetzt und erst recht in Zukunft Menschen mit unterschiedlicher kultureller und religiöser Prägung von Seelsorge und Beratung erreicht werden können und wie ihnen hilfreich begegnet werden kann.
Die »Gesellschaft für Interkulturelle Seelsorge und Beratung« *(Society for Intercultural Pastoral Care and Counselling – SIPCC)* beschäftigt sich seit etlichen Jahren mit diesen Fragen. Seit 1986 werden Internationale Seminare durchgeführt, in denen sich Menschen aus aller Welt begegnen und über Seelsorge und Beratung austauschen. 1995 hat sich ein Verein gegründet, der diese Aktivitäten trägt und in dem weitere aufgegriffen wurden, wie etwa Studienreisen in kleinen Gruppen und eine Schriftenreihe. Immer stärker stellen sich die Mitglieder des Vereins in Deutschland der Aufgabe, Seelsorge und Beratung mit Menschen aus anderen Kulturen hier vor Ort zu bedenken, Anregungen zu geben und Modelle zu entwickeln.
In diesem Artikel möchte ich in einem ersten Teil andeuten, wie es in den Seminaren zur »Entdeckung« der interkulturellen Aspekte in Seelsorge und Beratung gekommen ist. Dann sollen einige wichtige Punkte genannt werden, worauf nach unseren Erfahrungen in interkulturellen Begegnungen und gerade auch in Seelsorge und Beratung mit Menschen anderer

1 Helmut Weiß ist Pfarrer, Supervisor (KSA) und Vorsitzender der Gesellschaft für interkulturelle Seelsorge (SIPCC).

Kulturen besonders zu achten ist. Das Ziel ist, interkulturelle Sensibilität zu fördern. An zwei Gesprächsprotokollen aus Krankenhaus- und Gemeindeseelsorge soll dann reflektiert werden, wie hier kulturelle Unterschiede deutlich werden und wie darauf eingegangen werden könnte. Dabei soll eine kurze sozio-kulturelle Analyse der beteiligten Personen gegeben werden und reflektiert werden, was dies für den Gesprächsverlauf bedeutet. In einem letzten Abschnitt will ich Hinweise geben, wie interkulturelle Wahrnehmung geübt werden kann und welche Folgen sich meines Erachtens für Praxis und Theorie von Seelsorge und Beratung ergeben.

2. Zur »Entdeckung« der Interkulturellen Seelsorge und Beratung

Interkulturelle Seelsorge lebt vor allem vom Erzählen – vom Hören auf den anderen und vom Erzählen des Eigenen. In Geschichten von Begegnungen, Ereignissen und Personen wird klar, welche kulturellen Hintergründe Begegnungen, Ereignissen und Personen prägen und welche Dynamik diese entwickeln. Sobald Menschen gewahr werden, mit welchen Annahmen (*assumptions*) sie sehen, hören und deuten, sind sie aufgefordert, innezuhalten und zu reflektieren. Wie können wir Menschen aus anderen Kulturen und mit anderem Verständnis von Welt, Mensch und Alltag begegnen, ohne dass wir uns gegenseitig gefährden und verletzen, dominieren und instrumentalisieren? Wie können wir in der Seelsorge einander förderlich sein, wenn Fremdheit in vieler Hinsicht nicht aufgelöst werden kann? So will ich zunächst ein wenig erzählen, um dann zu reflektieren.

Im Jahre 1985 plante ich als Leiter des Seelsorgezentrums im Diakoniewerk Kaiserswerth das erste Internationale Seminar für Seelsorge und Beratung. Es sollte ein Treffen werden, das praktizierenden und lehrenden Seelsorgerinnen und Seelsorgern Gelegenheit gab, sich auf internationaler Ebene miteinander auszutauschen. Dieser Austausch wurde von einigen wenigen bereits betrieben, doch es schien an der Zeit, die Basis zu erweitern.
Zugleich waren politische Motive mit verantwortlich, solch ein Seminar zu planen. Die 80er Jahre waren geprägt vom West-Ost-Konflikt. Durch jährliche Besuche in der DDR und in der Kursarbeit mit dortigen Kollegen und Kolleginnen war der Wunsch entstanden, bei Wahrnehmung und Beachtung der jeweiligen ideologischen, sozialen, politischen und ökonomischen Bedingungen Trennungen zu überwinden und danach zu fragen, wie wir uns *gegenseitig* anregen könnten, seelsorglich kompetent zu sein. Es war sehr deutlich, dass die jeweiligen Verhältnisse auch die seelsorgliche Arbeit prägten. Wäre es bei diesen Gegebenheiten nicht nötig, diese Bedingungen genauer in den Blick zu nehmen, um sie für die jeweilige seelsorgliche Arbeit fruchtbar zu machen?
Die 80er Jahre waren geprägt von der Frage nach Frieden, Gerechtigkeit und Bewahrung der Schöpfung. Nicht nur der Ost-West-Konflikt, auch die Tren-

nung von Nord und Süd und die Gefährdung der Umwelt traten deutlich in den Vordergrund. Wie konnte Seelsorge sich damit auseinandersetzen? Konnte Seelsorge zu diesen Problemen Beiträge leisten?
Die Trennungen in Ost und West, sprich in Sozialismus und Kapitalismus, und in Nord und Süd, sprich in Reichtum und Armut, waren wesentliche Motive, Seelsorgerinnen und Seelsorger aus unterschiedlichen Weltgegenden zu Begegnung, Gespräch und Austausch einzuladen. Wie kann in solch einer Welt Hilfe für Menschen durch Seelsorge und Beratung geleistet werden? Wie können in solch einer Welt Seelsorgerinnen und Seelsorger öffentlich Verantwortung übernehmen? Wie bekommen Seelsorge und Beratung politische und soziale Verantwortung?
Das erste Internationale Seminar fand dann vom 16. bis 20. Juni in Kaiserswerth statt. Etwa 90 Teilnehmende aus etwa 10 Ländern kamen. Als Thema war »Hoffnung und Heil in einer gefährdeten Welt« *(Hope and Wholeness in a Threatened World)* und als Sprecher Professor Howard Clinebell, Claremont, USA, gewählt worden, der vor allem auch durch sein Buch »Modelle beratender Seelsorge« in Deutschland bekannt war.
Gleich am zweiten Tag kam es zum ersten Konflikt: Zwei Teilnehmer aus den Niederlanden verließen verärgert das Seminar, weil sie anderes erwartet hatten, als jetzt geboten wurde. Der Referent fand mehr und mehr ein zwiespältiges Echo: Manche waren angetan, sogar begeistert, andere waren enttäuscht von seinen Ausführungen. Ein ganz wichtiger Aspekt war die Zweisprachigkeit des Seminars, englisch und deutsch. Ich hatte im Vorfeld mit dem Referenten abgesprochen, dass er seine Referate vorher einreichen sollte, damit sie ins Deutsche übersetzt werden könnten. Er sollte dann in Englisch referieren, andere könnten die Ausführungen in Deutsch lesen. Leider hielt er sich nicht daran, so dass laufend übersetzt werden musste. Das machte manche sehr ungeduldig. Es wurde bald klar, dass die verschiedenen Teilnehmerinnen und Teilnehmer mit unterschiedlichen Annahmen und Erwartungen gekommen waren, und diese führten zu Spannungen.
Etwa sechs Wochen bevor das Seminar begann, war das Reaktorunglück von Tschernobyl geschehen. Natürlich erwarteten die Europäer, dass der Referent darauf eingehen würde. Er aber berichtete von einem Besuch in Hiroshima und über seine Betroffenheit dort. Er führte in einem Vortrag aus, welche Schritte von Kirchengemeinden getan werden könnten, um sich an der Friedensarbeit zu beteiligen. In der Diskussion aber stellte sich heraus, dass die Gemeinden in Ost- und Westdeutschland und den Niederlanden schon längst eine Vielfalt von Friedensaktivitäten praktizierten. Er betonte, dass seine Ansichten in den USA kaum akzeptiert würden, da er zu wenig »amerikanisch« sei, viele Teilnehmende fanden ihn »typisch amerikanisch«.
Gerade diese Unterschiede, Spannungen und Auseinandersetzungen wurden zu Herausforderungen und dadurch zu fruchtbaren Momenten. Die eigenen Annahmen mussten überprüft werden. Was den einen selbstverständlich war, war anderen fremd oder gar unbekannt.
Im Laufe der Jahre und durch die Beteiligung von Referenten und Teilnehmenden aus immer mehr Ländern wurde deutlich, dass ein »Austausch« nicht genügt. Es reicht nicht, uns fremde Ausführungen zur Kenntnis zu nehmen und sie »abzuhaken«. Wenn etwa Professor Masamba ma Mpolo aus Zaire bei dem The-

ma »Seelsorge und Befreiung« von den Heilungen und den Heilungsriten afrikanischer traditioneller Heiliger referiert, wir aber ganz andere Erwartungen haben, nämlich von politischen Aktivitäten von Seelsorgerinnen und Seelsorgern angesichts von Armut und Unterdrückung hören wollen, müssen wir beginnen zu fragen: Wieso kommt der Kollege bei diesem Thema zu solchen Ausführungen? Kann es nicht sein, dass seine Gedankengänge für ihn politisch sind? Wieso sind *wir* bei bestimmten Schlagworten auf bestimmte Bilder und »Programme« festgelegt?

Der Austausch muss zum Geben und Nehmen auf den unterschiedlichsten Ebenen werden. Es muss die Nachfrage kommen, es muss »Forschung« geschehen, wie jemand zu seinen Folgerungen kommt, welche Erfahrungen dahinterstecken, welche Deutungen selbstverständlich, welche fremd sind. Wir benötigen die Zusammenhänge, um zu verstehen, und d.h. wir benötigen in Ansätzen ein Verständnis der Kultur. Das aber geht nur, wenn wir uns aufeinander einlassen, uns dem anderen und Fremden aussetzen und uns mit den eigenen Prägungen, Gaben, Grenzen und Verletzlichkeiten anbieten.

Was hatte nun der Kollege aus Afrika gewollt? Er wollte zunächst sagen, dass es in Afrika eine lange und differenzierte Tradition in Therapie und in der Sorge und Heilung um die Seele gibt, die vor allem von Familie und Clan und dann in neuerer Zeit auch von der Kirche ausgeübt wird. Vorstellungen, wir »Westler« müssten den Afrikanern Therapie und Seelsorge bringen, wurden beiseite geschoben. Dann war sein Ziel, deutlich zu machen, dass Befreiung im afrikanischen Kontext heißt, seinen Ort in der Familie einzunehmen und seine Aufgaben in der Gemeinschaft für die Gemeinschaft auszuüben – ein Freiheitsbegriff, der dem individualistischen unserer Kultur völlig entgegensteht. Und als dritten Punkt machte er uns bewusst, dass Heilung und Heilsein zu Freiheit führen, wobei therapeutische Heilungsprozesse nicht in erster Linie durch Gespräche von zwei Personen angestoßen werden, sondern durch Rituale der Gemeinschaft. Solche Ausführungen können wir zur Kenntnis nehmen und stehen lassen. Wichtig allerdings wäre es, sie als eine Herausforderung zu nehmen, die Relativität und Begrenztheit des Eigenen zu erkennen und die eigene Sicht zu weiten. Westliche Kultur hat diese Herausforderung Jahrhunderte lang anderen Kulturen zugemutet, längst aber stellen andere Kulturen uns infrage, und es wird sichtbar, dass wir nur gewinnen, wenn wir offen sind zu empfangen.

Wenn also ein Nebeneinanderstellen von unterschiedlichen Erfahrungen und Deutungen nicht ausreicht, wenn es eines Eindringens in die kulturelle Welt des anderen bedarf, dann kommt die Frage auf, wie das geschehen kann.

Wir stehen erst am Anfang, Hilfsmittel und Regeln für den interkulturellen Dialog zu entwickeln. Zwei haben wir in unseren Seminaren gefunden: sich gegenseitig zu erzählen (interkulturelle Seelsorge ist narrative Seelsorge) und immer wieder nachzufragen, um etwas besser zu verstehen. Das entspricht einer Haltung, die darum weiß, dass mein Gegenüber nicht nur sich am besten kennt, sondern auch seine Kultur. Dass zu solchen Einstellungen die Würdigung des anderen und seiner Kultur gehört, ist deutlich. Hier wird nicht einer Unterwerfung unter eine Kultur das Wort geredet, das wäre ja eine Form von kulturellem Imperialismus, sondern es geht um einen lebendigen und offenen Dialog, in dem allerdings die Minderheit und die Schwächeren besonderen Schutz genießen. Aber diese mehr allgemeinen Einstellungen, Regeln und Hilfsmittel müssen ausgebaut werden, vor allem muss eine Konfliktbewältigung im interkulturellen Dialog erarbeitet werden. Gerade wenn Verletzungen geschehen sind, man sich gegenseitig Unachtsamkeit vorwirft, wenn Ärger die Szene beherrscht, ist die Frage, wie solche und andere kritische Situationen behoben werden können.

2.1 Themen, die in interkultureller Seelsorge und Beratung besonderer Aufmerksamkeit bedürfen

2.1.1 Sprache

Vom ersten Moment an hat sich Sprache als wesentliches Element in der interkulturellen Begegnung herausgestellt. Begegnung zwischen Menschen unterschiedlicher Kulturen ist Übersetzungsarbeit, die allerdings nur bedingt gelingt. Wovon sprechen wir, wenn wir bestimmte Wörter benutzen, und meint das »Äquivalent« in der anderen Sprache Gleiches oder etwas Anderes? Frauen und Männer, die durch die Seelsorgebewegung geprägt waren, hatten beim Wort »Seelsorge« andere Assoziationen als »konservative Pfarrer der BRD« oder als Kolleginnen und Kollegen aus kommunistischen Ländern. Und kann Seelsorge durch *»pastoral care«* übersetzt werden?
Zu dieser Außenseite von Sprache, die schon recht kompliziert ist und zu vielen Irritationen und Missverständnissen führen kann, kommt noch eine Innenseite: Seelsorge findet nicht nur im Gespräch statt, sie ist Gespräch. Das ist ein wesentliches Kennzeichen von Seelsorge. Menschen kommen miteinander in Beziehung und tauschen sich persönlich aus. Sprache ist also hauptsächliches Kommunikationsmittel in der Seelsorge. In welcher Sprache teilt sich eine Person mit, wenn sie ihr Inneres ausdrücken will? Welche Bilder wählt sie dafür? Welche Emotionen entstehen in welchen Zusammenhängen, und welche Worte finden sich dafür? Wie kann Seelsorge Sprachhilfe werden? Diese Fragen entstehen auch bei Menschen aus gleichem Sprach- und Erfahrungsbereich. Sie werden aber kritisch bei Menschen mit unterschiedlichen Muttersprachen und kulturellen Prägungen. Hier wird unmissverständlich deutlich, dass Seelsorge Übersetzungsarbeit ist, und zwar nicht nur der gesprochenen Worte, sondern des inneren und äußeren Lebens. Dafür allerdings braucht es eine Hermeneutik. Welche Hermeneutik ist für eine interkulturelle Seelsorge sinnvoll und brauchbar? Ist vielleicht sogar eine neue Hermeneutik zu finden, um die

Übersetzungs- und Verständigungsarbeit über Kulturen hinweg möglich zu machen?

2.1.2 Familie

Schon bald wurde in den Seminaren deutlich, dass die Fragen nach Ehe und Familie die zentralen Fragen in traditionellen Kulturen sind und alle anderen dadurch bestimmt werden. Traditionelle Kulturen denken nicht in »Gesellschaft«, sie denken in Familienverbund (*extended family*), in Sippe (*clan*) und Sippenverbund (*tribe*). Ausgeklügelte Beziehungsstrukturen halten die Gemeinschaften zusammen, die unterschiedlichen Rollenverteilungen ermöglichen Differenzierung und Arbeitsteilung. Das alles bricht zusammen durch Industrialisierung und Urbanisierung. Das Aufkommen der Kleinfamilie stört die gesamten sozialen Strukturierungen und hebt sie sogar auf. Dieser Umbruch aber durchdringt das gesamte Leben. Die persönlichen und sozialen Beziehungen, das Verständnis von sich als Frau und Mann, die ökonomischen Voraussetzungen und das religiöse und spirituelle Verständnis werden in Mitleidenschaft gezogen. Wenn also Familie und Ehe zur Disposition stehen, steht alles auf dem Spiel.

Es brauchte eine lange Zeit, bis wir erkannten, welche überragende Bedeutung Familie und Geschlechterrolle für die allermeisten Menschen in sehr vielen Kulturen spielen. Familie ist da ein mehrere Generationen übergreifender ökonomischer und emotionaler Verbund von einer Komplexität und manchmal auch einer Ästhetik, die wir kaum nachvollziehen können. Eine hilfreiche seelsorgliche und beraterische Arbeit mit Menschen aus solchen Kulturen kann aber nur geschehen, wenn die jeweiligen Familienstrukturen verstanden und gewürdigt werden. Natürlich ist dabei auch zu sehen, wie traditionelle Strukturen in bestimmten Zusammenhängen nicht mehr funktionieren können. Aber dennoch können alte kulturelle Familienregeln nicht über Bord geworfen werden, denn dann wird ein Netzwerk von Bezugssystemen verlassen – und was bleibt dann?

2.1.3 Die Rolle der Geschlechter

Die Rolle der Geschlechter und geschlechtliches Leben wird in vielen Gesellschaften und Kulturen anders beantwortet, als wir es tun. Geschlechterrollen sind anders verteilt und häufig festgelegt. Frauen bestimmen ihre Bereiche (z.B. Haus und Markt), Männer sind zuständig für bestimmte Arbeiten. Wenn sich nun die Rollenverteilungen ändern, wenn etwa Frauen in Männerbereichen aktiv werden, führt dies zu erheblichen Irritationen.

Dies ist nicht nur beim Arbeiten der Fall, sondern auch in der Kindererziehung. In vielen traditionellen Gesellschaften ist geregelt, welche Rolle die Eltern, welche die Angehörigen in der Erziehung von Mädchen und Jungen haben – wo wiederum Unterschiede gemacht werden. Die Erziehung zielt auf eine Bildung von klarer geschlechtlicher Identität und zugleich auf eine Einbindung in die Familie. Beim geschlechtlichen Rollenverständnis wird für uns das Gespräch oft schwierig, weil wir uns den Fragen ausgesetzt sehen, ob unser Umgang zwischen den Geschlechtern produktiv oder destruktiv sei. Für viele Kulturen ist immer noch selbstverständlich, dass Ehe die Lebensform für Männer und Frauen ist, dass die Familien den Partner oder die Partnerin aussucht und dass die Ehe Sinn macht, wenn Kinder – vor allem männliche – geboren werden. Homosexualität wird verurteilt und ist ein Tabu, das so gut wie nicht angesprochen wird. Unter solch unterschiedlichen Voraussetzungen ist es sehr mühsam, einen gedeihlichen Dialog zwischen Menschen unterschiedlicher Kulturen zu führen, da er ja immer mit Infragestellungen der eigenen Person und der eigenen Lebensweise verbunden ist.

2.1.4 Autorität

In vielen traditionellen Kulturen ist es selbstverständlich, dass die Älteren Autorität haben und bestimmen. Sie sind es, die den Jüngeren das Leben geschenkt haben, die Erfahrung besitzen und weitergeben, die verehrt werden, teilweise sogar über den Tod hinaus. Die Alten werden zu den Ahnen, die immer noch in das Leben der Familie eingreifen können – zum Guten und zum Schlechten.

Es ist immer wieder erschütternd zu erleben, wie die Kolleginnen und Kollegen aus traditionellen Kulturen darunter leiden, dass durch den Einfluss der Industrialisierung und westlicher Wirtschaft auch das tragende Autoritätsgefüge sich auflöst. Mir ist unvergesslich, wie ein Mann aus Papua Neuguinea fast mit Tränen in den Augen erzählte, bei allen Veränderungen, die seine Gemeinde in den letzten Jahren durchgemacht hätten – in ihrem Gebiet war eine Goldmine aufgebaut worden, und die Menschen wurden innerhalb weniger Jahren aus ihrer traditionellen Kultur ins Industriezeitalter katapultiert – sei am schlimmsten, dass er nicht wüsste, welche Autorität er bei seinen Kindern noch habe.

2.1.5 Werte

Dieser Mann aus Papua Neuguinea erzählte auch, dass sie oft Goldsteine genommen hätten, um damit Feuer zu machen. Dass Gold noch einen anderen Wert haben könne, hätten sie erst durch die Weißen erfahren. Für sie sei der höchste materielle Wert das Land, das dem ganzen Stamm gehöre. Durch den Goldabbau hätten sie nun das Land verloren.

So wie in diesem Falle ist jeweils sehr genau zu hören, welche Werte für eine Kultur wesentlich sind. Und das deckt sich oft nicht mit unseren Vorstellungen. Mit bleibt eindrücklich ein Gespräch in Singapur, wo ein Chinese mir sagte, dass die westlichen Auffassungen zu den Menschenrechten nur teilweise kompatibel mit denen der chinesischen Tradition seien. Für Chinesen sei ein Menschenrecht erfüllt, wenn die Menschen Essen und Wohnung hätten. Und deshalb könnte China die USA fragen, ob sie die Menschenrechte einhielten.

Bei der Frage nach den Werten geht es gleichzeitig um die Frage nach Macht: Was und wer hat Macht? Was und wer bestimmt?

2.1.6 Religion
Für die meisten traditionellen Kulturen ist jede Lebensäußerung Religion, und Religion bestimmt das gesamte Leben. Säkulare Gesellschaften, wie wir sie aus dem Westen kennen, sind anderen Kulturen unbekannt. Religion beantwortet die Frage, was und wer Wert hat und was und wer Macht hat und daher zu beachten und zu verehren ist. Mich hat sehr beeindruckt, dass in Singapur, diesem äußerst modernen Stadtstaat, durch Industrialisierung und Modernisierung sich die Menschen nicht von den Religionen abgewandt haben, sondern im Gegenteil religiöser geworden sind. Ohne Religion ist menschliches Sein und Kultur kaum lebbar. Wenn aber Religion alles durchdringt und bestimmt, dann trifft man die Lebenswirklichkeit dieser Menschen nicht, wenn man Religion zu einer »Sache« oder einer Lebensäußerung unter vielen erklärt, die auch wegbleiben könnte.

2.1.7 Krankheit und Gesundheit
Viele Kulturen haben andere Vorstellungen von Krankheit und Gesundheit als wir, da sie ein anderes Verständnis von Ursache und Wirkung haben. Krankheiten werden in afrikanischen Kulturen als körperliche Störungen verstanden, die zwischenmenschliche Störungen wiedergeben. Ursachen für Krankheit sind Eingriffe von lebenden oder toten Personen, sind die Verletzungen von Regeln der Gemeinschaft. Diesen Krankheiten ist deshalb auch nicht durch Medizin allein beizukommen, sondern durch Versöhnungsrituale und Opfer. Krankheit führt hier immer zu der Frage der Schuld, was der oder die Kranke versäumt hat, wo er oder sie der Gemeinschaft etwas vorenthalten hat, wo er oder sie Regeln verletzt hat. Krankheiten in China haben damit zu tun, dass Energieströme unterbrochen sind und dadurch der Körper nicht in Harmonie mit sich selbst funktioniert. Hier führt Krankheit zur Frage der Lebensweise, ob die Lebensführung »gesund« ist, ob die unterschiedlichen Kräfte im Körper beachtet und miteinander in Einklang gebracht werden.
Diese Anmerkungen zu einzelnen Themen, die bei interkulturellen Begegnungen wichtig werden können, sollen sensibilisieren, nachzufragen und genauer zu hören. Bei gleichen Worten und Ausdrücken stecken oft doch ganz unterschiedliche und fremde Auffassungen und Erfahrungen dahinter. Erst wenn sie deutlich werden, wird eine Begegnung fruchtbar.

2.1.8 Arbeitswelt und ökonomische Verhältnisse
Die Menschen in anderen Kulturen leben häufig in anderen Arbeitswelten und ökonomischen Verhältnissen. Die Masse der Menschen im Süden lebt in Armut, weil sie keine oder nur gering bezahlte Arbeit haben und immer weniger Möglichkeiten, durch Landbau sich selbst zu versorgen. Durch Globalisierung, Industrialisierung und Urbanisierung gehen Mög-

lichkeiten bisherigen Wirtschaftens verloren, neue erschließen sich nur wenigen. Mich hat immer wieder erstaunt, dass für viele Teilnehmende an den Seminaren die wirtschaftlichen Fragen im Vordergrund standen und dass für sie Seelsorge und Beratung dann zum Ziel kommen, wenn sie auch ökonomisch hilfreich sind. Lebenshilfe hat hier elementaren Charakter.
Wenn die Kolleginnen und Kollegen aus südlichen Ländern von ihren Bemühungen um Lebenshilfe für die Armen sprachen, habe ich das immer auch als eine Anfrage an unseren Lebensstil und an unsere wirtschaftliche Verflochtenheit mit diesen Völkern und Menschen gehört. Wie sollen wir uns gegenseitig verständlich werden, wenn wir nicht bereit sind, uns auch zu ändern?

2.2 Zwei Fallberichte[2]

2.2.1 Fallbericht 1: Besuch einer Seelsorgerin in einem Krankenhaus bei einer Patientin, die aus Thailand stammt

Vorinformation:
Das folgende Gespräch ist das letzte einer Fülle von Begegnungen mit Frau S. Anfang Juni hatte mir eine Schwester der onkologischen Station von Frau S. erzählt, und zwar dass sie:
- *aus Thailand stamme, wo sie schon wegen der Krebserkrankung behandelt wurde;*
- *verheiratet sei und einen 5-jährigen Sohn habe;*
- *für die Familie den eigenen Lehrberuf aufgegeben habe;*
- *sehr religiös sei und den Rosenkranz bete;*
- *erst vor zwei Monaten nach Deutschland gekommen sei, da ihr Mann nun hier tätig sei.*
- *kaum deutsch, aber gut englisch spreche.*

Ich stelle mich bei Frau S. vor. Sie scheint sehr erfreut über mein Kommen und erzählt von ihrer jetzigen Situation: neu in Deutschland, keine Freunde oder Bekannte, Familie so weit entfernt. Sie fühlt sich sehr einsam, zumal der Mann den ganzen Tag über arbeitet und der Sohn in einen Ganztagskindergarten geht. Aufgrund ihrer Krankheit und ihrer Scham – sie hat ihre Haare verloren – geht sie kaum aus dem Haus. Frau S. signalisiert mir, dass sie sich freue, wenn ich sie weiterhin besuchen kommen würde. Das tue ich an den Tagen, an denen sie zur Therapie im Krankenhaus ist. Nachdem sich ihr gesamter Zustand verschlechtert hat, muss sie für längere Zeit stationär behandelt werden. Bei meinen täglichen Besuchen bejaht sie stets meine Frage, ob ihr mein Besuch recht sei, und bietet mir einen Stuhl an. Ebenso nimmt sie das Angebot an, ihr ein Stück aus der Bibel vorzulesen. Vergangenen Mittwoch komme ich gegen 11 Uhr morgens in ihr Zimmer. Dabei habe ich (noch) das neue Gesangbuch, aus dem ich zuvor einem anderen Patienten vorgelesen habe.

2 Beide Fallberichte stammen aus Seelsorgekursen und wurden in einer Lerngruppe vorgetragen und besprochen. Beide Seelsorgerinnen haben einer Veröffentlichung zugestimmt.

H 1: Guten Tag, Frau S. Ich sehe, sie sind gerade beim Essen – da will ich nicht stören.
S 1: Ja, eine Nachbarin hat mir Suppe gebracht; setzen Sie sich doch.
H 2: Sicher? – *Frau S. nickt und isst weiter. Mir ist die Situation unangenehm; ich weiß weder, was ich sagen, noch, was ich tun soll.*
H 3: Guten Appetit! – *Frau S. löffelt weiter.*
Pause. Ich schaue mich im Zimmer um, schaue Frau S. an und warte, bis sie fertig ist oder etwas sagt. Plötzlich nimmt Frau S. den Teller und schüttet den Rest der Suppe in ein Gefäß. Während sie es verschließt, sagt sie:
S 2: Ich kann nicht essen, wenn Sie mich so anschauen. Außerdem will ich nicht mehr, dass Sie mir aus der Bibel vorlesen *(zeigt wütend auf das Gesangbuch).*
H 4: O, das tut mir leid. Ich wollte Sie nicht anstarren. Das Buch hier ist nicht die Bibel. Ich habe sie heute nicht mitgebracht, weil ich gemerkt habe, dass das Vorlesen nicht das Richtige für Sie ist.
S 3: Das hilft mir nicht; das ist nicht meine Art des Glaubens. Ich glaube an die Mutter Jesu – Sie nicht. Ich bete zu der Mutter Jesu – Sie beten zu Gott.
H 5: Ja, wir haben unterschiedliche Glaubenswege. Es tut mir leid, dass ich Ihnen da nicht das für Sie Passende geben kann.
S 4: Ich bete jeden Morgen den Rosenkranz, bete: »Mutter Gottes hilf mir, erhöre mich, Mutter Gottes hilf mir, erhöre mich, Mutter Gottes hilf mir, erhöre mich«. So bin ich von meiner Mutter erzogen worden, so tue ich es. Ihre Art des Glaubens hilft mir nicht. Und ich möchte ehrlich sein, möchte Sie nicht anlügen, aber bitte kommen Sie nicht mehr.
H 6: Sie meinen gar nicht mehr?
S 5: Es ist nicht ehrlich, wenn ich sage, es würde mir etwas helfen. Im Gegenteil, es setzt mich unter Druck. Vergeuden Sie Ihre Zeit nicht mit mir, die ich Ihre Hilfe nicht annehmen kann.
H 7: Es tut mir sehr leid. Ich wollte Sie auf keinen Fall unter Druck setzen – das war nicht meine Absicht.
S 6: Bitte, verstehen Sie mich richtig. Unsere kulturellen Unterschiede sind einfach zu groß, dass Sie mir helfen könnten. Verschwenden Sie Ihre Zeit nicht mit mir, und seien Sie mir nicht böse.
H 8: Frau S. Ich glaube, ich habe verstanden, was Sie mir sagen möchten. So verabschiede ich mich. Ich bin Ihnen nicht böse. Es ist gut, dass Sie es mir erzählt haben. Ich werde Sie nicht mehr besuchen.
S 7: Ich wünsche Ihnen Gottes Segen; er schütze Sie und Ihre Arbeit. Vielleicht kreuzen sich unsere Wege noch einmal.
Ich nicke und gehe aus dem Zimmer.

Dieses Gespräch gelingt nicht aus mehreren Gründen, wobei von der Patientin ganz ausdrücklich die kulturelle Verschiedenheit genannt wird. Dies ist festzuhalten und nicht zu überspielen. Folgende sozio-kulturellen Schwierigkeiten aus unserem obigen »Katalog« sind neben der seelischen und emotionalen Situation der Patientin zu beachten:
Sprache: Das Gespräch ist hier in Deutsch aufgezeichnet, wurde aber in Englisch geführt. Beide können in dieser für sie schwierigen Situation nicht ihre Muttersprache verwenden und fühlen sich in der Sprache nicht heimisch.

Familie: Die Patientin ist von ihrer Familie abgeschnitten. In ihrer Kultur ist es üblich, dass sich Frauen gegenseitig stützen, wenn sie Hilfe brauchen und in Nöten sind. Dies ist hier nur bedingt möglich – etwa durch die Suppe einer Nachbarin –, und natürlich ist die Seelsorgerin dafür kein Ersatz. Ihr Mann kann ihr nicht zur Seite stehen, der Sohn ist kaum für sie da. Man kann nachfühlen, wie einsam und verlassen sie sich da fühlen muss.
Rolle als Frau: Diese Patientin fühlt sich wahrscheinlich als Frau minderwertig, da sie ihrer Rolle als Frau nicht nachkommen kann. Sie schämt sich wegen ihres Aussehens. Sie hat ihre Lehrtätigkeit aufgegeben und hat die Rolle der Hausfrau und der Ehefrau übernommen – und dies kann sie jetzt nicht mehr ausüben. Man kann sich vorstellen, durch welche Identitätskrise diese Frau geht.
Autorität: Die Seelsorgerin kann für diese Frau nicht die Autorität sein, die sie gewohnt ist. Sie ist kein Priester. Es bleibt die Frage, ob diese Patientin überhaupt eine Frau als Autorität anerkennen kann.
Krankheit: Leider erfahren wir nicht, wie die Patientin ihre Krankheit versteht und in welche Zusammenhänge sie sie bringt. Es wäre sicherlich aufschlussreich, darüber mehr zu hören.
Religion: Die Seelsorgerin wollte dieser Frau religiöse Hilfe geben – und da bricht der Konflikt am stärksten durch. Beide Frauen spüren den Unterschied und die Fremdheit und können sie nicht überwinden.
Es ist nicht deutlich, was die Frau empfindet, wenn die Seelsorgerin sie so »anstarrt«. Es wird nicht klar, wieso die Wut der Frau in dieser Situation ausbricht und nicht schon früher geäußert wurde. Es ist auch nicht geklärt, was dieser Ausbruch mit dem Essen zu tun hat.
Was wäre in dieser Situation von der Seelsorgerin möglich und hilfreich gewesen? In der Reflexion des Gespräches in der Lerngruppe wurde ihr deutlich: Sie hätte sich schon viel früher – eigentlich von Beginn an – von der Frau selbst erzählen lassen können, von sich und ihrer Geschichte, davon, was in vergleichbaren Situationen bei ihr »zu Hause« geschehen wäre, wie sie dort gepflegt und behandelt würde, was sie in dieser Situation tröstet. Die Seelsorgerin hat sich eher von der Schwester bestimmen lassen als von der Patientin. Sie hat zu wenig gefragt und der Frau manches gegeben, was ihr nicht angemessen war – und wogegen sie sich zunächst nicht gewehrt hat. Hätte die Seelsorgerin mehr von der Frau gewusst und sie besser in dem verstanden, was ihr wichtig und angemessen ist, hätte sie sensibler auf sie eingehen können. Natürlich bleibt zu berücksichtigen, dass diese Patientin schwer krank und deshalb emotional belastet ist. Aber gerade in emotional kritischen Situationen ist es umso wichtiger, sensibel zu sein. Ein Verständnis der kulturellen und religiösen Hintergründe wäre hier hilfreich gewesen.

2.2.2 Fallbericht 2: Besuch einer Gemeindepastorin zum Geburtstag

Besuch bei einer 71jährigen Frau aus unserer Gemeinde anlässlich ihres Geburtstags. Ich habe sie schon des öfteren besucht. Sie ist vor einigen Jahren aus Sibirien hierher übergesiedelt. Ihre Kinder wohnen zwar in der Nähe, kommen jedoch nur selten zu ihr. Sie ist verheiratet. Doch ihr Mann ist grob und gefühlskalt ihr gegenüber. Manchmal redet er Tage lang nicht mit ihr. Wenn sie krank ist, nimmt er keinerlei Rücksicht auf sie. Er fährt öfters tagsüber zu seinen Kin-

dern und lässt seine Frau allein zuhause. Sie hat fast keine Kontakte und leidet sehr unter ihrer Einsamkeit.
Ich begrüße das Ehepaar S. und gratuliere Frau S. Wir gehen ins Wohnzimmer, wo wir alle drei Platz nehmen.
S 1: Wie geht es Ihnen, Frau S.?
F 1: Schlecht.
Frau S. erzählt ausführlich von Gallenkoliken in den letzten Tagen und Nächten.
S 2: Waren Sie denn mal beim Arzt?
F 2: Nein. Ich habe gestern bei Dr. H. angerufen. Die haben mir erst für heute nachmittag um 5 Uhr einen Termin gegeben. Da ist man ja schon verreckt, bevor man mal einen Arzt bekommt.
S 3: Warum haben Sie denn keinen Notarzt gerufen, als es Ihnen letzte Nacht so schlecht ging? Das müssen doch furchtbare Schmerzen sein. Der hätte Ihnen dann doch sofort etwas gegen Ihre Schmerzen geben können.
F 3: Ja, drei Stunden lang hat es mich schrecklich angegangen. Aber ich hab mir vorgenommen, dass ich nächstes Mal den Notarzt rufe.
Frau S. erzählt mir, dass Sie schon länger wegen Ihres Gallensteins von ihrem Hausarzt medikamentös behandelt wird. Bisher jedoch ohne Erfolg. Sie hat während der ganzen Zeit so starke Begleitbeschwerden, dass sie sich nur noch in ihrer Wohnung aufhält und immer mehr vereinsamt.
S 4: Dann muss jetzt wohl doch mal operiert werden?
F 4: Ja, sicher. Aber jetzt noch nicht. Vielleicht krieg ich ja auch keine Kolik mehr. Erst beim nächsten Mal.
S 5: Dann sitzen Sie also lieber jetzt noch wer weiß wie lange hier in Ihrer Wohnung, können nirgends hingehen und quälen sich mit Ihrem Bauch rum? *Frau S. lacht.*
F 5: Sie haben ja Recht.
Dann erzählt sie, dass sie Angst vor der Operation habe. Eine Schwägerin habe dieselbe Operation machen lassen, und die sei von »Praktikanten« durchgeführt worden. Und überhaupt könne dabei ja so viel passieren. Zudem habe sie ja auch so ein schlechtes Herz.
S 6: Wenn Sie heute nachmittag zu Ihrem Arzt gehen, dann erzählen Sie ihm doch mal, wieso Sie vor der Operation Angst haben. Der kann Ihnen genau sagen, was bei der Operation gemacht wird, und Ihnen so Ihre Ängste vielleicht nehmen. So eine Gallensteinoperation ist für die Ärzte doch nichts Besonderes. Die machen das jeden Tag. Und dann wird es Ihnen bald schon wieder besser gehen, und Sie können wieder raus, unter Leute und wieder ein bisschen Freude am Leben haben.
Frau S. verspricht mir, beim Arzt ihre Ängste anzusprechen. Ich verbleibe so mit ihr, dass ich sie am selben Abend noch anrufen werde, um mich zu erkundigen, was der Arzt gesagt habe und in welches Krankenhaus sie gegebenenfalls kommen werde, damit ich sie dort besuchen könne. Beim Abschied bedankt sich Frau S. mehrmals für meinen Besuch und sagt, dass sie, wenn ich das nächste Mal komme, wieder etwas für mich kochen wolle. Ich streichele ihren Arm.
S 7: Werden Sie jetzt erst mal wieder gesund.
Dann verabschieden wir uns.

Obwohl im Grunde zwischen Frau F. und der Seelsorgerin ein gutes Verhältnis besteht, bleibt in diesem Gespräch der Seelsorgerin vieles unverständlich: Wieso ruft sie nicht den Notarzt? Wieso spricht sie mit den Ärzten nicht offen über ihre Angst? Wieso tut der Mann nicht mehr für seine Frau? Wieso lässt sie sich gefallen, dass ihr Mann ihr verbietet, zur Familie zu fahren?
Hätte die Seelsorgerin mehr von den Hintergründen dieser Frau erfahren, wären ihre Beiträge und Hinweise nicht so sehr von »außen« gekommen, wie das hier der Fall ist.
Aber nehmen wir noch einmal unseren »Katalog« von oben und betrachten, an welchen Punkten Unterschiede festzustellen sind:
Sprache: Frau F. als Deutsche aus Sibirien spricht zwar deutsch – und doch ist es ein der Seelsorgerin fremder Dialekt. Manche Ausdrucksweisen sind ihr ebenfalls fremd. An manchen Stellen könnte sie nachfragen, was Frau F. damit meint.
Familie: Frau F. leidet unter der Zersplitterung der Familie. Sie sehnt sich nach mehr Kontakt – und es ist ihr nicht möglich, ihn herzustellen.
Rolle als Mutter und Frau: Mit beiden Rollen hat sie Schwierigkeiten und kann sie nicht ausfüllen. Auf jeden Fall muss sie sich anscheinend ihrem Mann unterordnen.
Autorität: Für Frau F. ist die Pastorin ganz offensichtlich eine Autorität. So verwundert es nicht, dass diese wiederum Ratschläge und Handlungsanweisungen gibt. Ob dies allerdings wirklich hilfreich wird, ist offen.
Krankheit: Wie Frau F. ihre Krankheit sieht und womit sie sie in Zusammenhang bringt, erfahren wir auch hier nicht.
Religion: Dieses Thema wird nicht angesprochen. Womit hängt es zusammen? Mit der Scheu der Seelsorgerin? Damit, dass diese Frau nicht religiös ist? Damit, dass diese Frau in der Vergangenheit kaum religiöses Leben kennengelernt hat? Auch hier fragt die Seelsorgerin nicht nach den Hintergründen und Erfahrungen dieser Frau. Es wird nicht deutlich, wie die bisherige Lebensgeschichte und der kulturelle Hintergrund die jetzige Situation mit bestimmen. Die Lebenserfahrung der Seelsorgerin und von Frau F. liegen weit auseinander, nicht nur, weil sie im Alter unterschiedlich sind, sondern auch, weil die Seelsorgerin kaum etwas aus der individuellen Geschichte von Frau F. noch der Geschichte der Volksgruppe, in die Frau F. eingebunden ist, kennt.
Die Seelsorgerin brachte das Protokoll vor allem deswegen ein, weil sie sich unwohl fühlte, dass sie Herrn F. nicht ins Gespräch einbezogen hatte. Ihre Frage war: Wie hätte das gelingen können? Die Antwort der Lerngruppe: Zunächst einmal hätte sie sich emotional nicht ausschließlich mit Frau F. identifizieren dürfen. Und dann hätte sie ja nachfragen können. Etwa: Ob und wie sie früher »zu Hause« Geburtstag gefeiert hätten? Warum sie heute keine Feier veranstalten? Oder wie das in Sibirien war, wenn dort jemand krank wurde? Was man da gemacht habe? Wieder kommen wir zum Erzählen und zum Nachfragen als wesentliche Hilfsmittel einer interkulturellen Seelsorge, die für andere Menschen sensibilisiert.

3. Interkulturelle Wahrnehmung

Interkulturelle Seelsorge ist ein Versuch, sich als Fremde gegenseitig anzunähern. Es geht also zunächst darum, sich als Fremden zu sehen und zu verstehen. Denn ich weiß nicht von vornherein, was mit dem anderen und wie der andere ist. Ein Fremder, der sich einem fremden Gebiet nähern will, wird dies umsichtig tun, wird das Terrain sondieren, sich umschauen und sich merken, wo er sich befindet. Für Seelsorge und Beratung heißt dies, sich vom Gegenüber einführen lassen in sein Terrain, sich von ihm führen lassen. Dies geschieht – wir haben es schon etliche Male betont – durch Nachfragen, durch eine angemessene »Neugier« für die Menschen und ihre individuelle und kollektive Geschichte. Die Nachfragen sollen zum Erzählen anregen, zum Erzählen auch der kulturellen Umwelt der Person[3].
Zugleich aber ist wichtig, dass ich »heiliges Land« betrete. Der andere Mensch mit seiner Geschichte und Kultur hat seine Würde, ihm ist mit Ehrfurcht und Respekt zu begegnen. Dabei geht es nicht darum, sich dem anderen zu unterwerfen, sondern um Gleichheit in Würde.
Natürlich ist es wichtig, immer wieder die Frage zu stellen, was in dieser Situation lebensförderlich und lebenszerstörend ist. Aber die eigenen Maßstäbe sind nicht die letztgültigen. Natürlich ist es wichtig, etwa die Unterdrückung und Ausbeutung von bestimmten Menschengruppen wie Kindern und Frauen in traditionellen Kulturen anzusprechen und zu kritisieren, auch wenn dies in ihnen gang und gäbe ist. Aber dazu ist es notwendig, die Kulturen und Traditionen zu kennen und zu verstehen, wie es zu solchen Auffassungen kommt.

4. Folgen für Praxis und Theorie von Beratung und Seelsorge

Interkulturelle Seelsorge und Beratung fordern eine Erweiterung seelsorglicher und beraterischer Praxis heraus: Die kulturelle Wirklichkeit und Unterschiedlichkeit der beteiligten Personen müssen ins Gespräch gebracht werden, um sich gegenseitig annähern zu können bzw. um deutlich zu machen, wo man sich jeweils befindet. Die individuelle Lebenswelt mit ihren emotionalen, sprachlichen und handelnden Äußerungen ist kulturell geprägt und kann von daher nur in diesen Zusammenhängen verstanden werden. Natürlich hat jeder Mensch ganz elementare Bedürfnisse, in denen sich alle Menschen gleichen, aber wie sie sich ausformen, hat kulturellen und individuellen Charakter. Um diese Ausformungen würdigen zu können, braucht es ein Verstehen kultureller Prägung.

3 Christoph Schneider-Harpprecht spricht von einer »ökologisch orientierten Seelsorge«.

Hinzu kommt, dass eine Beschäftigung mit interkultureller Seelsorge und Beratung dazu führt, das eigene Verständnis dieser Tätigkeiten zu relativieren. Mir wird durch den Kontakt mit den KollegInnen aus anderen Kulturen immer deutlicher, dass Ziel der Seelsorge ist, von »Mächten« frei zu werden. Sie haben mich gelehrt, wie sehr wir Menschen »geknechtet« und »versklavt« sind, manchmal von unseren eigenen Geschichten, manchmal auch von der eigenen Kultur, manchmal von unseren eigenen Werten und Vorstellungen, manchmal von Rollen und Religion, manchmal von Krankheit und Gesundheit. Seelsorge zielt auf Befreiung zum Leben.
Sie suchen nach einer Seelsorge, in der der Geist frei macht und die versklavenden »Geister« vertrieben werden. Interkulturelle Seelsorge ist also Auseinandersetzung mit »Mächten«. Dazu will sie ermächtigen (*empowerment*). Mir ist deutlich geworden, dass diese Seelsorge biblisch gut begründet ist.

Teil V
Forum für Spezialseelsorge

Christoph Schneider-Harpprecht

Ressourcen und Entwicklungsmöglichkeiten im Berufsfeld der Krankenhausseelsorge

1. Salutogenese: Der Beitrag der Krankenhausseelsorge zu Gesundung und Gesundheit

Als spezieller Dienst der Kirche im Krankenhaus steht die Krankenhausseelsorge in Zeiten knapper Finanzmittel unter einem doppelten Legitimationsdruck. Gegenüber der Kirche muss sie unter Beweis stellen, inwiefern sie auch als vom Gemeindepfarramt teilweise unterschiedene, eigenständig organisierte Funktionsseelsorge ihre Berechtigung hat. Im Rahmen des Krankenhauses und im Gegenüber zur säkularen Medizin, die dort bestimmend ist, muss Krankenhausseelsorge ihre Relevanz und ihr Profil darstellen, um angesichts des Rationalisierungsdrucks im Krankenhaus Bestand zu haben. Der folgende Beitrag zeigt Ressourcen und Entwicklungsmöglichkeiten der Krankenhausseelsorge unter diesen Rahmenbedingungen im Blick auf ihren Status im Krankenhaus und die Akzeptanz ihrer Sache auf. Ich wage die These: Die Krankenhausseelsorge ist kein Mauerblümchen mehr. Sie stößt im Rahmen der Gesellschaft, bei den Patienten und Patientinnen und in der Mitarbeiterschaft von Krankenhäusern auf zunehmende Akzeptanz und auf die Erwartung, dass sie im Rahmen der Institution Krankenhaus und in der interdisziplinären Zusammenarbeit einen spezifischen Beitrag zur Gesundheit leistet und als Gesprächspartnerin ethische Orientierung gibt.
Es ist bezeichnend, dass der Hauptgeschäftsführer der Bundesärztekammer und des Deutschen Ärztetages beim 10. Europäischen Theologenkongress in Wien die Theologie »zu einem interdisziplinären Gespräch über die Ethik des medizinischen Fortschritts« aufgefordert hat. »Angesichts der Entwicklung von Gentechnik und Medizin sei es nicht mehr gerechtfertigt, einen wertfreien Forschungsbegriff zu Grunde zu legen, zumal, da nicht die wissenschaftliche Neugier, sondern die systemimmanente Verlockung des globalen Marktes die Forschung vorantreibe. Es genüge auch nicht mehr, der erstaunten Öffentlichkeit unausweichliche Forschungsergebnisse vorzulegen. Auch rechtfertige das Therapieziel »Heilung« nicht alles. Die Fachwissenschaften müssten sich der Ethik öffnen, wobei noch so begründete Leitlinien etwa der Bundesärztekammer die »Gewissensfähigkeit« des einzelnen Arztes nicht hinreichend fes-

tigen könnten«[1]. Hier besteht ein Handlungsbedarf nicht nur für theologische Fakultäten. Die Krankenhausseelsorge ist vor Ort gefragt, sich in die ethische Diskussion einzuschalten und *in concreto* das christliche Menschenbild und die aus ihm resultierenden Wertvorstellungen zu vertreten. Die veränderte Erwartungshaltung gegenüber der Krankenhausseelsorge geht einher mit dem Bewusstsein um die Grenzen der Biomedizin. Gesundheit wird zwar, so der Sozialpsychologe Heiner Keupp, von den Menschen in den westlichen Industrieländern »als höchstes Gut« angesehen. Als »Inbegriff für Wohlbefinden, Glück oder erfülltes Leben« hat Gesundheit in der säkularen Gesellschaft einen »religionsähnlichen Status«[2]. Die Medizin, die sich um rationale Erforschung von Krankheitsursachen und Therapie bemüht, wird damit zur Voraussetzung eines erfüllten Lebens als innerweltlicher Heilserwartung. Ihr wird die Zuständigkeit und die Vollmacht über die biologischen Vorgänge um Krankheit und Gesundheit zugesprochen. Sie bringt die Menschen jedoch, so die Kritiker der modernen Medizin, in neue Abhängigkeiten[3]. Gesundheit wird »immer noch fälschlicherweise als Produkt einer riesigen Gesundheits- oder Krankheitsindustrie«[4] angesehen. Die Finanzierbarkeit, die soziale Effizienz und die subjektive Plausibilität dieses Denkens sind infrage gestellt. Dies macht der aktuelle Streit um die Gesundheitsreform deutlich. Es besteht ein Missverhältnis zwischen den steigenden Kosten im Gesundheitswesen und dem Gesundheitszustand der Menschen[5]. Alternative Modelle von Medizin werden attraktiver, weil ihre Sicht von Gesundheit und Krankheit verstehbarer ist und die Lebensführung des einzelnen einbezieht.

Wissenschaftlich findet diese Einstellung ihren Ausdruck in der veränderten Sicht von Krankheit und Gesundheit, wie sie im »salutogenetischen Denken« vertreten wird. Worum geht es dabei? Der israelische Medizinsoziologe Aaron Antonovsky hat das Konzept der Salutogenese in die Forschung eingeführt. Bei einer Studie über die Adaptation von Frauen an das Klimakterium war ihm aufgefallen, dass 29 Prozent »einer Gruppe von Überlebenden des Konzentrationslagers eine gute psychische Gesundheit zuerkannt wurde«[6]. Die Tatsache, dass eine solch erstaunliche Anzahl von Frauen nach dem Horror des KZ noch in einer vergleichsweise guten psychischen und physischen Verfassung war, führte ihn zu einer veränderten Fragestellung, die sich nicht wie die Schulmedizin auf die Ursprünge und Therapie der Krankheit bezieht, sondern auf die Ursprünge der Gesundheit konzentriert. Die salutogenetische Orientierung kriti-

1 Frankfurter Allgemeine Zeitung, 27. September 1999.

2 H. Keupp, Gesundheit als Lebenssouveränität, in: ders., Ermutigung zum aufrechten Gang, Tübingen 1997.

3 A.a.O., S. 36.

4 A.a.O., S. 41.

5 A.a.O., S. 38.

6 A. Antonovsky, Salutogenese. Zur Entmystifizierung der Gesundheit, Tübingen 1997, S. 15.

siert das Krankheitsmodell, das ausgeht von der Homöostase des Organismus als einem Normalzustand, der durch Stressoren gestört wird und dadurch erkrankt. Antonovsky nimmt einen Zustand der Heterostase als gegeben an, das heisst einen beständigen Prozess der Veränderung des Organismus in einem Kontinuum von Krankheit und Gesundheit, der letztlich zum Tod, verstanden als Entropie, also Ende der energetischen Austauschprozesse im Körper, führt. Vielfältige biologische, soziale und psychische Faktoren beeinflussen die Position, die ein Mensch auf dem Gesundheits-Krankheitskontinuum einnimmt. Salutogenetisches Denken fragt: »Welche Faktoren sind daran beteiligt, dass man seine Position auf dem Kontinuum beibehalten oder aber auf den gesunden Pol hinbewegen kann?«[7] Das Interesse gilt *Coping*-Ressourcen, die von Antonovsky als Ressourcen des Widerstands gegen die organischen Abbauprozesse verstanden werden.

Als zentralen gesundheitsfördernden Faktor identifiziert er das »Kohärenzgefühl«. Es ist »eine dynamische Orientierung, die ausdrückt, in welchem Ausmaß man ein durchdringendes, andauerndes und dennoch dynamisches Gefühl des Vertrauens hat ...«, dass Lebensereignisse verstehbar sind, dass man Ressourcen hat, um sie zu handhaben, dass sie Anforderungen stellen, »die Anstrengung und Engagement lohnen«[8]. Verstehbarkeit, Handhabbarkeit und Bedeutsamkeit sind die drei Grundpfeiler, die das Kohärenzgefühl als Widerstandsressource des Organismus gegen Stressoren tragen. Unter ihnen hat die Bedeutsamkeit, also die Dimension des Sinnes, einen besonderen Stellenwert, weil sie dazu motiviert, sich zu engagieren, und hilft, Verständnis und Ressourcen zu gewinnen[9]. Religiöser Glaube kann persönliche Einstellungen und Haltungen zu den Herausforderungen des Lebens, zu Krankheit und Gesundheit modellieren, die Menschen dazu motivieren, Widerstand zu leisten gegen das, was sie krank macht. Dabei ist es wichtig, zwischen einer rigiden und einer flexiblen religiösen Haltung zu unterscheiden. Auch sehr festgefügte religiöse Normen und Werte können hilfreich sein, solange sie mit flexiblen Handlungsstrategien verbunden sind. Nicht hilfreich ist eine rigide Religiosität, welche die Handlungsmöglichkeiten einschränkt[10].

Empirische Untersuchungen in den USA unterstützen die These vom gesundheitsfördernden Einfluss gelebter Religion. Hier sei nur auf eine Untersuchung von Oxman (1995)[11] verwiesen. 21 von 232 Patienten aus New England, die sich einer Herzoperation unterzogen und zuvor durch Interviews und medizinische Tests auf ihren Gesundheitszustand, Persönlichkeitszüge, das stützende soziale Netzwerk und die Religiosität hin

7 A.a.O., S. 30.
8 A.a.O., S. 36.
9 A.a.O., S. 38.
10 A.a.O., S. 42f.
11 Vgl. H.G. Koenig, Is Religion Good for Your Health. The Effects of Religion on Physical and Mental Health, Binghampton/NY 1997.

untersucht wurden, starben in den ersten 6 Monaten nach der Operation. 25% aus dieser Gruppe gaben an, in der Religion keine Stärkung und Hilfe zu finden, während nur 3% derjenigen starben, die dies bejahten und aktiv am sozialen Gruppenleben teilnahmen. Ihre Überlebensrate war um ein mehrfaches höher. Soziales Engagement, Einbindung in die Gemeinschaft und der gelebte religiöse Glaube helfen offensichtlich, eine lebensbedrohliche Gesundheitskrise besser zu überstehen. Gewiss steht hier zunächst die präventive Bedeutung von Religion im Vordergrund. Krankenhausseelsorge aktualisiert und intensiviert schon bestehende Möglichkeiten von Patientinnen und Patienten, mit Krankheit und dem Krankenhausaufenthalt auf der Grundlage des Glaubens umzugehen. Seelsorgerinnen und Seelsorger eröffnen den Patienten, Patientinnen und ihren Angehörigen jedoch auch den Zugang zu der oft verschütteten Dimension des Glaubens und der Lebensbewältigung aus dem Glauben. Sie tragen nicht unerheblich zum Genesungsprozess und zur Stabilisierung der Gesundheit bei[12].

Aus kirchlicher und theologischer Sicht muss die Bedeutung der Krankenhausseelsorge natürlich als etwas angesehen werden, das unabhängig von ihrer gesellschaftlichen Konjunktur ist. Dennoch ist es wichtig, veränderte Erwartungen zu registrieren, sie kritisch ernst zu nehmen und sich der Herausforderung zu stellen, den christlichen Beitrag zum Umgang mit Krankheit, zu Heilung und Gesundheit zu konkretisieren und Positionen christlicher Ethik in Grenzfragen, aber auch dort, wo es um das Zusammenarbeiten und -leben in Krankenhäusern geht, zur Geltung zu bringen. Die Chance, die sich uns meines Erachtens in Zukunft bietet, besteht darin, dass Krankenhausseelsorge in ihrer theologischen Besonderheit mehr als bisher danach gefragt sein wird, mit den ihr zur Verfügung stehenden Mitteln an der Heilung und Bewahrung der Menschenwürde im Krankenhaus mitzuwirken.

2. Stärken und Ressourcen der Krankenhausseelsorge

2.1 Die Kränkung der strukturellen Bedeutungslosigkeit aushalten

Thomas Feld, Pfarrer in einem psychiatrischen Krankenhaus, reflektiert in einem jüngst veröffentlichten Beitrag verschiedene Rollen der Seelsorge im psychiatrischen Krankenhaus. Er sagt:

»Der Seelsorger als Anstaltspfarrer, als Therapeut, als Libero oder Prophet reklamiert für sich eine Bedeutung und Notwendigkeit, die aufs schärfste mit der Bedeutungslosigkeit kontrastiert, die ihm im Krankenhaus zugesprochen wird. Denn Seelsorge ist im Zusammenhang des psychiatrischen Krankenhauses nicht

12 Vgl. Ch. Schneider-Harpprecht, Medizinische Forschung vor der Gretchenfrage: Religion, der vergessene Faktor, in: Krankendienst 8/9/1999, S. 265–269.

notwendig, und ich fürchte, darüber trösten auch die schönsten Rollenbeschreibungen nicht hinweg. In der Personalverordnung Psychiatrie zum Beispiel ist das Arbeitsfeld von Ärzten, von Psychologen, von Krankenpflegern sowie Ergo- und Sporttherapeuten beschrieben, aber Pfarrer kommen nicht vor. In den Budgetverhandlungen mit den Krankenversicherungen lassen sich viele Stellen unterbringen, nicht die von Pfarrern. An wesentlichen Schlüsselstellen therapeutischen Umgangs haben alle Berufsgruppen fest umrissene Entscheidungskompetenzen – nicht die Pfarrer«[13].

Feld zieht sich aus der Schlinge der narzisstischen Kränkung, indem er mit Eberhard Jüngel darauf verweist, dass »von Gott zu reden ... nicht beliebig, auch nicht notwendig, sondern ... mehr als notwendig« sei[14]. »Denn die Liebe ist frei, und sie liebt ohne den Zwang der Notwendigkeit, sie hört sonst auf, Liebe zu sein. Liebe bringt uns in Kontakt mit dem »Mehr-als-Notwendigen«, in Kontakt mit einem Sein, das uns grundlos, doch nicht beliebig, ereignishaft und frei anspricht«[15]. Darum gehe es dann auch in Begegnungen der Krankenhausseelsorge.
Stimmen wir dieser Argumentation innerlich zu, dann ist es uns gelungen, gegen das nagende Gefühl der Bedeutungslosigkeit ein Stück Sinn und Bedeutung zu setzen, das die Identität unseres beruflichen Handelns vorläufig sichert und die Präsenz von Seelsorge im Krankenhaus legitimiert. Das zumindest ist unvermeidlich. Solange die Seelsorge ihren Platz im Krankenhaus einnimmt, wird den kirchlichen Rollenträgern abverlangt, ihre Identität zu klären und ihren Ort im sozialen Gefüge des Krankenhauses zu finden. Wenn ich es wage, hier nach Stärken und Ressourcen zu fragen, so will ich gerade bei der immer wiederkehrenden Kränkungserfahrung der »strukturellen Bedeutungslosigkeit« der Krankenhausseelsorge, von der auch Michael Klessmann[16] spricht, nicht stehen bleiben. Wenn Krankenhausseelsorge »strukturell bedeutungslos« ist, dann ist im Berufsbild eine fundamentale narzisstische Kränkung eingebaut, die es grundsätzlich anzunehmen gilt und mit der die Einzelnen auf persönlichkeitsspezifische Weise umgehen müssen.
Ich gehe davon aus, dass dies Seelsorgerinnen und Seelsorgern immer wieder gelingt, dass sie den Anspruch der Identitätsfindung im Krankenhaus in kleine Münze umsetzen, das heißt wahrnehmen, wo und wie sich ein Gefühl einstellt, bei der Sache zu sein, gebraucht zu werden, in Kontakt zu sein, handlungsfähig zu sein, etwas zu tun, was im Nachhinein als bedeutsam empfunden wird, äußere Bestätigung zu bekommen. Auf diese Weise erfahren sie Befriedigung ihres Selbstwertgefühls, weil sie dem eigenen Bild von sich selbst und der Aufgabe, die sie sich gestellt haben,

13 Th. Feld, Die Rolle der Seelsorge im Psychiatrischen Krankenhaus – »Nicht notwendig, sondern mehr als notwendig«, in: Werner Posner (Hg.), Religiosität und Glaube in Psychiatrie und Psychotherapie, Lengerich, Berlin 1999, S. 71f.
14 A.a.O., S. 73.
15 A.a.O.
16 Vgl. M. Klessmann, Handbuch der Krankenhausseelsorge, Gütersloh 1996, S. 16.

punktuell entsprechen. Solche Erfahrungen sind Ressourcen, denen ich nun anhand von kurzen Vignetten aus der Praxis nachgehen will.

2.2 Begegnung als Chance und Herausforderung

Im Rahmen einer mehrwöchigen fraktionierten Seelsorgeausbildung machen wir am Ende eines Kursabschnittes die »Kleine Brötchen-Übung«. Die Teilnehmenden überlegen ein begrenztes Projekt, in dem sie in die Praxis umsetzen wollen, was sie in der Kurswoche gelernt haben. Ein Klinikseelsorger stellt sein »kleines Brötchen« vor: »Ich will, wenn ich die Hand auf die Türklinke lege, um ein Krankenzimmer zu betreten, einen Moment innehalten, mich spüren und auf den neuen Kontakt vorbereiten«.
Im Bild von der Hand auf der Türklinke ist der Moment vor einer neuen Begegnung festgehalten. Er ist spannungsvoll, für manche angstbesetzt. Der Seelsorger ist dabei, eine Schwelle zu überschreiten, sich auf unbekanntes Gelände zu begeben. Er weiß nicht, was ihn erwartet. Diesen Moment bewusst wahrzunehmen, ist zwiespältig: ein neuer Kontakt, eine neue Chance zur Begegnung, aber auch die Möglichkeit, zurückgewiesen oder überfordert zu werden.

Untersuchungen des Heidelberger Psychotherapieforschers M. Cierpka[17] haben ergeben, dass sich überdurchschnittlich viele Menschen mit Kontaktschwierigkeiten für die helfenden Berufe, also Psychotherapie, Sozialarbeit, Medizin entscheiden. Sie haben sich ein institutionelles »*setting*« gesucht, in dem sie unter klaren Rollenvorgaben mit Menschen in Kontakt kommen und sich dabei sicher fühlen können. Die berufliche Tätigkeit ermöglicht es denen, die es schwer haben mit Kontakten, Beziehungen aufzunehmen, und legt die Bedingungen fest, unter denen sie zustande kommen. Ich vermute, dass nicht wenige Seelsorger und Seelsorgerinnen zu dieser Personengruppe der helfenden Berufe gehören und dass ein großer Teil nicht zu den »Kontaktnudeln« zählt. Sie finden in ihrem Beruf Kontakt und Beziehungen in einem institutionell vorgegebenen Rahmen, erfahren also eine persönliche Bereicherung, haben die Chance, immer wieder an ihrem Kontaktproblem zu arbeiten und zu erleben, wie sie die Isolation überwinden. Dem kommt es entgegen, dass die Beziehungen im Krankenhaus eher kurzfristig sind, man also wieder entlassen wird und eine Vielzahl von Kontakten knüpfen kann. Es gibt täglich die Gnade des neuen Anfangs. Die Kehrseite ist allerdings die Belastung, ständig neue Kontakte knüpfen, auf Menschen zugehen zu müssen, und die Unbestimmtheit der Rolle des Seelsorgers und der Seelsorgerin, die sie vor die Aufgabe stellt, in jedem Kontakt abzuklären, welche Rollenerwartungen an uns gerichtet werden, und mit ihnen zu arbeiten.

17 Vgl. P.L. Janssen, M. Cierpka, P. Buchheim (Hg.), Psychotherapie als Beruf, Göttingen 1997.

2.3 Krisenhilfe – die Ambivalenz der »Intimität« in der Not

Hans Christoph Piper berichtet folgende Situation: »Eine Seelsorgerin wird von einer Patientin, die sie schon länger betreut, telephonisch gerufen. Die Seelsorgerin eilt unverzüglich auf die Station und betritt das Zimmer. ›Guten Abend, Frau A. Sie haben mich angerufen. Ich bin jetzt hier.‹ ›Ja‹, sagt die Frau, ›jetzt sind Sie hier.‹ ›Vorhin, da waren Sie so ganz allein.‹ ›Ich kann nicht mehr,‹ bricht es aus der Frau hervor. ›Vorhin, da wäre ich beinahe vom Balkon gesprungen. Ich halte das nicht mehr aus! Ich habe da gestanden und mich am Geländer angeklammert. Und – und ...‹ ›Und dann fiel Ihnen ein, mich anzurufen.‹ ›Ja.‹ Die Frau greift nach der Hand der Seelsorgerin und klammert sich daran. ›Ich glaube, ich werde blind ... Erst die Beine, dann der Kreislauf, dann die Sprache ... und jetzt auch noch die Augen. Ich habe keine Kraft mehr. Und alles ist so dunkel.‹ Langsam löst sich die Verkrampfung in der Patientin. Sie fängt an zu weinen. Die Seelsorgerin setzt sich an die Lehne des Sessels, ..., nimmt sie in den Arm und lässt sie weinen«[18].

Die Seelsorgerin ist zur Bezugsperson geworden für einen Menschen, der in die Krise geraten und psychisch zusammengebrochen ist. Sie ist für die geängstigte Frau existenziell wichtig. Für einen Augenblick ist sie letzter Halt, lebensrettend. Sie geht auf das elementare Bedürfnis ein, jemanden in der Nähe zu haben, ihre Not mitzuteilen, gehalten zu werden, sich durch das Weinen zu entlasten. Bei aller Vorsicht im Kontakt verhält sie sich mütterlich tröstend in einem Moment, in dem die Frau es braucht. Seelsorgerinnen und Seelsorger haben die Chance, anderen nahe zu kommen. Sie erleben, wie in Grenzsituationen für eine begrenzte Zeit Grenzen, die Menschen voneinander trennen, nicht mehr gelten. Das kann beglückend sein, weil dadurch auch eigene Wünsche nach Nähe und danach, innerlich berührt zu werden, angesprochen werden. Seelsorgerinnen und Seelsorgern kann von anderen ein hohes Maß an Intimität gestattet werden, wie sie sonst nur Menschen gewährt wird, die einem sehr nahe stehen. In der Hospizbewegung können wir beobachten, in welchem Maß der Wunsch, elementare Nähe, unverstellte Beziehungen, wie sie vielleicht nur an der Grenze, im Angesicht des Todes möglich sind, zu erleben, Helferinnen und Helfer motiviert, Sterbende zu begleiten. Das Glück solcher Nähe und Intimität ist hochambivalent. Es lebt von der Begrenzung, die der akute Leidenszustand oder der nahende Tod des anderen setzt, weil nur diese Grenze die befristete Entgrenzung in der Beziehung erlaubt und rechtfertigt. Auf die Dauer wäre sie schwer tragbar. Der Preis für das Glück der Nähe in der Seelsorge ist die emotionale Anteilnahme am Zustand des anderen Menschen, an Angst, Schmerz, Depression, Trauer, Wut. Das Beglückende wirkt fast wie eine knappe Gratifikation für den, der das Schwere auf sich nimmt, und ist vielleicht geeignet, ihn bei der Stange zu halten. Es ist sekundär, kommt unversehens nach. Wäre

18 H.-Chr. Piper, Krankenhaus-Seelsorge heute. Berliner Hefte für Evangelische Krankenseelsorge 51, S. 23.

es das, wonach die Seelsorgerin oder der Seelsorger primär sucht, so würde das Leid des anderen instrumentalisiert als Mittel, das eigene Gefühl von Bedeutung und die Lust der Nähe zu pflegen. Eine solche Beziehung müssten wir mit Fug und Recht als pervers bezeichnen, weil die Seelsorgerin oder der Seelsorger sich in eine allmächtige Position bringt, in der nicht nur das Leid des anderen manipuliert wird, sondern in der sie auch noch wissen und tun, was für den anderen gut ist – zu ihrer höheren Ehre. Es wird ihnen abverlangt, dass sie sich an dem orientieren, was der oder die andere braucht, und auf Wunscherfüllungen verzichten. Auf einem Plakat des Roten Kreuzes wird ein Rettungshubschrauber gezeigt und das Notarztteam, das nachts einem bei Regen verunglückten jugendlichen Motorradfahrer hilft. Als Text auf dem Plakat steht zu lesen: »Warum mache ich das? – Weil ich es kann!« Eine Krankenhausseelsorgerin berichtet mir, dass am meisten in ihrer Seelsorge geschehe und sie sich am besten fühle, wenn sie, ohne etwas zu erwarten, den Menschen begegne. Der Verzicht auf den Glücksanspruch eröffnet die Freiheit, durch die seelsorgliche Arbeit möglich wird und begrenzte, sekundäre Glücksgefühle sich einstellen können.

2.4 Menschen führen an der Ohnmachtsgrenze

Seelsorgerinnen und Seelsorger führen Menschen an der Ohnmachtsgrenze. Das gehört zu ihren Stärken im Krankenhaus. Dank der Hospizbewegung ist auch das Bewusstsein dafür gewachsen, dass die Begleitung von Menschen an der Grenze im Krankenhaus Raum und Zeit braucht. Kapellen und Abschiedsräume sind teilweise gegen Widerstände eingerichtet worden, Räume für den Ritus und das symbolische Handeln, durch das Grenzen begehbar, Schwellen des Abschieds und Neuanfangs, die es zu überschreiten gilt, darstellbar werden.

Ein Pfarrer macht eine Nottaufe bei einem schwer missgebildeten Neugeborenen, das eigentlich nicht lebensfähig ist. Eltern und Stationsmitarbeiter schweigen ratlos, schockiert, hoffnungslos, erschöpft. Der Ritus ist ein Geländer und Saumpfad im unbegehbaren Gebiet. Das Gebet unterbricht das Schweigen, bündelt Klage und Hoffnung. Das Glaubensbekenntnis zündet im Dunkeln ein Licht des Protests an. Das Taufwasser ist elementare Natur mitten in der Neonwelt der Intensivstation, Sinnbild von Leben und Tod, Weite und Tiefe. Die warme Hand, die das Kind segnend berührt, überwindet die Isolation, wagt Vertrauen und Nähe, ein zartes Bekenntnis, das die Präsenz des abwesenden Gottes symbolisch vorwegnimmt und sichtbar einfordert. Nach der Taufe wird das Kind ruhig und atmet noch lange, obwohl dies eigentlich unerklärbar ist.

Das Ritual und die Kommunikation mit Symbolen und Metaphern öffnet manchmal ein Fenster zum Unverfügbaren, bringt uns mit etwas in Berührung, das uns unbedingt angeht und das wir zerstören, sobald die Routine Platz greift, sobald die rituelle Krisenintervention einkalkuliert und nicht mehr aus der Not geboren und vom vielleicht verzweifelten Glauben gewagt wird.

2.5 Die Freiheit der Seelsorge und die Aufgabe der Qualitätssicherung

Die Freiheit der Seelsorge ist auch ein strukturelles Phänomen, die Kehrseite der strukturellen Bedeutungslosigkeit und der Vorteil der institutionellen Position der Seelsorge »zwischen den Stühlen«. Die Seelsorgerin, die von der langsam erblindenden Frau gerufen wird, kann sich Zeit nehmen. Im Unterschied zu anderen Stationsmitarbeitern, deren Zeit mit Terminen und Verpflichtungen voll ist und die den Druck von Stellenkürzungen aufzufangen haben, kann sie in Ruhe ein Gespräch führen, sich Zeit lassen für den einzelnen Menschen. Rückzugsmöglichkeiten sind dabei wichtig: der eigene Raum im Krankenhaus, der Freiraum, sich nach belastenden Gesprächen herauszuziehen.
Je größer der Druck für die StationsmitarbeiterInnen wird, desto schwieriger wird es, die Freiheit von Seelsorgerinnen und Seelsorgern zu akzeptieren. Man braucht sie als »Ausputzer« oder »Libero« in Druck- und Konfliktsituationen, beneidet sie vielleicht insgeheim oder fragt sich verärgert, »was die denn eigentlich tun?« Dann wird etwa die Forderung laut, die Seelsorgerin solle ihre Gespräche in der Patientenkurve dokumentieren, so wie es nach den Kriterien des Qualitätsmanagements alle tun. Dahinter mag auch ein Unbehagen stehen, das Mitarbeitende gegenüber der Seelsorgerin als Anwältin der Patienten und als Klagemauer für die Unzulänglichkeiten des Krankenhausbetriebs haben. Die berechtigte Forderung nach dem Ausweis der eigenen Tätigkeit verbindet sich mit dem Wunsch nach institutioneller Kontrolle potentieller Kritiker. Es wird künftig nötig sein, das eigene Tun transparent darzustellen und dennoch die Freiheit der Seelsorge als eine Grundbedingung zu verteidigen, ohne die sie für das Krankenhaus nutzlos wäre.

2.6 Diakonisches Engagement und Teamfähigkeit

Eine Seelsorgerin in der Kinderklinik begleitet einen 12 Jahre alten Jungen aus einem arabischen Land. Er hat eine Krankheit, die in seinem Land nicht behandelt werden kann, und ist von der Familie alleine mit dem Flugzeug losgeschickt worden. Er wird behandelt, doch er bekommt Schwierigkeiten mit der Ausländerbehörde und soll abgeschoben werden, bevor die Behandlung abgeschlossen werden kann. Die Verwandten in Deutschland kümmern sich unzureichend um ihn und sind überfordert. In einer gemeinsamen Sitzung von Sozialdienst, Seelsorge und Pflegedienst wird der Beschluss gefasst, dass die Seelsorgerin das Sorgerecht beantragt, damit die Aufenthaltsgenehmigung und die Fortsetzung der Behandlung geklärt werden können.

Die Seelsorgerin überschreitet die Grenzen, vernetzt sich mit Mitarbeitern und Diensten im System Krankenhaus, nutzt die Ressourcen ihrer Verbindung zu Kirchengemeinden und zur politischen Öffentlichkeit. Auf diese

Weise nimmt der »pastorale Dienst« einen Ort im sozialen System des Krankenhauses ein, an dem Seelsorge erkennbar und identifizierbar wird. Sie mobilisiert, bündelt und organisiert Energien und Kompetenzen innerhalb des Systems. Damit nehmen Seelsorger und Seelsorgerinnen nicht nur ihre Rolle als solidarischer Anwalt von leidenden Menschen wahr. Sie strukturieren eine Situation, in der ihr Engagement das solidarische Verhalten anderer im System wachruft, verändern also etwas in den Beziehungen. Dabei tun sie dann auch etwas für sich selbst. Ihr Tun wird wahrgenommen, sie werden Ansprechpartner für MitarbeiterInnen, sie werden in einem gemeinsamen Anliegen integriert.
Der Philosoph Bernhard Waldenfels hat darauf hingewiesen, wie wichtig der Dritte oder das Dritte für die Gestaltung von Beziehungen ist, in denen zwei Menschen einander ja immer fremd bleiben. Der Dritte ist jemand, auf den sie sich gemeinsam beziehen, oder ein Thema, über dem sie sich treffen können, auch wenn sie sich nicht kennen, Mühe haben, einander wahrzunehmen oder Konkurrenten mit gegeneinander stehenden Geltungsansprüchen sind.[19] Der oder das Dritte verbindet. Krankenhausseelsorge wird in den Zweiergesprächen hinter der verschlossenen Tür des Krankenzimmers schwer erkennbar für die anderen Menschen im Krankenhaus. Sie findet einen Ort, wenn die SeelsorgerInnen sich mit den Mitarbeitenden in etwas Drittem treffen, ein gemeinsames Anliegen, ein Thema, eine Aktion. KrankenhausseelsorgerInnen dürften dann glücklicher sein, wenn es ihnen gelingt, etwas Drittes zu finden.

2.7 Der Glaube als Kraftquelle

»Ich beginne den Tag bewusst mit einem liturgischen Gebet«, berichtet eine Seelsorgerin, die lange Jahre mit Alkoholikern, Drogenkranken, AIDS-Patienten gearbeitet hat, »da lege ich dann alles hinein und sage zu Gott: »Was auch passiert, wenn es nicht von Dir gewollt ist: mach es gut.« Spiritualität ist für sie eine Kraftquelle, zu der sie regelmäßig zurückkehrt. Der Sonntagsgottesdienst in der Kapelle des Krankenhauses ist für sie ein Mittelpunkt im Krankenhausalltag geworden, etwas, das Sicherheit gibt und dessen würdige Gestaltung sie verteidigt, etwas, von dem sie ausgeht und zu dem sie wieder zurückkommt. Im Gottesdienst, im Gebet kann sie abgeben an Gott. Das befreit von Schuldgefühlen, Versagensängsten, Perfektionsansprüchen. »Was auch passiert, wenn es nicht von Dir gewollt ist: mach es gut.«
Sie rechnet damit, dass der, der es gut machen kann, da ist, bei ihr. Sie betreibt Seelsorge im Bewusstsein und im Vertrauen auf Gottes Präsenz. An der Schwelle zur Pensionierung schaut sie zurück und sagt: »Es hat sich doch gelohnt. Viele Alkoholiker sind nicht wieder rückfällig geworden.« Kein Selbsttrost, eine Bilanz langer Berufsjahre, in denen sie präsent war, um ihre Identität gekämpft hat und offen für andere war, weil sie auf Gottes Präsenz gezählt und diese tragende Beziehung zu gestalten versucht hat.

19 Vgl. B. Waldenfels, Topographie des Fremden. Studien zu einer Phänomenologie des Fremden 1, Frankfurt a.M. 1997, S. 111ff.

2.8 Erzählen vom Sinn des Lebens.

»Eine der Stärken in meiner Arbeit ist es, dass ich im medizinisch-technischen Umfeld des Krankenhauses die Dimension des Sinnes einbeziehe«, stellt ein Seelsorger fest. Sinn wird in dieser Äußerung unterschieden vom zweckrationalen und kalkulierten Umgang mit Menschen in Medizin und Ökonomie. Er ist sinnhaft, weil er klare Absichten verfolgt, aber zu unterscheiden von Sinn als »Lebensdeutung«, als Zuschreibung von Bedeutungen für aktuell erlebte oder erinnerte Ereignisse, als Sinn eines gesprochenen oder aufgeschriebenen Textes. Seelsorge arbeitet mit Sinnkonstruktionen, die wir in Erzählungen, »*stories*«, entwickeln. In ihr steht die erzählende Bewältigung des Alltags, besonderer Lebensereignisse wie der Krankheit, die erinnernde Lebensbilanz etc. im Mittelpunkt. Antonovsky hat daran erinnert, dass eine Medizin, welche die lebensgeschichtliche Dimension der Krankheit ausklammert, »unweigerlich zu einer eingeschränkten Sicht des ›Herzinfarkts auf 504‹, wie es in der Alltagssprache des Klinikpersonals heißt«, tendiert[20]. Wenn das »Kranksein der Person, ihrer gesamten Lebenssituation« und ihres Leidens ausgeklammert werde, werde Medizin inhuman und neige auch zu Fehldiagnosen[21]. Seelsorge arbeitet mit dieser Dimension der Geschichte, also nicht primär im Blick auf die Ätiologie oder Prävention von Krankheiten, vielmehr allgemeiner als Hilfe zur Entdeckung von Lebenssinn. Der Sinn, der hier konstruiert und artikuliert wird, vergewissert Menschen darüber, wer sie sind, und kann dies mit den Geschichten von der Geschichte Gottes mit den Menschen verknüpfen.

3. Perspektiven und Handlungsmöglichkeiten der Krankenhausseelsorge

1. Kirchlicherseits wird unter dem zunehmenden ökonomischen Druck die Trennung von Gemeindepfarramt und Funktionspfarramt immer wieder in Frage gestellt. Karl Wilhelm Dahm etwa hat im Zusammenhang einer empirischen Studie über »Pfarrberuf zwischen Selbstbild und Gemeindeerwartung« vorgeschlagen, das Verhältnis von »Generalist« und »Spezialist« im Pfarrberuf »pastoraltheologisch neu« zu bedenken und die Rolle des »Generalisten«, der die Gemeindeglieder im Lebenszyklus begleitet, als Spezifikum des Pfarrberufs anzusehen. Spezialpfarrämter wie die Krankenhausseelsorge seien nötig, weil das Krankenhaus durch die Differenzierung der Gesellschaft ein Lebensbereich sei, der »aus dem Nahbereich ausgewandert« ist. Spezialpfarrämter stünden jedoch unter dem Konkurrenzdruck anderer helfender Berufe. Es sei darum die verstärkte Vernetzung mit der Gemeinde und angesichts von Personalkosten

20 Vgl. Antonovsky, a.a.O. (Anm. 6), S. 23.
21 A.a.O., S. 24.

von ca. 100 Mio DM für Krankenhausseelsorge im Bereich der EKD die Erhebung exakterer Wirkungsdaten notwendig[22].

2. Teilbeauftragungen von Gemeinde und Krankenhausseelsorge reduzieren die Präsenz und damit die Integrationsmöglichkeiten von Seelsorgerinnen und Seelsorgern im Krankenhaus. Sie sind nur vertretbar, wenn eindeutige Arbeitsschwerpunkte festgelegt und deutliche Integrationsmöglichkeiten in Teilbereichen des Krankenhauses (z.B. Onkologie) möglich sind. Gerade in Krankenhäusern, die räumlich von der Heimatgemeinde getrennt sind und kurze Verweildauer haben, sind Gemeindepfarrer mit Teilzeitaufträgen schnell überfordert. Die aufgezeigte Bedeutung von Seelsorge für die Gesundheit legt es nahe, dass Krankenhäuser und Kirchen die Bedeutung des spezifischen Beitrags von Krankenhausseelsorge als einer spezialisierten Tätigkeit, die Qualifikation und Ausbildung erfordert, anerkennen und sie fördern.

3. Konkret bedeutet dies die verstärkte Erforschung der Wirksamkeit von Krankenhausseelsorge. Untersuchungen zum Beitrag von Religion zur Gesundheit aus den USA sind Wegweiser. Es scheint sinnvoll und angemessen, von kirchlicher Seite her die finanzielle Kooperation der Krankenhausträger an den Kosten der Krankenhausseelsorge anzusprechen. Hier können jedoch nur neue Wege beschritten werden, wenn Krankenhausseelsorge sich darum bemüht, die Qualität und Effektivität ihrer Arbeit nach aussen darzustellen, also Qualtitätskriterien entwickelt und ihre Arbeit dokumentiert. Eine Möglichkeit dazu bietet die Visitation. Angesichts der wachsenden Konkurrenz von säkularen und religiösen Anbietern von Beratung und Begleitung ist zu erwarten, dass Lücken in der seelsorglichen Begleitung, die durch personelle Unterversorgung, mangelnde Ausbildung und Kompetenz im Krankenhaus entstehen, zunehmend durch Anbieter auf dem freien Markt gefüllt werden.

4. Die Erfolglosigkeit medizinischer Maßnahmen, unheilbare Krankheit, Sterben und Tod markieren die Grenze des salutogenetischen Denkens in der Medizin. Es wirkt dürftig, wenn Antonovsky vorschlägt, Stimmung und Motivation von MitarbeiterInnen auf einer Station mit Sterbenskranken durch eine Änderung der Bezeichnung der PatientInnen von »Sterbefälle« in »Patienten eines Rehabilitationszentrums« zu verbessern, weil soziologisch der Grundsatz gelte, dass Situationen, die als real definiert werden, in ihrer Konsequenz real sind[23]. Verdrängung von Sterben und Tod, der negativen Seite im Krankenhaus, die Flucht in das positive Denken, die zwar zutreffende, aber oft leicht dahin gesagte Formel vom »Leben als Fragment«, deren modischer Gebrauch das Leiden bagatellisiert, indem es beschworen wird, reichen nicht, um dem Erleben von Begrenzt-

22 Vgl. Karl Wilhelm Dahm, Zur Diskussion über Veränderungen im Pfarrbild – insbesondere im Verhältnis von Gemeindepfarramt und Sonderpfarramt. 8 Thesen, masch., 1999.

23 Vgl. Antonovsky, a.a.O., S. 23.

heit und Ohnmacht standzuhalten. Hier ist die Krankenhausseelsorge in besonderer Weise gefordert und für das *empowerment* der Menschen im Krankenhaus besonders wichtig, soll es dort human zugehen. Sie kann christliche Angebote der Sterbe- und Trauerbegleitung machen, Krisenhilfe leisten. Sie läuft jedoch ständig Gefahr, statt Trost unwahrhaftige Vertröstung zu bieten, wenn sie die Bereitschaft zur existenziellen Begegnung durch Routine vernebelt.

5. Mit der Diskussion um Fragen der Bioethik ist die Ethik als Aspekt der Seelsorge wieder ins Gespräch gekommen. Die Beratung in ethischen Fragen ist eine Erwartung, die an Seelsorgerinnen und Seelsorger gerichtet wird und die anschließt an die Tradition der paränetischen Seelsorge, die Trost und Ermahnung zusammenbindet. Grundsätzlich vollzieht sich der ethische Diskurs im Krankenhaus auf verschiedenen Ebenen[24]: in der Öffentlichkeit der Zivilgemeinde als Diskurs über die ethischen Grundsätze für Pflege und Behandlung des Hauses, in der internen Öffentlichkeit des Gesprächs zwischen den Vertretern verschiedener Berufsgruppen, die an der ethischen Entscheidungsfindung im konkreten Fall beteiligt sind (Ethikkommitee, ÄrztInnen, Pflegedienst, PsychologInnen, Klinikleitung, SeelsorgerIn, PatientIn, Familienangehörige), im persönlichen Gespräch mit den von der Entscheidung Betroffenen. Krankenhausseelsorge ist gefragt, auf diesen verschiedenen Diskursebenen die ethischen Grundsätze des christlichen Glaubens verständlich zu vertreten und zur ethischen Urteilsfindung beizutragen. Als öffentliche Einrichtungen in einem pluralistischen Staat müssen Krankenhäuser unabhängig von ihrer konfessionellen Prägung ein Interesse daran haben, dass die Stimme von VertreterInnen der christlichen Kirchen in ihrem öffentlich-politischen und internen ethischen Diskurs Raum und Gehör finden. Daraufhin kann die Krankenhausleitung angesprochen werden.

6. Die pastoralpsychologisch orientierte Seelsorge hatte oft Mühe, den therapeutischen Diskurs vom Diskurs christlicher Ethik zu unterscheiden. Therapeutische Argumente wie:[25] »Tun, was für einen gefühlsmäßig stimmt« unterlaufen die Klärung des ethischen Problems, das Abwägen der Grundsätze des eigenen Handelns und den Hinweis auf ethische Grundsätze des Christentums zugunsten einer individualistischen Gefühlsethik. Es ist angesagt, in der Krankenhausseelsorge und in der Seelsorgeausbildung Kenntnisse in bioethischen Fragen wie Behandlungsabbruch von Komapatienten, Sterbehilfe, künstliche Insemination, pränatale Diagnostik, Gentherapie zu erarbeiten und sich in die Rolle als ein Katalysator ethischer Urteilsfindung und als fragender Zeuge einer christlichen Sicht der Wirklichkeit einzuüben.

24 Zum Folgenden vgl. D.P. Hollinger, Doing Bioethics: Christian Ethics, Pastoral Care and Public Policy, in: J.F. Kilner u.a., Bioethics and the Future of Medicine. A Christian Appraisal, Grand Rapids/Mich. 1995, S. 153–166, hier: S. 157f.

25 A.a.O.

Grundlegung einer Gefängnisseelsorge

Vorgelegt von evangelischen Gefängnispfarrerinnen und -pfarrern[1]

1. Einleitung

Die hier vorgelegte Grundlegung ist von dem Interesse geleitet, eine theologische Anthropologie mit einer methodisch gesicherten Wahrnehmung der Gefängniswelt zu verschränken und in einen dynamischen Prozess zu bringen. Die theologische Anthropologie eröffnet eine eigene Perspektive auf die Lebenswelten im Gefängnis. Zugleich erdet die möglichst genaue Wahrnehmung seelischer Vorgänge von Gefangenen und der Wirkmechanismen im Gefängnis eine theologisch begründete Seelsorgepraxis. Je präziser und differenzierter das Wahrnehmungsfeld »Gefängnis« beschrieben wird, desto konkreter wird die Konzeption und Zielrichtung von Gefängnisseelsorge. Das hier entwickelte Konzept weiß sich einer pastoralpsychologisch orientierten Seelsorge verpflichtet.

Nach den hier vorgelegten Grundannahmen will Gefängnisseelsorge bei den Menschen sein und verstehen, was sie bewegt. Sie ist dadurch qualifiziert, dass sie Einzelnen mit deren je eigenen Lebensentwürfen begegnet. Der Blick auf die äußeren Faktoren, die das Subjekt-Sein verhindern oder einschränken, steht dagegen am Rande. Selbstverständlich geschieht Justizvollzug und damit auch Gefängnisseelsorge unter gesellschaftlichen Rahmenbedingungen. Diese Grundlegung verzichtet allerdings auf eine explizite Reflexion dieses Kontextes.

Ebenso diskutiert das Konzept nicht die Wertvorstellungen und Normen, nach denen in dieser Gesellschaft gestraft wird; sie werden weder verteidigt noch kritisiert. Allerdings ist Seelsorge darauf ausgerichtet, dass gefangene Menschen diese Normen und Werte als gesellschaftliche Realität wahrnehmen und sich ihr stellen, um künftig straffrei zu leben.

1 Heinz-Dieter Bethkowsky-Spinner, Klaus-Peter Djambasoff, Lutz Greger, Gerhard Hille, Uta Klose, Dorothea Korb, Jochen Locher, Sylvia Pleger, Rainer Steinhard, Dr. Rolf Stieber, Dieter Wever.

2. Theologisch anthropologische Grundentscheidungen

»Gott schuf den Menschen zu seinem Bilde, zum Bilde Gottes schuf er ihn; und schuf sie als Mann und Frau« (1Mose 1,27).
»Wir alle wissen, – auch wenn wir es nicht zugeben – dass wir hier auf der Erde nicht zu Hause sind, nicht ganz zu Hause. Dass wir also noch woanders hin gehören und von woanders herkommen. Ich kann mir keinen Menschen vorstellen, der sich nicht – jedenfalls zeitweise, stundenweise, tageweise oder auch nur augenblickweise – klar darüber wird, dass er nicht ganz auf diese Erde gehört« (H. Böll).
Seelsorger und Seelsorgerinnen sind Fachleute für eine theologische Anthropologie. Sie richten ihr Augenmerk auf die Tiefendimensionen des Lebens, die sich vorrangig aus biblischen Texten und Geschichten erschließen. Seelsorge hat die Aufgabe, die Gefangenen an das Geheimnis heranzuführen, das Gott in ihrem Leben ist:

- Von Gott heißt es, dass er ein lebendiges, den Menschen zugewandtes Gegenüber ist. Er ist ein DU, das in der personalen Zuwendung aufleuchtet, wie sie für die zwischenmenschliche Ich-Du-Beziehung prägend ist.
- Von Gott heißt es, dass er menschliches Leben einbettet in seine Treue, die Geburt und Tod umschließt und darüber hinausgeht.
- Von Gott heißt es, dass bei ihm jedes menschliche Leben wertgeschätzt ist, einmalig und kostbar. Diese Würde kann durch eigenes Wirken nicht verlorengehen. Von daher gibt es kein menschliches Leben ohne Hoffnung.
- Von Gott heißt es, dass er uns durch seine Gegenwart die Kraft gibt, es mit dem Leben aufzunehmen.
- Von Gott heißt es, dass er Partei ergreift für Menschen, die in ihrer Würde beschnitten und an der Entfaltung ihrer Lebensmöglichkeiten gehindert sind. Mit der Kraft seines Geistes stattet er immer wieder Frauen und Männer aus, die Recht und Unrecht beim Namen nennen und die Visionen entwerfen, um über den gesellschaftlichen und sozialen Status quo hinausdenken und hinausleben zu können.
- Von Gott heißt es, dass er in Jesus Christus die Abgründe menschlichen Lebens teilt, dass er Menschen zu allen Zeiten nahe ist, sie hält und trägt, auch wenn Perspektiven und Entfaltungsmöglichkeiten fehlen, wenn Leben lediglich Aushalten heißt.

Für das Verständnis vom Menschsein ergibt sich daraus:

- Menschliches Leben ist ein Geschenk, das zur Entfaltung seiner geschöpflichen Möglichkeiten drängt. Zugleich ist es immer Leben in Beziehung und braucht dafür Normen, Übereinkünfte und Strukturen. Diese Regularien haben im Blick auf die Entfaltungsmöglichkeiten jedes menschlichen Lebens dienende Funktion. Wo sie zum Selbstzweck werden, sind sie kritisch in Frage zu stellen und zu verändern.
- Menschen sind auf Liebe angewiesen und auf sie ausgerichtet. Liebe ist der leidenschaftlich unternommene Versuch, die Beziehungen zwischen Menschen gerecht, wahr und schön zu gestalten.

- Menschen sind bemüht, die Zufälle des Lebens, seine Brüchigkeit und Endlichkeit, das eigene Scheitern und Versagen, Schicksalsschläge und Grenzerfahrungen zu verstehen und zu deuten. Seelsorge eröffnet, um auch das in das eigene Leben zu integrieren, was nicht zu verstehen oder zu deuten ist.
- Menschliches Leben pendelt zwischen Autonomie und Anpassung, zwischen Festhalten und Loslassen, zwischen Selbstfindung und Selbstverlust. Gott ermutigt, sich diesen Ambivalenzen zu stellen. Er rechnet auch mit dem Versagen der Menschen.
- Seelische Vorgänge sind mehr als Gedanken und Gefühle. Sie sind machtvolle Prozesse, die Beachtung fordern. Die Seele ist oft ein Kampfplatz widerstreitender Mächte und durch tiefgreifende Entfremdungszusammenhänge belastet. Sie kann bis zur Selbst- und Fremdzerstörung zerrissen sein. Seelsorger und Seelsorgerinnen begleiten auf dem Weg zu Heil und Versöhnung.

»Wer von Gott redet, ohne von den Menschen zu reden, dessen Wort geht in die Irre. Wer von den Menschen redet, ohne von Gott zu reden, dessen Wort vollendet sich nicht.« (M. Buber).
»Barmherzig und gnädig ist der Herr; geduldig und von großer Güte. Er handelt nicht mit uns nach unsern Sünden und vergilt uns nicht nach unserer Missetat« (Ps 103,8.10).

3. Der Blick auf die Gefangenen

Seelsorge im Justizvollzug hat es zu tun mit Männern und mit Frauen in der besonderen Lebenswelt und Lebenswirklichkeit des Gefängnisses. Gesellschaftliche und familiäre Rahmenbedingungen sowie ihre Persönlichkeitsstruktur haben bei den Inhaftierten zu ihrer Delinquenz geführt. Seelsorger und Seelsorgerinnen begegnen überwiegend Menschen mit ausgeprägter Dissozialität, in zunehmendem Maße auch psychisch Kranken sowie Menschen, die kulturell und religiös entwurzelt sind. Um ihrer Individualität gerecht werden zu können, ist eine differenzierte, methodisch gesicherte Wahrnehmung erforderlich.
Die Art der Gefangenen, in der Welt zu sein, ist nach dieser Wahrnehmung wesentlich mitgeprägt:

- von Süchten und Besessenheiten;
- von Beziehungsunfähigkeit und einem tiefen Misstrauen dem Leben gegenüber;
- von frühen (sexuellen) Gewalterfahrungen;
- von der Verleugnung von Realitäten;
- von defizitärer Selbstwahrnehmung und defizitärem Selbstwertgefühl;
- von extremen Schwankungen zwischen Ohnmachts- und Allmachtsgefühlen;
- von der Aufspaltung der inneren und äußeren Wirklichkeit in gut und böse;
- von unausgereifter Gewissensbildung und nicht angemessener Schuldakzeptanz;
- von der existentiellen Grunderfahrung des Zu-kurz-Kommens;

- von einer nicht ausgereiften Geschlechts- und Rollenidentität;
- von der Unfähigkeit, Frustrationen auszuhalten;
- von unkontrollierten Wut- und Gewaltausbrüchen bzw. autoaggressiven Tendenzen bis hin zum Suizid.

Darüber hinaus beeinflusst der Justizvollzug die Lebenswirklichkeit der Gefangenen. Die Kennzeichen einer »totalen Institution« prägen den Alltag im Gefängnis. Sie führen

- zu Isolierung und Abhängigkeit von anderen;
- zu Verlust von Individualität und Privatsphäre;
- zu Infantilisierung und (mentaler) Regression;
- zu Verlust von Intimität und angemessener Sexualität;
- zu subkulturellen (Über-)Lebensformen.

Die Seelsorge im Gefängnis begegnet diesen Prägungen und schädigenden Einflüssen. Seelsorger und Seelsorgerinnen wissen um die Geschöpflichkeit eines jeden Menschen und darum, dass sich menschliches Leben in verschiedenen Dimensionen – der leiblichen, psychischen, sozialen und geistig-spirituellen – vollzieht. Das Geistig-Spirituelle durchdringt und umschließt die anderen Lebensdimensionen, verbürgt die leibseelische Einheit und zielt auf die jedem Menschen verheißene Fülle des Lebens. In diesem Wissen wollen Seelsorgende im Gefängnis Menschen zu einem selbstverantworteten Leben begleiten. Dazu gehört:

- nüchtern in der Gegenwart zu sein und der Realität nicht auszuweichen;
- sich dem Schicksal und der Schwere des eigenen Lebens zu stellen;
- zu einer bewussten Wahrnehmung der eigenen Leiblichkeit zu gelangen;
- geschöpfliche und persönlichkeitsspezifische Grenzen zu akzeptieren;
- in notwendige Trauerprozesse zu gehen;
- soziale Kompetenz zu entwickeln;
- Zugang zur eigenen Spiritualität zu gewinnen und mit der Gegenwart Gottes zu rechnen.

Dabei knüpft Seelsorge an die je eigenen konstruktiven Fähigkeiten und Ressourcen der Gefangenen an und verstärkt sie. Solche Fähigkeiten und Ressourcen sind z.B.:

- Kreativität;
- vitale Energie;
- die Bereitschaft, Verantwortung zu übernehmen;
- die Bereitschaft, persönliche Beziehungen zu reflektieren;
- die Sehnsucht, ohne Drogen zu leben, und der Wunsch, sich mit der eigenen Sucht kritisch auseinanderzusetzen;
- die Bereitschaft, sich auf einen Reifungsprozess einzulassen;
- der Wunsch, vorhandene Schulden zu regulieren und – in welcher Form auch immer – Wiedergutmachungsleistungen zu erbringen;
- die Sehnsucht, Schuld annehmen zu können und Vergebung zu erfahren;
- die Sehnsucht, in dieser Gesellschaft und in spiritueller Hinsicht ein Zuhause und Geborgenheit zu erfahren.

SeelsorgerInnen halten Gottesdienst im Gefängnis und versammeln hier ihre Gemeinde. Seelsorge geschieht ferner in Einzelgesprächen, in Gruppenarbeit sowie vielfältigen anderen Arbeitsformen. SeelsorgerInnen begegnen den Menschen in einer annehmenden und wertschätzenden Haltung und verhelfen zur Klarheit. Sie fördern Wachstum und Reifung, sie bleiben auch im Stillstand, Rückschritt und Scheitern treu. Sie helfen, Vertrauen zu entwickeln, bringen in den elementaren Lebensfluss zurück, geben Deutungs- und Orientierungshilfe, verhelfen dazu, neue Beziehungsformen und konstruktive Konfliktbewältigung einzuüben. Die Seelsorgenden nehmen hier mit ihrem Recht und ihrer Pflicht zur Verschwiegenheit (Beichtgeheimnis, Zeugnisverweigerungsrecht) eine besondere Chance wahr, einen Schutz- und Entfaltungsraum zu gewähren. Seelsorge eröffnet in all dem Raum zur Annahme von Schuld und Versöhnung. Seelsorger und Seelsorgerinnen rechnen mit dem Heiligen in der Begegnung.

4. Die Justizvollzugsanstalten als Arbeitsort der Seelsorge

Haupt- oder nebenamtlich verpflichtete Seelsorger und Seelsorgerinnen arbeiten im Gefängnis in einem unauflösbaren Spannungsfeld zwischen ihrem kirchlichen Auftrag und ihrer Verpflichtung zur Zusammenarbeit mit der Justiz. Der Justizvollzug versteht sich als Organ einer rechtsstaatlichen Demokratie, die in Ausübung hoheitlicher Gewalt die Würde des Menschen in Freiheit und Gleichheit schützen will[2]. Dabei steht die Sorge um die Unversehrtheit und Sicherheit der Bevölkerung im Vordergrund. Um dieser Aufgabe gerecht zu werden, wird Strafe in einem bürokratisch-hierarchischen System vollzogen. Alles soll reibungslos und störungsfrei ablaufen. Über den Freiheitsentzug hinaus werden wesentliche Lebensbedürfnisse (Sexualität, Sensualität, Intimität, Partnerschaft und Familie) eingeschränkt. Vielfach ist die ordentliche und disziplinierte Führung der Gefangenen innerhalb dieses Systems alleiniges Ziel. Ein System von Kontrolle, Belohnung und Bestrafung soll die Gefangenen verändern. Der institutionelle Vollzug von Strafe strebt nach Gleichbehandlung und Gleichförmigkeit, er ist orientiert an Ordnung und Sicherheit und steht unter dem hohen öffentlichen Druck, diese Sicherheit für die Bevölkerung zu garantieren.

Gefängnisseelsorgende fragen nach dem Menschenbild, das hinter dieser »Organisation von Strafe« verborgen ist. Sie fordern Rechenschaft ein über die Leitbilder und Sichtweisen, die den konkreten Vollzugsalltag bestimmen. Sie wissen darum, dass die Spannung zwischen dem Sicherheitsbedürfnis der Gesellschaft und der Verantwortung für eine humane Behandlung von Straffälligen unauflöslich ist. Sie vertreten ihr Men-

2 Vgl. die Denkschrift der EKD, Evangelische Kirche und freiheitliche Demokratie. Der Staat des Grundgesetzes als Angebot und Aufgabe.

schenbild offensiv und sorgen für Transparenz und Verständlichkeit dieser Position. Sie sucht die Kommunikation mit den anderen Diensten im Gefängnis, den Leitungsebenen und dem kirchlichen Auftraggeber.

5. Die Verankerung der Gefängnisseelsorge in Kirche und Justiz

5.1 In der Kirche

Aufbau und Gestalt einer Kirche im Gefängnis hat sich bislang an den Leitlinien der Verkündigung und Sakramentsverwaltung, Seelsorge und Diakonie, wie sie in den Ortsgemeinden üblich sind, orientiert. Die Gefängnisgemeinde sollte teilhaben an den Gaben und Aufgaben der gesamten christlichen Kirche. Die Gemeinschaft zwischen der Gemeinde außerhalb des Gefängnisses und der Gemeinde im Gefängnis sollte erfahrbar gemacht werden. Dieses Leitbild vermag immer weniger der sozialen und auch geistlichen Wirklichkeit der Gefängnisgemeinde Orientierung zu geben.
Seelsorge im Gefängnis wendet sich an gesellschaftlich randständige Menschen, denen das kirchlich-bürgerliche Milieu häufig völlig fremd ist. Wenn schon über die Mehrheit der Kirchenmitglieder gesagt werden kann, dass sie dem gemeindlichen Leben distanziert gegenüberstehen, ja die Kirche selten in Anspruch nehmen und immer weniger Verständnis für deren Traditionen aufbringen, muss erst recht die Abständigkeit von Gefangenen zur Kirche in Rechnung gestellt werden. Die Menschen, die sich von Gefängnisseelsorgern und -seelsorgerinnen ansprechen lassen, identifizieren sich selten mit Kirche oder Gemeinde, sie verstehen sich vielmehr als Gäste, die von außen kommen. Die Gefängnisgemeinde ist also Herberge am Rande, sie repräsentiert einen Raum der Bewahrung und birgt einen Schatz von Lebenswahrheiten. Sie versammelt sich zum Gottesdienst. Hier hat das je eigene brüchige Leben in der Unterbrechung des Gefängnisalltags vor Gott seinen Platz und sein Recht. Menschen können ihre eigene Spiritualität erfahren und Sammlung, Speisung und Gesegnet-Sein in der Gemeinschaft im Namen Gottes erleben.
Im Rahmen von Seelsorge und Gottesdienst kann sich das religiös ganz Eigene fern von allen etablierten Konfessionen entwickeln. Und die Mitte alles Religiösen sind die Versuche der Menschen, sinnvoll zu leben. Diesen Versuchen Nahrung zu geben, den Hoffnungen und versteckten Lebenswünschen Sprache zu verleihen und dem Wissen, »dass wir hier auf der Erde nicht ganz zu Hause sind«, will Seelsorge dienlich sein.
Kirche im Gefängnis ist eine Angebotskirche. Sie ist dafür da, dass man sich auf Zeit und bei Bedarf an sie anschließen und von ihrem Angebot zehren kann. Von daher ist die Kirchenmitgliedschaft der Gefangenen weder Kriterium noch Ziel der Seelsorge. Es geht weder um die Gewinnung von neuen Mitgliedern der Kirche noch um die Rückgewinnung von

»Abtrünnigen«. Die Erfahrbarkeit Gottes endet nicht an den Grenzen der Kirchen.
Eine Gemeinschaft zwischen Ortsgemeinden und der Gefängnisgemeinde erfahrbar zu machen, ist nicht selten für beide Seiten eine Überforderung. Die Gemeinden dürften kaum ein Ort für den notwendigen partnerschaftlichen (nicht paternalistisch fürsorglichen) Dialog sein, geschweige denn ein Ort der Wiedereingliederung entlassener Gefangener. Ebenso dürften die Formen des christlichen Lebens der Ortsgemeinde mit denen der Gefängnisgemeinde nur schwer vermittelbar sein. Gleichwohl brauchen Gefängnisgemeinde und Ortsgemeinde einander. Die unterschiedlichen Lebens- und Glaubensformen ergeben erst zusammen die »Gemeinschaft der Heiligen«. Der dazu notwendige Erfahrungsaustausch ist strukturell zu verankern. Die in aller Unterschiedlichkeit gleichberechtigte Gestalt von Gefängnisgemeinde und Ortsgemeinde muss ihren Ausdruck finden in den kirchlichen Hierarchien und Grundlage sein für ein Stimmrecht in den Leitungsgremien der Kirche.

5.2 In der Justiz

Gefängnisseelsorge arbeitet auf der rechtlichen Grundlage des Artikel 4 GG in Verbindung mit Artikel 141 WRV. Die darin garantierte Religionsfreiheit meint nicht nur ein Individualrecht der Gefangenen, sondern auch ein Betätigungsrecht der Kirchen. Soziologisch betrachtet ist Kirche eine Vermittlungsinstanz zwischen dem Privaten der Menschen und der Makroinstitutionen der modernen Gesellschaft. Sie repräsentiert dabei die Öffentlichkeit von Geboten und Werten, von Moralität und Kultur, von Glauben und Vertrauen, von religiöser und seelischer Identität. Mit dem Angebot der Gefängnisseelsorge an Traditionen, Bildern, Festen, Musik, Texten und Riten werden jene Grundlagen mit geschaffen, von denen die Gesellschaft im Innern lebt. Denn der demokratische Rechtsstaat – und damit auch die Justiz – lebt von Voraussetzungen, die er selber nicht schaffen kann. Daher ist es notwendig, dass die Justizverwaltungen in ihren Leitlinien und in ihrer Organisation die Rolle, den Status und die Einbindung der Gefängnisseelsorge bedenken und angemessen berücksichtigen sowie an ihren laufenden Organisationsentwicklungsprozessen beteiligen. Die Aufgaben von Kirche im Justizvollzug bedürfen einer vertraglich geregelten haupt- oder nebenamtlichen Gefängnisseelsorge. Unabhängig davon, wie groß der religiöse Mitgliederbestand in einem Gefängnis ist, ist die Wahrnehmung und Gestaltung der spirituellen Dimension des Lebens notwendig.

6. Anforderungen an Seelsorgerinnen und Seelsorger im Gefängnis

Die Person des Seelsorgers und der Seelsorgerin ist von wesentlicher Bedeutung für die Seelsorge. Sie bedürfen einer grundlegenden positiven

Ein- und Wertschätzung des Menschen, wie sie sich aus der biblischen Anthropologie ergibt. Das Gelingen von Seelsorge hängt entscheidend zusammen mit der Klärung, Erweiterung und Vertiefung von persönlicher und pastoraler Identität des Seelsorgers und der Seelsorgerin und ihrer Kompetenz im Blick auf die Adressaten und Adressatinnen dieser Arbeit unter den spezifischen institutionellen Bedingungen des Justizvollzugs. Die anthropologischen Grundaussagen über die Begrenztheit und die immer fragmentarische Selbstfindung menschlichen Lebens gelten auch für die Person des Seelsorgers und der Seelsorgerin. Die Konsequenz daraus ist, dass die Unabgeschlossenheit, die Wandelbarkeit und die Brüchigkeit der eigenen Identität und der theologischen Überzeugungen notwendig und legitim immer wieder Gegenstand persönlicher und berufsbezogener Reflexion sein müssen.

6.1 Ziele dieser Reflexion sind

6.1.1 Für die eigene Person

- Arbeit an der eigenen Individuation, d.h. die Auseinandersetzung mit der Biografie und ihrer Psychodynamik, die Integration von Stärken und Schwächen, das Achten auf angemessene Balance von Nähe und Distanz, Empathie und Abgrenzung;
- Fähigkeit zu konstruktiver Konfliktbewältigung, Zugang zu den eigenen Emotionen, Kontaktfähigkeit mit sich selbst und anderen sowie Team- und Kooperationsfähigkeit;
- eine realistische Einschätzung der eigenen Grenzen und Fähigkeiten sowie der eigenen Belastbarkeit;
- die Entwicklung einer pastoralen Authentizität, d.h. die Verbindung von christlicher Tradition und gegenwärtigem Weltbewusstsein zu einer persönlichen Form der Spiritualität;
- die Erarbeitung religiös-ethischer Deutungsangebote, die auf die Situation und Sozialisation der Gefangenen bezogen sind (einschließlich der entsprechenden Sprachkompetenz);
- die theologische und psychologische Auseinandersetzung mit Themen wie Leiden, Schuld, Strafe, Versöhnung;
- die Fähigkeit zum Umgang mit Menschen aus anderen Kulturen und Religionen;
- die Fähigkeit zum angemessenen Umgang mit Macht und Ohnmacht; eine realistische Einschätzung der eigenen Möglichkeiten in der Institution.

6.1.2 Für ein praxisorientiertes Wissen

- Kenntnis der Entstehungsbedingungen von Delinquenz (Frühstörungen, Suchtstruktur etc.) und darauf abgestellter Formen seelsorglicher Begleitung, die eine geschulte Wahrnehmung erfordert;
- das Verstehen und Reflektieren der Lebenswelt Gefängnis in ihrer Bedeutung für die Gefangenen und die Bediensteten;
- die Fähigkeit zu Einzel- und Gruppenarbeit sowie zu Krisenintervention;

- die Abklärung eines eigenen Seelsorgekonzeptes und die Fähigkeit, es zu kommunizieren;
- die Verpflichtung zu Fort- und Weiterbildung sowie zu Supervision.

6.1.3 Für die Arbeit in der Institution Gefängnis

- Kenntnisse in Gefängnissoziologie sowie über unterschiedliche Vollzugsformen; Kenntnisse der rechtlichen Voraussetzungen für die Seelsorge in der JVA;
- die Klärung der eigenen Rolle als Seelsorger oder Seelsorgerin in der Institution Gefängnis;
- für die interdisziplinäre Zusammenarbeit mit den anderen im Justizvollzug Tätigen sollte der Seelsorger und die Seelsorgerin die eigenen Anliegen transparent machen können. Um Missverständnisse, Doppelarbeit oder ähnliches zu vermeiden, ist es sinnvoll, im Einzelfall andere Dienste über seelsorgliche Kontakte mit Inhaftierten zu informieren. Der Seelsorger und die Seelsorgerin ist bemüht, bei Störungen, die in der Zusammenarbeit mit anderen Diensten und in der gemeinsamen Arbeit mit Inhaftierten auftreten, diese sorgfältig wahrzunehmen, zu benennen, anzusprechen und sich gemeinsam für deren Beilegung einzusetzen;
- der Seelsorger und die Seelsorgerin sollten einen sorgfältigen Umgang mit formalen Anforderungen pflegen. Sie sollten sich eine kritische Loyalität gegenüber der Justiz bewahren und zu einem konstruktiven Umgang mit real erfahrener Macht bereit sein;
- eine offensive Repräsentanz von Kirche im Gefängnis, verbunden mit einer klaren Arbeits- und Zeitstruktur, die die Erreichbarkeit des Pfarrers und der Pfarrerin gewährleisten, dienen der Verankerung des Seelsorgedienstes im vollzuglichen Alltag;
- die Seelsorge an den Bediensteten ist integraler Bestandteil jeder seelsorglichen Tätigkeit im Justizvollzug.

7. Schlussbemerkungen

Die hier vorgelegte Grundlegung einer Gefängnisseelsorge wird von ihren VerfasserInnen als Versuch verstanden, sich selbst Rechenschaft abzulegen über ihre seelsorgliche Arbeit im Gefängnis. Zugleich will sie eine Herausforderung an KollegInnen sein, ihre je eigenen Basisannahmen und Zielfindungen sowie deren konstitutive Bedingungen zu diskutieren und darüber in ein kritisches und konstruktives Gespräch zu kommen. Schließlich hat die Grundlegung die kirchlichen Gremien als Adressaten, die GefängnisseelsorgerInnen zu ihrem Dienst ausbilden, beauftragen und entsenden. Die hier dargelegten Grundgedanken sollen mit dazu beitragen, den seelsorglichen Dienst in den Justizvollzugsanstalten zu profilieren und seine theologische Basis wie seine pastorale Intention transparenter zu machen.

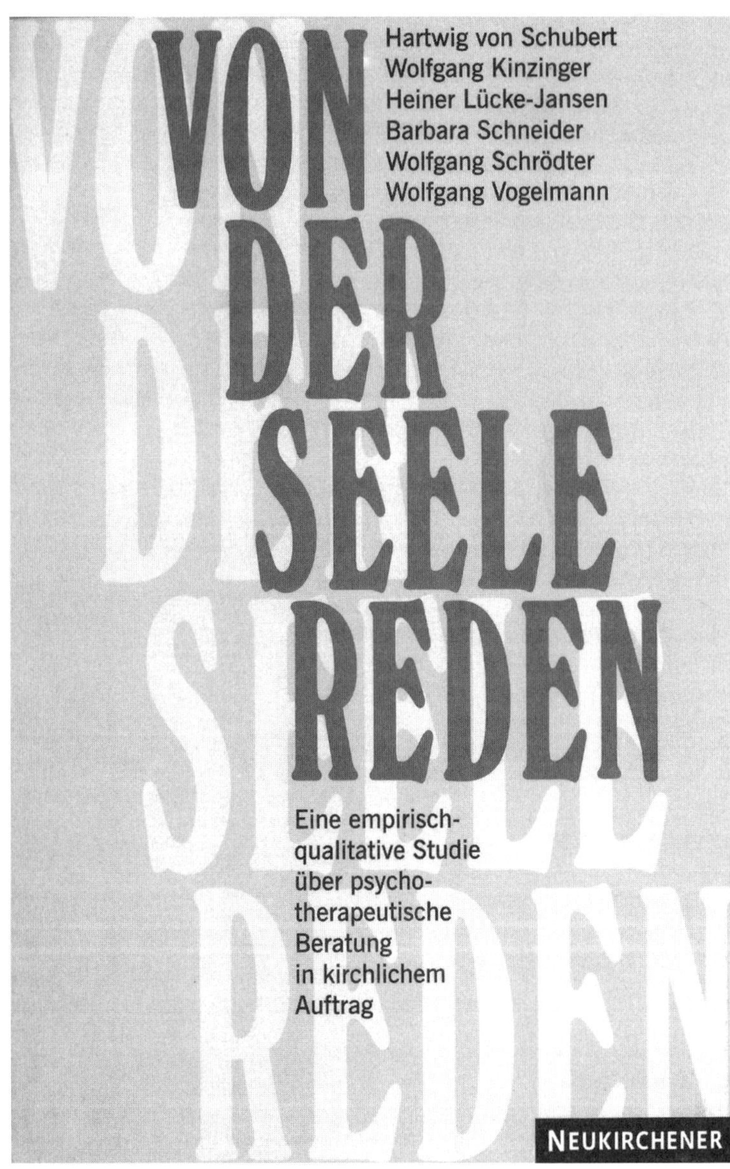

VI, 278 Seiten
DM 68,– / öS 490,– / sFr 62,–
ISBN 3-7887-1692-4

NEUKIRCHENER

Schlüsselerfahrungen

JRP 16

Jahrbuch der Religionspädagogik

NEUKIRCHENER

Herausgegeben von Peter Biehl, Christoph Bizer, Roland Degen, Norbert Mette, Folkert Rickers und Friedrich Schweitzer

256 Seiten
DM 64,– / öS 467,– / sFr 60,50
ISBN 3-7887-1826-9

NEUKIRCHENER